일제하
한국
아나키즘
소사전

엮은이

오장환 吳章煥, Oh Jang-whan
건국대학교와 동대학원을 졸업하고, 파리7대학을 수료했다. 귀국 후 국사편찬위원회에
서 근무했으며 저서로는 『한국 아나키즘 운동사 연구』가 있다.
ojh1922@hanmail.net

일제하 한국 **아나키즘** 소사전

초판인쇄 2016년 12월 10일 **초판발행** 2016년 12월 20일
엮은이 오장환 **펴낸이** 박성모 **펴낸곳** 소명출판 **출판등록** 제13-522호
주소 서울시 서초구 서초중앙로6길 15, 1층
전화 02-585-7840 **팩스** 02-585-7848
전자우편 somyungbooks@daum.net **홈페이지** www.somyong.co.kr

값 18,000원 ⓒ오장환, 2016
ISBN 979-11-5905-123-4 91300

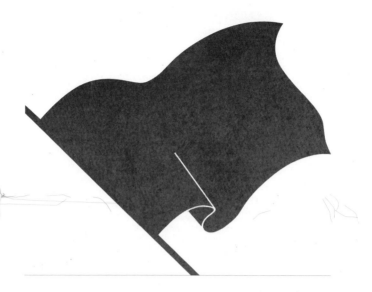

일제하
한국
오장환 엮음
아나키즘

KOREAN ANARCHISM UNDER JAPANESE OCCUPATION

소사전

소명출판

이 세계가 착취자와 피착취자가 없고
전쟁이 없는 평화로운 세계가 되길 빌면서,
이러한 숭고한 이념을 위해 투쟁하고 희생한 선구자들
특히 이 아나키즘 이론을 체계화하는 데 기여한 인물들과,
일제시대 개인의 영달을 버리고 진정한 한국의 이상사회를
실현하기 위하여 헌신한 선배 열사들에 대하여
존경하는 마음으로 이 책을 헌정한다.

　아나키즘은 1920년대 초 우리나라에 무정부주의로 소개되어온 이래 현재까지도 면면히 그 맥을 이어오고 있다. 정치적으로 국가의 권위, 경제적으로 자본의 권위, 도덕적으로 종교의 권위까지 거부하는 무정부주의 사상은 일제 식민지 치하에서 독립운동의 한 방편으로 활발한 운동을 펼쳤다. 본 사전에서 다룬 일제 치하의 식민지 시기에는 민족주의, 공산주의와 함께 삼대 세력으로 큰 영향을 끼쳤다. 특히 무정부주의의 급진적인 투쟁방법이 유화적이고 온건적인 방법에 회의를 느낀 젊은 청년들에게 호감을 주었다. 무정부주의 운동은 일본에 유학한 학생들 사이에 큰 영향을 끼쳐 1921년 흑도회를 시작으로 일제의 줄기찬 탄압에도 불구하고 광복 때까지 면면히 이어졌다. 한편 중국에서도 망명한 독립운동자들을 중심으로 임시정부의 분열과 무력함에 회의를 느낀 급진적 성향의 혁명가들 사이에 다수의 지지자를 확보하였다. 1924년 북경에서 재중국 조선 무정부주의자 연맹이 결성된 이래 무정부주의 운동은 중국인과 협력하며 독립운동의 한 축을 형성하였다. 식민지 하의 국내에서도 일본에서 귀국한 학생들을 중심으로 각지에 비밀결사가 조직되어 전국적인 조직망이 만들어졌다. 국내와 해외를 막론하고 일제의 극심한 탄압을 뚫고 이들 한인 무정부주의자들은 많은 희생을 치루며 수없는 투쟁을 이끌었다. 이들 중에는 이름 없는 다수의 한인에서부터 우리들이 익히 들어 온 유명한 인사들도 적지 않다. 하지만 현재 이들의 활동에 대한 가장 중요한 자료는 무정부주의 편찬위원회가 간행한『한국 아나키즘 운동사』가 유일하다. 이 책은 당시 생존한 운동자들의 증언과 기록을 토대로 영남대학교의 하기락 교수가 집필하였다. 민족주의 운동이나 공산주의 운동에 비해서 연구성과도 미흡하지만 사전류가 없어 연구 환경도 아직은 열악하다. 비록 완전하지는 않지만 일제하 아나키즘 사전을 발간하는 첫째 이유다.

소련을 위시한 동구의 공산권 국가들의 붕괴 이후 아나키즘에 대한 관심이 크게 증가하였다. 아나키즘이 공산주의를 대체할 새로운 사상으로 사람들의 기대를 모은 것 같다. 하지만 많은 사람들의 관심과 호기심에도 불구하고 아나키즘이 무엇인가에 대한 정의는 말하기가 쉽지 않다. 아나키즘은 공산주의처럼 기본 텍스트가 없기 때문에 분파도 많고 계보도 다양하다. 또 해석하기에 따라 여러 가지 새 유형도 생겨날 수 있다. 그럼에도 불구하고 아나키즘의 공통된 특징이 있다. 그것은 개인의 완벽한 '자유'이고 어떠한 종류든지 '권위'에 대한 저항이다. 누구든 자유를 추구하고 국가이든 종교이든 권위를 부정하면 아나키스트라 부를 수 있다. 아나키즘은 정의正義에 대한 신념이다. 아나키즘의 자연론적 사회관, 자주인적 개인, 공동체의 지향, 권위에 대한 저항은 모두 정의에 바탕을 둔 것이다. 현재 세계적으로 새로운 형태의 아나키즘이 활발하게 진행되고 있다. 에코아나키즘Eco-Anarchism, 사이버 아나키즘Cyber-Anarchism, 아나르코 페미니즘Anarcho-Feminism, 평화주의 아나키즘Anarcho-Pacifism 등의 신 사회운동이 진행형이다. 이러한 사회운동의 이해를 위해서는 근대 아나키즘 사상의 이해가 도움이 된다. 우리들이 익히 알고 있는 다양한 사회운동, 예를 들면 반전운동, 반핵운동, 평화운동, 녹색운동, 환경운동, 여성해방운동, 흑인 해방운동, 자연주의 운동 등이 그 사상적 뿌리를 아나키즘에 두고 있다. 사전에서는 이러한 사회운동의 이해를 돕기 위한 입문서의 역할을 할 수 있으리라 기대한다.

광복 후에도 해외에서 귀국한 아나키스트들이 운동을 계속하였다. 민주통일당과 자주인총연맹의 정치활동과 국민문화연구소의 농촌자치운동이 대표적이다. 오히려 정치 등의 분야보다 학계와 사회운동 쪽에서 더 활발한 운동이 진행 중이다. 서울에서 세계 아나키즘 대회와 국제 아나키즘 학술대회가 개최되었으며 『아나키즘 연구』를 비롯한 학술지 간행과 서울, 부산, 대구에서 아나키즘 학회가 구성되어 활동 중에 있다. 현실에서는 각종 공동체운동과 환경운동, 대안학교운동, 자유교육 운동 그리고 사이버 상에서의 젊은이들의 활동이 역동적이다. 현재 한국 아나키스트 독립운동가 기념사업회가 활동 중이다. 광복 후 현재까지의 한국 아나키즘 사전은 차세대의 능력 있는 연구자가 간행할 것으로 기대한다.

이 사전은 4장으로 구성하였다. 1장은 우리나라의 운동을 이해하기 위한 전단계로 근대 아나키즘의 개념을 쉽고 짧게 요약하였다. 2

장은 한국, 중국, 일본에서 활동한 모든 한국 아나키스트들의 명단과 간단한 이력을 수록하였다. 비록 아나키스트인지 불분명한 인물도 아나키즘 운동에 관련된 인물은 수록하였다. 3장은 한국 아나키즘 운동 편으로 그들이 활동한 조직과 사건, 기관지, 기타 관련사항을 가능한 수록하였다. 마지막 4장은 한국 아나키스트들의 사상을 이해할 수 있도록 중요하다고 판단되는 그들의 선언문과 논문, 기사 등을 선별하여 원문을 수록하였다.

사전의 편집에는 하기락의 『한국 아나키즘 운동사』, 일본에서 발간한 『일본 아나키즘 운동 인명사전』, 『동아일보』와 『조선일보』를 비롯한 신문과 잡지 그리고 각종 사료집을 위시한 기존의 연구성과가 도움이 되었다. 사전에 수록된 인물이나 단체에 오류가 있을 것으로 추정된다. 명단에 빠진 인물이나 기타 잘못된 사항은 차후 개정판에서 보완할 예정이다. 방대한 운동을 개인이 감당하기에는 역부족이었지만 후학들을 위해 기본적인 사전은 아나키즘 연구를 시작하는 데 도움이 되리라 판단하고 출판하게 되었다. 차후 연구자가 많아지고 연구가 심화되어 개정판에서는 더욱 충실한 내용이 되기를 희망한다. 연구자 외에도 아나키즘에 관심 있는 일반인에게도 조금이라도 도움이 되었으면 하는 바람이다. 미흡한 사전을 기꺼이 출판해주신 박성모 사장님과 원고를 꼼꼼히 교정해주신 채현아 선생님께 감사드린다.

2016년 12월
양평 남한강에서

차례

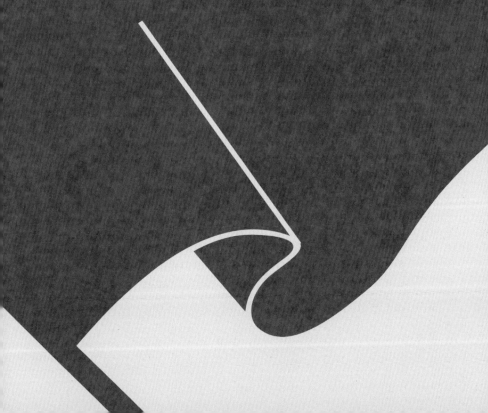

1

근대 아나키즘 사상

개인주의 아나키즘

슈티르너가 1844년 발간한 『유일자와 그 소유』를 이론적 토대로한다. 개인주의적 아나키스트와 에고이즘Egoism을 대표한다. 철저한자아주의自我主義를 주장하고 유일한 현실은 자아이며 자아야말로 창조적인 허무라고 주장한다. 모든 외부로부터의 권위를 부정하고 단지 자아의 권위만 인정한다. 철저한 개인주의자로서 '개인 및 자아만이 진실한 존재'이며 신싸 사유인은 자아로서의 유일자인 개인 이외에는 아무것도 아니라고 주장한다. 사회주의적 아나키즘에 대비해크게 4종류의 분파가 있다. 슈티르너의 개인주의 아나키즘Anarchisme Individualiste, 우익 아나키즘Anarchisme de Droite, 자본주의 아나키즘Anarcho-Capitalisme, 신 아나키즘Néo-Anarchisme 또는 Postanarchisme으로 신 아나키즘은 20세기 말에 출현하여 문화적인 측면을 강조하고 쾌락을 추구한다. 계급투쟁에 중점을 둔 과거의 운동을 반대하고 현대화된 아나키즘을 주장한다.

경제(재산 · 재산의 몰수 · 자본 · 자본주의)

아나키스트는 공기나 바다가 어느 누구의 소유물이 아닌 것처럼지구상의 모든 자원은 지구상에 살고 있는 구성원 모두의 공동재산이라고 생각한다. 또한 역사 이래 인류가 축적해 놓은 모든 문명의 유산, 지식, 자본, 시설 등도 어느 한 개인의 소유물이 아니고 인류 전체의 공동유산이라고 생각한다. 따라서 어느 특정 개인, 집단, 국가가 독점적으로 소유하고 그 혜택을 받는 것은 부당하다고 생각한다. 이러한 공동재산은 '땅은 농민에게, 공장은 노동자에게'의 원칙이다. 분배는 '능력에 따라 일하고, 필요에 따라 소비한다'이다. 크로포트킨은 인류사회의 모든 생산수단은 인류의 집합적 제작물로 그 생산물은 모든 인민의 공동재산이 되어야 한다고 주장한다. "개인적 점유는 공정하지도 유용하지도 않다. 모든 것은 모든 사람에 속한다. 모든 물건은 모든 사람을 위한 것이다. 왜냐하면 모든 사람은 그것을 필요로 하며 모든 사람이 그것을 생산하기 위하여 그들의 힘의 정도에 따라 일했고 그리고 세계의 모든 부의 생산에 있어서 각 개인의 역할을 평가하는 것은 불가능하기 때문이다. 모든 것은 만인의 것이다. 우리가 주장하는 것은 복지를 누릴 권리, 즉 만인의 복지라는 원칙에서 출발하는 것이다"라고 주장한다. 이를 위한 방법으로 바쿠닌은 재산의 몰수를 주장하고 '만인의 복지는 목적이고 몰수는 그 방법이다'라고 주장하였다. 고드윈은 "재산의 축적은 사람의 사고력을 몰각케 하고 천재적 재능의 정화를 소진케 한다. 요컨대 부의 분배의 불공평은 인간생활의 도덕적 완성에 장애가 될 따름이다"라고 강조하였다.

고드윈

윌리엄 고드윈William Godwin, 1756~1836은 영국 케임브리지에서 1756년 성직자의 아들로 태어나 목사가 되었다. 프랑스혁명을 끔찍하고 잔인한 광기라고 비판한 버크Edmund Burke에 반론을 제기하기 위해 1793년 『정치적 정의Political Justice』를 출판하였다. 그는 아나키가 무서운 악이지만 독재는 그보다 더 최악의 악이라고 생각하였다. "아나키는 몇 명을 죽이지만 독재는 수백만을 죽인다. 아나키는 순간적인 악이지만 독재는 영원불멸의 악으로 무지, 악덕, 빈곤의 주범이다. 국가는 인간의 이성이 자유롭게 발전하는 것을 구속하는 최악의 조직"이라고 정의하였다. 아나키즘의 본질적 특징을 구비한 이 저술은 정부에 의존하는 전 사회제도를 거부하고 물질적 재부의 자발적 공유에 기초한, 권력을 최소화한, 권한이 분산된 소박한 사회를 구상하였다. 고드윈은 재산과 권력사이에 밀접한 관계가 있다는 것을 지적한 최초의 인물로 자본주의의 적이 되었다. 유일의 법은 이성이다. 이성의 명령은 취소할 수 없으며, 불변이고 사회의 기능은 법을 만드는 게 아닌 해석하는 데 있다. 폭력은 정의를 추구하는 인간의 최후이자 절망적인 수단이다. 정당을 반대하고 자연스럽고 폭넓게 합해지는 소집단, 아나키즘의 조직형태를 주장한 최초의 인물이다. 정부는 악을 대변하고 정부는 인간의 판단과 양심을 침해한다. 거대하고 복잡한 중앙집권화한 국가는 인류에 유해하고 불필요하다. 국가가 해체됨에 따라 지방화한 관리형태가 나타나고 사회의 지역단위는 교구Parishes로 이루어진다. 교구는 아나키스트의 코뮌Commune과 같은 성격이다. 고드윈은 모든 사람은 생존의 수단뿐만 아니라 행복의 수단까지도 받을 자격이 있다고 주장하였다. 사치는 타락한 형태로 생활은 간소화한다. 일은 인간행복에 필요한 것이다. '인류의 육체노동은 불필요하게 될 것이다. 필요한 부분은 사회의 활동적이고 쾌활한 성원 간에 분담되어 누구도 무거운 짐이 없으며 검소한 생활로 건강한 음식을 섭취하고 정신건강상 좋은 운동을 하고 피로한 사람이 없고 친절하고 박애심을 기르고 지적 진보를 위한 여가를 갖고 재능은 연마될 것이다. 우리에게 개인이익이란 생각에서 해방되고 관대함과 공공이익이란 감각사이를 자유로이 활보할 것이다.' 범죄는 다른 사람이 소유하지 않은 것을 어떤 사람이 풍부하게 소유한데서 발생한다. 타락은 없어지고 전쟁의 주된 요인도 제거된다. 아이들은 양친과 교사의 영향에서 해방된다. 그의 이러한 급진적 사상은 영국 노동운동에 흡수되었다. 정치에 대한 고드윈의 이념을 흡수하여 자주인적 요소가 영국의 초기 노동조합, 특히 영국 노동자 연합에 전하여졌다.

골드만

엠마 골드만Emma Goldman, 1869~1940은 유대인으로 러시아제국 시기 리투아니아에서 태어났다. 16세에 미국으로 이민을 간 후 대표적인 여성 아나키스트이자 여권운동가가 되었다. 그녀가 아나키스트가 된 계기는 1886년 미국의 헤이마켓 사건이었다. 미국에서 활동하다 1919년 247명의 동료와 러시아로 추방되었다. 1887년부터 1919년까지의 미국 노동운동의 역사를 『나의 인생』이란 자서전에 남겼다. 1906년 창간한 『대지大地, Mother Earth』와 이후 『여성반란자Women Rebel』에서 산아제한을 반대하고 자유연애를 주장하며 '더 이상 입 다물고 자궁만을 벌려서는 안 된다'며 급진적 여성해방을 주장하였다. 제1차 세계대전에 전쟁과 징집에 반대하는 투쟁에 앞장섰다. 뛰어난 연설가이자 진정한 아나키스트였던 그녀는 죽어서도 헤이마켓 희생자 옆에 묻혔다. 시카고에서 희생된 8명의 아나키스트들의 희생은 미국 아나키즘을 발전시켰다. 당국은 그녀를 '저주받을 아나키스트 암캐'로 불렀다.

공동체(공동체운동 · 생체공동체운동 · 자유공동체운동 · 自主공동체운동)

경쟁에 기초한 자본주의에 대한 반발로서 자연친화의 중요성을 주장한 아나키즘의 삶이다. 정서적 유대감을 공유하는 구성원이 환경친화적인 생활방식을 고수하며 노동과 분배를 공동으로 한다. 수평적인 조직을 바탕으로 소규모의 자치적 성격을 중요시한다. 모든 형태의 지배를 거부하는 아나키즘은 자연에 대한 인간의 지배도 거부한다. 환경운동가들은 자신들을 아나키스트라 주장하지는 않지만 환경을 파괴하는 정부의 횡포와 전횡에 맞서 권력의 제한을 목표로 한다는 점은 동일하다. 시골마을에는 공동체 정신이 살아 있다. 상부상조하기 위한 계는 대표적인 사례이다. 스페인에서는 소규모 협동조합 공동체 형태로, 호주에서는 생태주의적 공동체 형태로, 일본에서는 생활협동 공동체 형태로 발달하였다. 스페인 바스크의 몬드라곤 협동조합 공동체는 대표적이다. 자본주의의 부정의不正義와 사회주의의 비효율非效率을 극복하여 정의와 효율을 조화시킨 사례이다.

공산주의 아나키즘

아나키즘의 주류이다. 슈티르너의 개인주의 아나키즘에 대비해 개인의 완벽한 자유를 존중하지만 개인의 집합으로서의 사회도 역시 중요하게 생각한다. 공산주의 아나키즘은 5개의 조류가 상호 공존한다. 푸르동주의Anarchisme Proudhonien로 푸르동, 기욤James Guillaume, 조이유Maurice Joyeux 등이 대표적이다. 집합주의 아나키즘Anarchisme Collectiviste 또는 자유주의 사회주의Socialisme Libertaire로 바쿠닌과 멜라Ricardo Mella가 대표적이다. 공산주의 아나키즘Communisme Libertaire으로 크로포트킨, 말라테스타, 르크류 등이 있다. 아나르코 생디칼리즘Anarcho-Syndicalisme은 1880~1890년 기간의 직접행동을 통한 폭력행사가 실패하자 푸조Émile Pouget, 모나트Pierre Monatt, 플루티에Fernand Pelloutier 등에 의해 주도되었다. 마지막으로 마르크시즘 아나키스트Marxisme Libertaire 또는Communisme Libertaire가 있으며 루벨Maximilien Rubel, 게링Daniel Guérin 등이 주창자이다. 이외에도 독립주의 아나키즘Anarcho-Indépendantisme, 후기아나키즘Postanarchisme, 시온주의 아나키즘Anarcho-Sionisme 등이 있다.

국가(국가의 부정 · 정부 · 정치)

아나키스트, 무정부주의자가 정부를 부정한다고 해서 일체의 정치를 배제하는 것은 아니다. 삶 자체가 정치이기 때문이다. 아나키즘은 기존의 정치가 잘못되었기 때문에 인간의 본성에 가장 적합한 새로운 정치질서로 대치하고자 한다. 인간은 이성적인 동시에 사회적인 동물이다. 인간은 누구나 압제를 받으며 살기를 원하는 사람은 없다. 인간은 누구나 자신의 이성적 능력으로 자제하고 자율적으로 스스로를 자치할 수 있는 능력이 있으며 다른 사람과도 마찬가지다. 이러한 인간의 본성은 개인의 자유와 사회와의 연대가 아무 문제 없이 이루어질 것으로 믿는다. 각 개인의 자유가 만인의 자유를 보장하고 만인의 자유가 각 개인의 자유를 보장하는 사회가 가능할 것이며 이것이 아나키즘이 추구하는 정치질서이다. 정치질서를 강제하는 것이 정부다. 이런 의미에서 아나키즘은 정부를 비판하고 반대한다. '국가'란 베버Max Weber가 '주어진 영토 내에서 물리적인 강제력을 합법적으로 사용할 수 있는 독점권을 취득한 집단'이라고 정의하였다. 근대의 국가는 프랑스 혁명기에 쟈코뱅Jacobin당이 중앙집권적 국민국가의 초석을 놓고 나폴레옹이 이를 체계화하고 완성시켜 국가가 확립된다. 아나키즘은 모든 악과 사회 병폐의 원인인 국가를 없애자는 것이다.

국제 노동자 협회(제1인터내셔널)

근대 민족국가의 대두

산업혁명은 18세기 중반부터 1830년대까지 대략 완결되었다. 농업과 상업중심의 봉건제 경제에서 공업중심의 자본제도로 전환이 시작되었다. 산업혁명으로 인해 부유한 자본가가 성장하여 국왕, 교황, 사제, 귀족 등의 봉건세력과 투쟁한다. 이것이 부르주아혁명이다. 1649년 청교도혁명, 1776년 미국 독립전쟁, 1789년 프랑스혁명 등이다. 이후 자본가들이 영국과 서유럽 그리고 북아메리카를 장악하여 세계를 지배한다. 이들 자본가들은 근대 부르주아국가 즉 근대 국민국가를 확립한다. 노동자를 착취하고 국내외 시장을 장악하고 군사력으로 식민지를 선점한다. 자본가는 자본주의 체제의 특징인 무한한 욕심으로 노동자를 혹사시킨다. 자국 내 소수민족을 탄압하고 국민간의 전쟁이 불가피해진다. 19세기 영불전쟁, 1776~1812년의 미영전쟁, 1799~1815의 나폴레옹전쟁, 1826년 이후의 남미의 전쟁들, 1846년 미국과 멕시코전쟁, 1853년 크림전쟁, 1859년 프랑스 오스트리아전쟁, 1861년 미국의 남북전쟁, 프로이센이 야기한 전쟁들이 모두 해당된다. 자본주의 체제는 항상 전쟁과 혁명 속에서 성장하였다. 자본주의 발달 과정에서 초기 노동운동은 공제조합, 상호부조조합, 소비조합, 협동조합 등으로 시작하여 점차 노동조합 운동으로 발전한다. 자본주의적 착취가 산업혁명으로 강화되어 그 강도가 점차 증대하자 반대파가 등장한다. 자본주의를 폐지하고 다른 제도로 대치하자는 주장으로 이를 후에 공상적 사회주의자로 지칭한다. 푸르동은 1840년대 자신의 사상에 기초한 생산자들의 국제적인 협력기구를 구상하였다. 마침 1860년 영국 런던에서 만국박람회가 예정되자 프랑스 정부는 증대되는 노동세력을 회유하기 위하여 노동자 대표의 파견을 허락하게 되었다. 이들 대표단은 영국의 노동조합주의자들과 마르크스를 필두로 한 독일인 망명자들과 교류하게 되었다. 이를 계기로 1864년 런던 세인트 마틴홀Saint Martin's Hall에서 세계 최초로 노동자를 위한 국제기구인 국제 노동자 협회International Working-men's Association가 탄생하였다. 중앙위원회를 런던에 두고 파리에 사무국을 설치하였다.

인터내셔널의 창립

1866년 스위스 제네바에서 22개 지부 60명의 대의원이 참석하여 정식 국제 노동자 협회를 창립하였다. 노동자계급의 국제적인 대중조직을 만든 것이다. 대회에서 마르크스 중심의 중앙위원회는 총무위원회로 개칭되었다. 협회 내에는 분파가 많았다. 노동조합을 비롯한 소비, 협동, 상호부조조합 등과 정치, 교육단체 등을 망라한 조직이 참여하였다. 하지만 가맹국들의 노동계급세력은 초기단계로 미약하였다. 각 나라에 전국적 노동자 정당이나 사회주의정당이 없었음은 물론이다. 회의 성격도 잘 알려지지 않아 부르주아계급도 협회를 지지하고 각국 정부와 신문도 지지하였다. 당시까지 국제문제는 지배계급만의 고유권한이었지만 협회가 발족한 이래 프롤레타리아도 처음으로 국제문제에 발언권을 행사할 수 있게 되었다. 폴란드의 민족해방투쟁에 문제를 제기한 것이다. 민족해방에 마르크스는 노동조합의 역할을 중요하게 인식하였지만 영국의 보수적 노동운동가나 프랑스의 푸르동주의자는 경시하였다. 대회에서 마르크스파는 8시간 노동제와 아동노동 금지를, 푸르동파는 상호신용은행 설립과 협동조합 설립을 제안하였다. 두 파의 궁극적인 목표, 즉 노동자의 권익과 생존권을 위해서는 인식을 같이 했지만 투쟁노선의 차이로 인해 이후 서로 투쟁하게 된다.

바쿠닌과 마르크스의 대립

1867년 로잔대회에 71명이 참석하였지만 마르크스는 출석하지 못했다. 회의에서는 프랑스와 스위스의 상호부조주의자들이 활약하였다. 회의에서 운수와 교환의 모든 수단을 국유화하기로 결의하고 푸르동주의자들은 노동자의 사회적 해방은 정치적 해방 없이는 불가능하다는데 인식을 같이 한다. 1868년 벨기에의 브뤼셀대회에는 99명이 참석한다. 유럽에서 벨기에정부가 가장 반동적이었음에도 협회의 위상이 높아져 개최할 수 있었다. 회의에서는 전쟁반대를 결의하고 파업이 노동자의 정당하고 불가피한 무기임을 결의한다. 또한 토지의 국유화를 결의하고 자본의 지배로부터 노동을 해방시킬 노동자를 위한 교환은행의 설립을 결의한다. 이에 협회에 대한 자본가의 공격이 강화되고 유럽 전체가 협회를 불법으로 규정한다. 1869년의 바젤대회에 67명이 참석한다. 다음해인 1870년 노동세력의 성장으로 협회를 지지하는 유럽신문이 30여 개로 증가한다. 바젤대회에 바쿠닌이 가입하여 신(神)과 국가에 대한 투쟁을 선언한다. 그는 종교의식과 상속권의 폐지를 주장하고 모든 계급의 정치, 경제, 사회적 평등을 주장하였다. 상속권의 폐지는 사회경제적 평등실현의 첫 단계로 제안하였지만 마르크스파와 논쟁을 불러 일으켰다. 이 시기부터 마르크스와 바쿠닌의 골은 깊어진다. 근본은 두 사람의 사상 차이이다. 즉 전자는 이후에 구분될 마르크스의 권위주의적 사회주의Socialiste-Autoritarien, 후의 마르크스-레니니즘, 공산주의이다. 후자는 바쿠닌의 자유주의적 사회주의Socialiste-Libertarian, 아나키즘, 무정부주의이다. 전자가 권위주의자인데 후자는 반권위주의자이고, 전자는 중앙집권주의를 강조하고 후자는 자유연합주의를 강조한다. 전자는 국가권력을 탈취하려 하고 후자는 국가권력을 소멸시키려고 한다. 전자는 생산수단의 국유화를, 후자는 공동소유를 주장한다. 전자는 프롤레타리아 독재의 필요성을 인정하고 후자는 인정하지 않는다. 혁명의 주체인 민중에 대해 마르크스는 엘리트집단에 의해 지도받고 통솔 받는 피동적 주체로, 바쿠닌은 주체적 인격체가 모인 개인의 집합체로 인식한다. 이후 세계 각지에서 같은 주제로 투쟁한다. 독일이 통일되면서 강국으로 부상하자 1870년 보불전쟁을 도발하고 파리코뮌이 성립되어 협회의 연차대회는 무산되고 제1인터내셔널은 해체된다.

아나키즘인터내셔널

1870년 파리코뮌으로 인터내셔널 연차대회는 열리지 못했다. 파리코뮌은 아나키즘 이론을 반영하여 미래에 자본주의를 대체할 사회형태로서 기대되었다. 1871년 아나키스트는 스위스 손빌리에Sonvilier에서 독자적으로 회의를 개최하고 각국지부가 자치적 운영원칙을 지킬 것, 총무위원회는 통신과 통계에만 충실할 것, 원래 합의한 자유와 연합의 원칙에 충실할 것을 마르크스에 요구하였다. 1872년 헤이그 총회에 마르크스와 엥겔스가 처음으로 참석하고 바쿠닌은 참석하지 못하였다. 회의에서 마르크스는 본부의 뉴욕이전을 결정하고 바쿠닌을 비롯한 아나키스트를 제명하였다. 아나키스트들은 1872년 9월 스위스 생티미에St-Imier에서 특별회의를 소집하여 독자적인 아나키즘인터내셔널을 탄생시키고 각 지부와 연합의 자치를 규정하였다. 어떠한 정치조직도 권력을 잡으면 억압하고 탄압하는 계급으로 변질된다고 경고하여 마르크스의 총무위원회를 비난하였다. 마르크스가 바쿠닌 영향하의 쥐라연합을 제명하자 이태리, 스페인, 벨기에, 네덜란드 등이 총무위원회와 단교하였다. 1873년 제네바에 7개국 내표 32명이 참가하여 총무위원회의 폐지와 제네스트 문제를 토의하고 제네스트가 사회혁명의 주요 수단이 될 수 있다는 데에 합의했다. 아나르코 생디칼리즘Anarcho Sydicalism이 대두된 것이다. 1875년 회의는 소집되지 못하고 1876년 베른에서 회의가 속개되었다.

직접행동의 수용

1881년 런던에서 인터내셔널의 재건을 목표로 국제 아나키스트 회의가 열렸다. 1870년대 중반 바쿠닌이 은퇴하면서 세력이 위축되지만 크로포트킨이 대신하였다. 회의는 혁명운동에 적극적인 투쟁방법을 인정하였다. 비밀결사에 의한 직접행동의 정당성과 비합법적 수단에 의한 투쟁의 적극화를 인정하였다. 이는 테러리즘으로 이어졌다. 1907년 암스테르담 회의에서 생디칼리즘의 역할에 대한 논쟁이 있었다. 모나도는 혁명적 노동조합은 혁명의 수단이자 목적이라고 긍정적인 주장을 폈으나 말라테스타는 한 계급의 경제적 이해관계에 치우칠 수 있다고 신중한 입장이었다. 또한 반군국주의와 아나키즘의 조직문제가 거론되었다. 1914년 런던에서 회의를 개최할 것을 의결했으나 제1차 세계대전으로 무산되고 운동은 사실상 지하로 숨어들게 되었다.

국제주의

민족 간 대립과 분열을 극복하고 인류를 한 가족으로 통일하기 위하여 공산주의와 무정부주의가 주장한 이념으로 민족주의에 대비해 사용한 단어이다. 오직 애국만을 주장하는 쇼뱅Nicolas Chauvin의 쇼비니즘Chavinisme과 민족주의에 반대하고 인류애를 주장한다. 이를 위해 에스페란토어를 유용한 도구로 삼아 언어의 불통을 해소하고자 보급하였다. 국제주의는 곧 평화주의로서 특히 동양의 식민지에서 활발한 운동이 있었다. 국제주의가 처음 대두된 것은 1866년 스위스 제네바다. 국제 노동자 협회(인터내셔널)가 정식으로 창립되어 지배계급만의 고유권한이었던 국제문제를 프롤레타리아가 제기하면서부터였다. 폴란드의 민족해방투쟁에 문제를 제기한 것이다. 코스모폴리타니즘Cosmopolitanisme은 그리스에서 발생하여 세계가 자기 조국이라는 세계동포주의이며, 유니버셜리즘Universalisme은 프랑스혁명으로 파급된 보편적 자유, 평등, 박애의 세계를 지향하고, 몽디얼리즘Modialisme은 세계를 하나로 생각하는 중립적 개념이다. 세계를 하나의 개념으로 처음 제시한 사람은 칸트Emmanuel Kant이다.

근대 정치사상

근대 정치사상의 특징

근대 정치사상이 18세기 서양에서 탄생된 배경은 정치, 경제, 사회구조의 급격한 변화이다. 과학과 기술의 혁신적인 발전으로 인한 산업혁명, 봉건경제의 붕괴와 상업중심의 경제성장, 귀족계급의 몰락과 부르주아계급의 출현으로 중세 천 년간 유지되었던 국왕과 교회 중심의 근본적 변화가 불가피하게 되었다. 홉스, 로크, 흄, 루소 등은 전통왕권이나 봉건계급의 특권을 부정하고 시민의 권리가 우선이라는 새 정치사상을 주장하였다. 이러한 근대 정치사상의 첫 번째 특징은 인간사회를 인간의 노력으로 완전하게 만들 수 있다는 믿음에서 출발한다. 두 번째 특징은 이전의 사상과 비교하여 '혁명적'으로 국민(피지배자)의 동의를 권위의 유일하고 합법적인 기초로 한다. 그래서 민주주의를 주장한다. 당시까지는 신권이나 관습으로 국민을 복종시킬 수 있었다. 혁명가들이 믿고 의지할 세력은 군주나 귀족이 아닌 일반 민중으로 바뀐 것이다. 세 번째 특징은 유토피아적이다. 인간의 진보에 대해 낙관한다. 자유경쟁시장의 믿음에 대한 자유주의나 계급 없는 사회를 주장한 마르크스주의 모두 해당된다. 목표만 이루면 인간생활의 모든 문제가 해결될 것이라고 낙관한다. 네 번째 특징은 자신의 사상 이외의 사상을 인정하지 않는다.

자유주의

자유주의는 1776년 간행된 스미스Adam Smith의 『국부론』에 기초를 두고 있다. 경제적 자유주의, 즉 자유방임경제를 주장한 초기 고전학파의 대표적인 저작이다. 같은 해 미국의 독립선언도 경제적 자유주의를 주장한다. 스미드의 자유주의는 자유주의에 대한 최초의 믿음이고 근대 이데올로기의 선구이다. 프랑스혁명의 계몽사상가들은 진보가 역사의 필연적인 법칙이라고 확신한다.

보수주의

1815년 나폴레옹이 패하면서 비인체제의 보수주의가 확립된다. 반동정치인 보수주의는 에드먼드 버크의 『프랑스혁명에 대한 고찰』에 기초를 두고 있다. 급진적 혁명이나 개혁에 저항하는 또는 피해를 입은 세력을 수호하고 대변한다. 이들도 시대의 대세인 진보를 인정하지만 보수주의를 통해서 점진적으로 인류복지가 개선될 수 있다고 주장한다.

민족주의

민족주의는 나폴레옹에 반대한 저항운동으로 부터 본격적으로 시작된다. 국가라는 조직은 필요하고 그 국가를 위해 모든 것을 희생할 것을 주장하는 민족주의는 보수주의의 전유물이 된다. 나폴레옹은 국민의 이름으로 권력을 행사하나 실제로는 국민의 참여를 배제한 독재를 실시하였다.

사회주의

사회주의는 경제적 복지를 약속한 자유주의의 실패에 대한 반발로 발생했다. 경제적 발전이 국민에게 혜택이 갈 것으로 생각한 자유주의자들은 자신들의 인류애적 희망이 실현되지 않자 그 실망으로 사회주의를 모색한다. 자유주의는 인간의 법적인 평등에, 사회주의는 인간의 경제적인 평등에 초점이 맞추어져 있다. 그래서 사회주의는 인간의 불평등의 원인인 시장경제의 소멸을 목표로 한다. 프랑스혁명시 법적평등의 실현으로 혁명을 마무리하려는데 바뵈프 등의 급진주의자는 혁명을 경제적 평등까지 확대하려고 시도한다. 초기 사회주의자들을 유토피안이라고 호칭한다. 생시몽이나 루이 블랑은 국가통제하의 중앙집권적 경제체제를 주장한다. 푸리에는 협동을 기초로 자급자족의 촌락공동체를 구상한다. 푸르동은 노동자를 중심으로 협동조합을 전국규모로 연합하여 교환하는 제도를 구상한다. 모두 개인기업과 시장경제의 단점을 대신할 새로운 사회조직이다. 프랑스혁명 시 자유주의는 법적평등을 제시하고 이를 실현하는데 성공하였으나 사회주의는 경제적 평등을 제시하고 이의 실현에 실패하였다. 이에 마르크스가 경제적 평등을 실현하기 위한 방법론을 제시한다. 그는 자신의 이론에서 현 사회질서의 붕괴가 필연적이라고 주장한다. 역사의 연속성과 필연성에 의해 부르주아의 자유주의가 프랑스혁명으로 권력을 잡았듯이 노동자의 사회주의도 권력을 잡는 것이 필연적인 과학이라고 주장한다.

노동절

미국 시카고에서 1886년 5월 8시간 노동쟁취를 위한 시위 도중에 폭탄이 터져 경찰이 사망하자 이를 사주한 혐의로 8명의 아나키스트들이 처형되었다. 헤이마켓 사건으로도 알려졌고 이는 미국 아나키즘의 발전과 5월 1일 노동절의 계기가 되었다. 1889년 7월 세계 노동운동 지도자들은 제2인터내셔널 창립대회에서 미국 노동자들의 투쟁의 세계 확산을 위해 5월 1일을 세계노동절로 결정하였다. 1890년 "만국의 노동자여 단결하라!"라는 구호 아래 각국이 제1회 메이데이 행사를 동시에 치렀다. 미국의 여성운동가 골드만이 아나키스트가 된 계기도 헤이마켓 사건이었으며 죽어서도 헤이마켓 희생자 옆에 묻혔다.

농민자위운동

우크라이나의 마프노가 주도한 농민의 생활안정과 자위自衛를 위한 아나키즘 농촌운동이다. 그는 '아나키스트의 기병'이라 불리며 러시아혁명 기간 중 각 지역의 농민을 자발적으로 결속시켜 큰 세력을 형성하였다.

니힐리즘Nihilism → 허무주의

대안학교(대안학교운동. 자유학교운동)

청소년에게 국가가 통제하는 동일한 교과과정의 통일적이고 획일적인 교육이 민주저인가에 의심을 품는다. 현재와 같이 어려서부터 시험경쟁에 내몰리고 대학진학을 위한 입시학원으로 전락한 교육제도가 올바른 것인가에 대해서도 회의적이다. 아나키스트는 자신의 의사를 결정할 줄 아는 자유로운 교육, 능력에 따른 교육, 교사와 학생 간의 동등한 인격체로서의 교육, 공동생활을 통해 스스로 사회성을 깨닫게 돕는 교육을 주장한다. 대안학교운동의 교육이념도 당사자들이 의식하던 안 하던 아나키즘이 주장하는 이론과 동일하다. 프랑스의 로뱅Paul Robin은 1880년부터 1894년까지 프랑스 최초의 남녀공학을 설립하여 자유교육을 실험하였다(Orphelinat de Cempuis). 스페인의 페레Francisco Ferrer는 1901년 바르셀로나에서 근대학교École moderne를 설립하였고 이는 미국 뉴욕을 비롯한 스위스와 브라질 등에 확산되었다. 휘르Sébastien Faure도 1904년 자유학교La Ruche를 파리 근교에Rambouillet에 설립하여 1917년 겨울까지 운영하여 다른 자유학교에 영향을 주었다.

대의제도(의회제도. 간접선거)

아나키스트들은 현재 전 세계에서 가장 일반적으로 통용되고 있는 간접민주주의, 즉 대의제도를 비판한다. 인민 전체의 권리에 우선하는 것이 개인의 권리이기 때문이다. 의회에 개인의 권리를 넘겨 위임하는 것은 주권을 포기하는 것이라고 주장한다. 대의제도 하의 의회는 대표들이 권리를 위임받아 의회 민주주의를 실현한다며 자신의 이익만을 추구하는 부르주아 민주주의로 인민을 기만한다. 의회 민주주의의 한계에 대한 부정적 현상이 신 사회운동으로 나타나고 있다. 아나키스트들은 대의제를 비판하며 직접민주주의를 옹호하면서도 일부는 의회로 진출하여 제도권 안에서 이상을 실현하려는 분파도 있다. 독일 녹색당과 미국 자유당(리버테리언당)은 의회 제도를 유용한 도구로 활용하자는 분파이다. 푸르동도 국회의원이 되었고 각국에는 다수의 아나키스트가 의회에 진출하였다. 모든 권력은 그 맛을 들인 사람을 타락시킨다. 바쿠닌은 노동자들이 의회에 진출하여 노동자를 탄압하는 권력의 속성을 꿰뚫어 보았다. 노동자가 자본가에게 경제적으로 지배받는 한 보통선거는 단지 자신을 가둘 감옥을 짓는 것이라고 주장한다. 유권자들은 권리를 자유로이 행사할 조건인 교육도 받지 못하고 생활에 바빠 투표할 시간도 없기 때문이다. 푸르동은 입헌전제정치이자 부르주아의 술책이라고 정의하였다. 바쿠닌은 민중을 통치하기 위한 교묘한 가면이라 단언하였다. 아나키즘은 인민의 주권보다 개인의 주권을 옹호한다. 의회제도는 개인이 주권을 넘겨줌으로써 주권을 포기하는 것이다.

룩셈부르크

로자 룩셈부르크Rosa Luxemburg, 1870~1919는 러시아 통치기 폴란드 태생으로 독일의 민주정부 수립과 폴란드혁명을 위해 투쟁하다 베를린에서 암살되었다. 여성 아나키스트로 여성운동에 기여하였다.

르크류

엘리제 르크류Elisée Reclus, 1830~1905는 프랑스 지롱드Gironde 태생의 지리학자로 인터내셔널에서 활약하였다. 파리코뮨에 참가했으며 1872~1890년간 스위스에서 크로포트킨의 『반란Révolté』의 간행에 협력하고 브뤼셀Bruxelles의 자유대학에서 교편을 잡았다. 에스페란티스트, 자연주의자, 채식주의자로 누드Nude는 자연주의자로서 개인의 사회성을 발달시키는 한 방법이라고 주장하였다.

마프노

네스톨 마프노Nestor Makhno, 1888~1934는 우크라이나 출신으로 '아나키스트의 기병'이란 별칭으로 불린다. 적군에 패하고 프랑스로 망명한 후 파리에서 사망했다. 러시아혁명 시 공산당 일당독재를 거부한 반란세력 중 하나로 아나키스트 농민자위운동을 주도하며 한때 큰 세력을 형성하였다. 크론스타트Krortadt에서도 해군 수병과 시민이 '볼쉐비키없는 소비에트'란 구호로 아나키적 반란을 일으켰다.

말라테스타

에리코 말라테스타Errico Malatesta, 1853~1832는 이태리 캄파니Campanie 출신으로 혁명은 오직 무장봉기뿐이라고 주장하는 급진파에 속한다. 십대부터 인터내셔널에 가입하여 활동한 연설가이자 선동가이다. 동구권과 남북아메리카 여러 나라에 아나키스트 혁명조직을 만들었다. 3번 사형선고를 받고 35년간 망명했다. 공산주의 아나키즘의 주창자다.

무신론無神論, Atheism → 반종교주의

무정부공단주의無政府工團主義 → 아나르코 생디칼리즘Anarcho Syndicalism

무정부공산주의無政府共産主義, Anarchist Communist → 아나키즘

무정부조합주의無政府組合主義 → 아나르코 생디칼리즘Anarcho Syndicalism

무정부주의無政府主義(한자문화권의 아나키즘 용어)

사전에는 아나키Anarchi가 무질서, 혼란 또는 무정부상태란 부정적인 의미의 단어로 나와 있다. 1912년 일본의 대학생이 번역한 이래 한자문화권에서는 줄곧 이 단어로 통용되어 왔다. 우리나라에서는 현재 '무정부주의'라는 어감이 주는 부정적 인식과 아나키즘의 본질을 전달하지 못한다는 이유로 명칭에 내한 논의가 진행 중이다. 마르크스의 권위주의적 사회주의와 대비하여 자유주의적 사회주의 또는 자유사회주의나 아나키즘이라고 원어로 사용하는 사람도 있다. 아나키스트도 자유인 또는 자주인自主人으로 표기하는 경우도 있지만 자유인의 경우에는 의미가 광범위하여 혼동될 여지가 있다. 또 리버테리안Libertarian으로 표기하기도 한다.

미셸

루이즈 미셸Louise Michel, 1830~1905은 프랑스 파리근교에서 출생했으며 자유교육을 주장하였다. 파리코뮨의 몽마르트르Monmartre전투에서 체포되어 누벨 칼레도니Nouvelle Calédonie에서 수형생활 중 죄수 자녀의 교육, 식물연구, 원주민 연구에 몰두하였다. 1880년 사면으로 귀국한 후 1905년 마르세이유Marseille에서 74세로 사망했다. 흑기黑旗를 아나키스트의 상징이 되게 하였다.

ㅂ

바쿠닌

　미셸 바쿠닌Michel Bakounine, 1814~1876은 아나키스트적 반항자였다. 아나키즘 운동에 헌신한 귀족 중 최초의 인물이고 일체의 부르주아적 습관에 대한 본능적 도전으로 일관하였다. 재산이나 물질적 욕망이 없었고 친구와 지지자의 기여금으로 살았다. 박학하였으나 소박하였다. 폭도, 음모가, 조직자, 선동가로 혁명적 열정에 '신들린' 인물이었다. 1814년 러시아의 귀족으로 출생하여 유년기 불어, 독일어, 영어, 이태리어를 배웠다. 베를린에서 수학하고 「독일의 반동Reaction in Germany」을 발표하였다. 창조를 위해 파괴를 강조한 글은 '파괴하고 전멸시키는 영원한 정신을 믿게 하라. 파괴에의 충동은 창조에의 충동이다'라고 주장한다. 독일 공산주의자 봐이틀링이 바쿠닌을 이론적 반역자에서 행동적 반역자로 변신하게 한다. 봐이틀링은 1830년대 브랑키의 파리봉기에 가담한 재봉사로 혁명은 무자비한 폭력에 의해 성취될 수 있다고 주장한다. 파리에서 마르크스와 푸르동 등의 혁명자와 교류한다. 1848년 민족독립에 대해 '주민다수가 빈곤한 생활을 하는 곳에서는 자유는 거짓에 불과하다. 따라서 사회혁명은 자연스럽고 필연적인 귀결이다. 고로 사회문제는 사회전복이어야만 한다'라고 주장한다. 1860년대 비밀동포단Brotherhood을 조직하고 단원교육을 위해 「혁명가의 교리문답Revolutionary Catechism」을 집필한다. 이

「교리문답」에서 국가, 자본, 종교를 반대하고 연합주의, 코뮨자치를 주장한다. 노동은 인간권리와 국가경제의 유일한 기초로서 사회혁명은 평화적으로 불가능하다고 주장한다. 1867년 제네바회의에서 연합주의와 파괴를 강조하며 '평화는 중앙집권국가가 존재하는 한 불가능하다. 국가는 새로 만들어야 한다'라고 주장한다. 제네바의 노동자들이 마르크스파로 전향히지 바쿠닌파는 별개의 쥬라연합을 소식하고 이 연합이 1870년대를 통해 아나키즘 운동의 중심으로 떠오른다. 네차예프를 만난 후 '무차별적인 파괴'로 한층 과격해진다. '목적을 위해서는 어떤 수단도 신성하다', '우리는 절멸의 사업 이외에 일체의 타 활동을 인정하지 않는다. 활동은 극단적으로 하여야 한다. 오직 독약, 나이프, 밧줄뿐이다', '혁명가는 개성이 없다. 오로지 유일한 관심, 유일한 사고, 유일한 열정을 혁명에 몰두하지 않으면 안 된다. 유일의 목적, 유일의 과학은 파괴다. 사형선고할 자의 명단을 만들고 신속하게 집행하기만 하면 된다'라고 주장한다. 1872년 이래 건강이 악화되며 파리코뮨의 패배에 따른 실망감, 프러시아의 발흥에 따른 좌절감, 마르크스의 중상모략에 따른 마음의 상처로 1876년 스위스 베른에서 외롭게 생을 마감한다.

반군국주의 Antimilitarism

반핵, 반전, 평화운동과 같은 의미로 반국가주의, 반군사주의이다. 국가유지의 근간인 군사조직과 체제에 반대한다. 양심거부, 반전시위, 병역의무 반대, 탈영조장 등의 활동을 한다. 1907년 암스테르담의 아나키스트 회의에서 반군국주의에 대해 본격적으로 문제를 검토하고 토론하였다.

반종교주의 Atheism, 無神論

종교의 본질은 도덕으로 기존 종교의 미신적 요소를 없애고 과학적인 윤리의 질서를 주장한다. 종교의 도덕 대신 사회주의 도덕을 주장한다. 인간의 일에 간섭하여 우주의 운동을 조절하는 지적 능력과 인간보다 우월하다는 어떠한 형태의 신의 존재를 인정하지 않는다. 국가, 자본, 종교의 권위를 거부하는 아나키스트는 종교 역시 지배자의 억압수단으로 본다. 종교는 억압과 소외의 산물로 억압과 소외가 사라지면 종교도 사라질 것이라 예측한다.

버크만

알렉산더 버크만 Alexander Berkman, 1870~1936은 러시아 태생의 유대인으로 미국에서 골드만과 협력하며 반전운동에 기여하였다. 『아나키즘의 기초 ABC of Anachism』에서 "아나키즘은 폭탄, 무질서, 혼란이 아니다. 아나키즘은 강도질이나 살인이 아니다. 아나키즘은 모든 것에 대항하는 전쟁이 아니다. 아나키즘은 미개시절이나 야생으로 돌아가자는 것도 아니다. 아나키즘은 이것들과 정반대이다"라고 정의하였다.

비판(마르크스, 공산주의)

아나키즘은 세계 최초의 노동자 조직인 인터내셔널에서 마르크스와 엥겔스와 구별되었다. 아나키스트도 토지의 사유제도 및 생산수단의 사유에 기초한 현 생산구조가 악이라 인식한다. 그러나 변혁달성수단에 있어 공산주의와 다르다. 프롤레타리아 독재도 새로운 형식의 임금노예제도로 인식하고 또 과도기적 형대라고 믿지 않는다. 사회혁명의 결과 건설할 사회도 다르다. 역사학자인 카E. H. Carr는 바쿠닌이 주장한 자유에 대해 '전혀 실현되지도 않고 실현될 수도 없는 이상'이라고 비판하였다. 마르크스는 소부르주아사상으로 비판하며 대중해방이 개인해방을 위한 선결조건이라고 주장하였다. 마르크스는 바쿠닌이 혁명을 단순하게 이해하고, 프롤레타리아의 독재를 이해하지 못하고, 노동자의 의지를 과소평가하고, 무신론을 주장하며 정당의 필요성을 부인한 것을 비판하였다. 마르크스는 슈티르너의 개인주의 아나키즘에 대해서도 1846년 출판한 『독일의 이데올로기』에서 비판하였다. 레닌은 아나키즘을 착취에 반대하는 '상투어'로 불안정한 지식인이나 방랑자의 '절망적인 표현'에 불과하다고 비판하였다. 이론도 교조도 없이 노동계급을 분열시키고 정부를 부인한다는 미명하에 노동계급을 부르주아정치에 종속시키는 분자라고 비난하며 사회주의 운동 경험도 없는 고독한 사상가들이라고 비판한다. 스탈린도 대중의 해방보다 개인의 해방을 선결과제로 생각하기 때문에 실패할 수밖에 없다고 비판한다. 아나키스트 비판자는 뒤죽박죽의 혼란된 설교자, 천진난만한 꿈의 옹호자. 살롱혁명가, 니힐리스트, 테러리스트, 부르주아 급진주의자 등으로 표현한다. 노동자에 뿌리를 내리지 못한 아나키즘은 마르크스진영으로 전향하는 사람이 많아지고 이후 철학적, 개인주의적 아나키즘으로 분화하고 일부는 테러리즘으로 전향한다.

사이버 아나키즘Cyber-Anarchism

아나키즘은 1930년대 퇴조했으나 1960년대 저항운동으로 관심을 받았고 1980년대 이후에는 미래사회에 대한 전망으로 새롭게 조명을 받는다. 최근에는 환경운동, 지역공동체운동, 협동조합운동, 상호부조운동으로 등장하고 있다. 아나키즘이 화두로 떠오르는 이유는 기존의 이념으로는 현 사회의 모순을 해결하는 데 한계에 부딪쳤기 때문이다. 현대 자본주의사회는 인간을 경쟁으로 내몰아 이기적이고 자기중심적인 고독한 군중을 양산하고 인간을 도구화시킨다. 현재의 경제적 불평등, 정치적 억압, 환경과 생태의 파괴는 자본주의사회의 한계를 보여주고 있다. 21세기는 아나키즘의 이상에 가까운 사회를 실현할 가능성이 증가하고 있다. 특히 인터넷의 발달과 보급으로 국가나 민족의 의미가 이전보다 약해지고 세계가 자유로운 네트워크로 하나의 사회를 형성하고 있다. 사이버공간은 새로운 인간

소외란 반대에도 불구하고 지구 어디나 통신이 가능하고 개인의 의견을 표현할 수 있다. 국적, 인종, 종교, 신념, 학력, 피부색, 경제력과 상관없이 언제 어디서나 누구나 의견을 주장할 수 있다. 인터넷 공간에서 토론이 벌어지고 국민의 의견이 모아져 정책에 반영된다. 대의정부를 부정하는 아나키스트에게 무제한 소통이 가능한 인터넷 온 이니키즘의 새로운 투쟁의 장으로 활용되고 있다.

『상호부조론Mutual Aid』

크로포트킨의 대표 저작으로 다윈의『종의 기원』에서 제시한 생물계의 '적자생존'이 진화의 중요 요소였음을 인정하면서도 '상호부조'도 생물계의 진화에 중요한 요소였음을 과학적·논리적으로 증명한 저작이다. 이를 생물의 하나인 인간에게까지 확대 적용한 것으로서 생물의 종족 중에 개별투쟁을 가능한 한 적게 하고 상호부조적 습관을 발달시킨 종들이 번성했으며 진보할 수 있었다고 주장하였다. 아나키즘 이론의 핵심 중 하나로 '상호부조론'은 특히 동양 아나키즘에 영향을 주었다.

슈티르너

막스 슈티르너Max Stirner, 1806~1856는 독일태생으로 1844년 유일한 저서인『유일자와 그 소유Der einzige und sein eigentum』를 출간하였다. 그는 개인주의적 아나키스트와 에고이즘Egoism을 대표한다. 1819년 베를린대학에서 철학을 공부하고 헤겔좌파에 속한다. 철저한 자아주의自我主義를 주장하고 유일한 현실은 자아이며 자아야말로 창조적인 허무라고 주장한다. 모든 외부로부터의 권위를 부정하고 단지 자아의 권위만 인정한다. 철저한 개인주의자로서 '개인 및 자아만이 진실한 존재'이며 진짜 자유인은 자아로서의 유일자인 개인 이외에는 아무것도 아니라고 주장한다. 1848년 혁명 이후 세상에서 잊혀져 빈곤 속에서 외롭게 죽었다. 슈티르너는 21세기 일부 아나키즘 운동에 이론적 뿌리를 제공한다. 슈티르너 추종자인 독일인 브란트Adolf Brand는 세계 최초로 1896년 호모Homosexuals 잡지를 창간하여 1931년까지 발행한다. 잡지의 제목과 내용은 슈티르너의 책에서 영향을 받았다. 이외에도 자유로운 섹스를 주장하는 자유연애Free Love, 낙태의 자유, 나체주의Nudism까지 영향을 주었다. 아나르코 페미니즘도 슈티르너의 영향을 받은 골드만 등에 의해 발달한다.

스페인혁명

1936~1937년간 스페인 내전은 아나키스트의 실험무대였다. 스페인은 전통적으로 아나키즘 운동이 활발한 나라였다. 1910년 전국노동연맹Confederation National del Trabajo, CNT이 조직되었고 1927년 스페인 아나키스트들은 이베리아 아나키스트 연맹Iberian Anarchist Federation, FAI을 조직하여 CNT의 이념적 지주 역할을 했다. 이들은 시민전쟁 중 아나키즘의 원리에 따른 이상을 실현하였다. 농촌과 도시에서의 실험은 현대사회에서도 아나키즘이 충분히 성공할 수 있음을 보여주었다. 하지만 가바리에르의 인민전선 내각에 다수의 아나키스트가 각

료로 입각하면서 혁명이 와해되었다. 혁명을 방위하기 위해 입각했지만 결국 실패하였다. 스탈린의 공산세력에 대한 일방적인 지원은 인민전선 내부의 불화의 원인이 되었다. 마드리드에서 태어난 두루티Buenaventura Durruti, 1896~1936도 스페인의 대표적인 아나키스트이다.

시민사회운동(신 사회운동)

아나키즘은 권력집중을 반대하고 지방분권을 주장한다. 대의제도에 반대하고 직접민주주의를 주장한다. 현대사회에서 시민들의 요구를 시민이 직접 참여하는 방식으로 표현한다. 시민의 의견에 반할 경우 불복종운동을 전개한다. 자발적, 자치적인 소규모 공동체가 서로 자유롭게 연합하여 사회를 이루는 것이 가장 이상적이라고 믿는다.

아나르코 생디칼리즘Anarcho Syndicalism

무정부조합주의, 무정부공단주의로 번역되며 혁명운동에서 경제적이고 사회적인 투쟁을 중요시하는 노선이다. 19세기 말~20세기 초 유럽노동조합의 발달과정에서 아나키즘과 접목한 조류로 생디카Syndicat(조합)를 노동자의 권리를 위한 유일한 조직이며 혁명의 주체로 인식한다. 의회의 역할을 부정하고 동맹파업, 사보타주, 보이코트,

총파업, 무장봉기 등의 직접행동을 통해 정부를 타도하고 생산과 분배를 조합이 장악하여 새 사회체제를 실현하려는 사상 및 운동이다. 노동자의 정치투쟁, 정당활동, 조합에 대한 정당의 간섭을 거부하고 국가 없는 조합의 관리를 주장한다. 일반 생디칼리즘은 조합을 통해 자본주의사회를 붕괴시키고 사회주의의 노동자 국가를 목표로 하지만 아나르코 생디칼리즘은 정부 자체를 부정한다. 생디칼리스트 인터내셔널Syndicaliste Internationale은 1913년 런던에서 국제조직을 창설할 것을 결정했지만 1914년의 전쟁으로 무산되었다. 1917년 러시아혁명의 성공 이래 볼쉐비키는 유럽 혁명세력의 주류인 아나르코 생디칼리스트를 끌어들이기 위해 노력하였다. 1922년 회의에서 정식 조직을 만들 것과 아나키즘전통을 잇기 위해 명칭을 국제 노동자 협회로 칭할 것을 결의하였다. 또한 '혁명적 생디칼리즘의 제 원리'란 요강에서 혁명적 연합주의의 기본원리를 제시하였다. 국가주의, 군국주의, 정치활동을 배척하고 자유로운 코뮨주의를 조직원리로서 채택하였다. 대중조직으로서 아나르코 생디칼리즘은 노동운동에서 중요한 위치를 차지하였다.

아나르코 페미니즘Anarcho Feminism(에코 페미니즘Eco Feminism)

여권운동과 아나키즘을 융합한 운동이다. 남자의 여자에 대한 속박과 구속이 인류 역사에서 제도화한 첫 번째 사례로서 기존의 가부장적 지배와 성적 차별이 국가체제와 결합하여 제도화한 것으로 진정한 여성해방은 국가의 재편성 내지 역할의 축소에 있다고 본다. 따라서 전통적인 가부장제, 가족전통, 결혼제도 등을 타파하여 여성역할에 비중을 둔 교육을 통해 남녀평등을 실현하고자 한다. 여성의 권리에 대한 관심은 계몽운동에서 비롯되었다. 자유, 평등, 개혁사상이 부르주아, 농민, 도시 노동자계급에서 여성으로 확대되었다. 여성이 남성의 쾌락을 위해 존재한다는 기존의 관념을 비판하고 여성의 수동적 역할을 강요하고 남성에 의존하게 하는 의식을 마비시키는 가정생활을 비난하였다. 여성은 수동적이며 의존적이고 생각이 불합리하고 감정적이라는 고정관념을 타파하기 위해 노력하고 편견, 차별, 상투적 묘사 등을 비판하였으며 특히 여성이 성적대상임을 극복하려 노력하였다. 남녀불평등의 제1원인인 결혼제도를 비판하여 클레어 Voltairine de Cleyre는 결혼은 개인의 발달을 방해하는 제도로 비판하고 골드만은 결혼은 '무엇보다 경제적 논리다. 여자는 결혼하면서 이름을 팔고, 개인생활을 팔고, 인생을 판다'라고 정의하고 페레Francisco Ferrer가 실험한 근대학교의 가부장적 권위가 없는 가족을 원한다.

아나키즘Anarchism(無政府主義. 自由社會主義)

아나키즘은 불합리한 모든 권위를 없애려는 이론과 행동으로 19세기 이래 유럽에서 발전한 정치철학이다. 1857년 데쟉크Joseph Déjacque 가 신조어주의新造語主義, Néologisme를 주장하며 아나키즘에 '평등'의 성격을 부각한 이래 자유주의적Libertaire이란 단어는 아나키즘의 동의어로 사용된다. 아나키즘이 추구하는 사회는 사회의 모든 권위를 부정하고 권위에 기초한 강요된 제도를 거부하며 모든 개인이 지배와 착취가 없는 자율적인 산업에 기초해 연합한 협동적 사회이다. 아나키란 단어는 무정부, 무정부상태, 혼란의 의미로 사용되지만 이는 지배자와 언론이 만든 단어로 아나키스트는 자유주의적Libertaire을 선호한다.

어원

그리스어 a는 제한하는, arche는 명령, 권력, 권위이다. 아나키즘 Anarchism은 아나르코스Anarchos가 어원이다. 이는 '지배자가 없다With out a ruler' 또는 '권력Autority이나 정부Gouvernement가 없다'란 의미이다. 그리스의 호머와 헤로도트는 '지도자가 없는' 또는 '장사壯師가 없는' 의 의미로 사용하였으며 유리피데스는 '키잡이가 없는 선원'으로 표현하였다. 서양고대의 개념은 '무권력'의 의미였지만 근대에는 '권력을 부정'하는 적극적 의미가 내포되게 되었다.

기원

다수의 역사가는 아나키즘의 정신이 인류의 역사 이래 존재했다고 믿는다. 인류 초기의 이누이트족Inuits, 피그미족Pygmées 등의 사회에서 국가나 경찰 등의 정치적 권위가 없이 자율, 자치, 상호부조, 직접투표 등의 아나키즘적인 요소를 발견하였다. 동양에서는 노장사상과 불교에서 찾았으며 개인주의 아나키즘은 고대 그리스의 에피크루스와 스토아학파의 저작에서 발견하였다. 기독교의 교리와 르네상스 시기의 이상주의자와 멜리에Jean Meslier 신부, 계몽주의 사상가에서도 발견하였다. 프랑스 혁명기의 과격파Enragés는 쟈코뱅Jacobin의 국가권력 장악을 반대하고 코뮨사회Communisme를 주장하며 코뮨의 연합을 제시하였다. 이러한 개인의 자유를 강조하고 국가와 종교의 권위를 비판하는 아나키즘적 요소는 유럽과 미국에서 확산되었다. 근대 아나키즘은 고드윈이 개척하고 푸르동이 최초로 이론화하였다.

등장

아나키즘은 개인의 완벽한 자유를 추구하는 데서 출발하여 정치적으로는 지배하는 어떤 조직도 없는 사회의 완전한 자율성을 추구하고, 경제적으로는 만인이 풍요롭게 사는 사회를 추구한다. 개인의 자유를 추구하지만 사회의 연대성을 중요하게 생각하는 면에서 사회주의사상으로 분류할 수 있으며 그 최초는 후리에Charles Fourrier, 생시몽Saint-Simon, 오웬Robert Owen의 사상에서 찾아볼 수 있다. 그 후 고드윈이 근대 이론으로 체계화하기 시작한다. 아나키란 단어를 사용하지는 않았지만 법률을 공격하고, 국가의 불필요함을 증명하고, 모든 사회의 진정하고 유일한 기초인 참 정의正義는 재판소를 폐지하여야 달성할 수 있음을 밝혔다. 최초의 아나키즘 이론으로서 1795년 바뵈프Babeuf가 공산주의를 제창한 것과 비교된다. 푸르동은 아나키스트를 자신의 칭호로 사용하였다. 푸르동이 이 단어를 사용한 것은 사회혼란의 책임은 정부에 있으며 정부 없는 사회만이 자연적 질서를 회복하고 조화로운 사회를 건설할 수 있다고 보았기 때문이다. 그러나 적절한 단어가 없어 옛 단어의 원래 의미로 사용하였다. 크로포트킨은 아나키즘의 근원을 18세기 자연과학자들의 철학에서 찾았다. 이후 19세기와 20세기 초 아나키즘은 자유주의나 사회주의와 같이 산업혁명 후 정치경제 집중에 대한 반발로 이론화되며 등장한다. 자연과학자들의 귀납적, 연역적 방법에 의해서 얻어진 일반적인 원칙을 인간의 제 제도에 적용하려고 한 시도이다.

명칭

푸르동이 자신을 아나키스트라고 자칭하였지만 그들에 대한 정확한 칭호는 불분명하였다. 푸르동과 바쿠닌의 추종자들은 아나키즘이란 단어의 유연성에서 파생하는 부정적 이미지로 곤란을 겪었다. 푸르동은 후에 연합주의자Fédéraliste라 자칭하고 그의 추종자들은 상호주의자Mutueliste로 칭하였다. 다른 추종자들은 집합주의자Colletiviste를 애용했으나 곧 공동주의자, 마을주의자Communiste로 바꾸었다. 19세기 말 프랑스 포르Sébastien Faure가 리베르테르Libertaire를 신문 명칭으로 채택한 후 아나키스트와 리베르테르는 동의어가 되었다. 현재는 권위주의적 사회주의Socialiste Autoritaire, 국가주의적 사회주의Socialiste Etatiste, 중앙집권적 사회주의Socialiste Centraliste, 즉 공산주의Communisme에 대비하여 아나키즘Anarchisme 또는 자유주의적 사회주의Socialiste Libertaire 또는 자유주의적 공산주의Communisme Libertaire로 구별한다.

계보

아나키즘은 획일화된 조직이나 교조적인 원칙을 거부하기 때문에 용어와 개념에 대한 다양한 주장이 있으며 그 계보나 성향에 대해서도 다수의 이론이 존재한다. 이는 개인의 자유를 중시하고 각자의 사유思惟의 자유와 표현의 자유, 집회결사의 자유를 중시하는 특성으로 인한 것이다. 그렇지만 일반적으로 아나키즘의 조류는 크게 사회성을 강조하는 크로포트킨의 공산주의적 무정부주의Anarchisme Communiste 또는 자유주의적 공산주의Communisme Libertaire와 개인을 강조하는 개인주의적 아나키즘Anarchisme Individualiste으로 대별된다. 공산주의적 무정부주의는 학자에 따라서 또는 기준에 따라서 많은 계보로 나뉜다. 19세기 말에서 20세기 초까지 마르크스와 경쟁하는 동안 바쿠닌의 집산주의자Collectiviste와 푸르동의 상호주의자Mutualiste의 두 가지 조류가 있었다. 1928년 러시아의 볼린Voline은 아나키즘사전Encyclopédie Anarchiste에서 생디칼리즘, 공산주의, 개인주의의 3개 조류로 분류하였다. 같은 해 포르Sébastien Faure는 아나키즘 개념사전Synthèse Anarchiste에서 개인주의 아나키즘Individualisme Libertaire, 사회주의 아나키즘Socialisme Libertaire, 공산주의 아나키즘Communisme Libertaire, 아나르코 생디칼리즘Anarcho-Syndicalisme의 4가지로 분류하였다. 극단주의자로 봉기파Insurrectionnalistes도 있었다. 이들은 극단적 개인주의자들로 바쿠닌의 추종세력이며 모든 것의 파괴를 우선하여 직접행동을 중시하였다.

사전辭典 정의

프랑스 사전의 정의를 시대별로 살펴보면 혁명 전후로 부정적 인식이 긍정적으로 변화된다. 혁명기간의 아나키와 아나키스트는 반대당파를 규탄하는 부정적 용어로 일종의 욕설이며 주로 좌익을 비난하는데 사용한 단어였다. 이후 '인간의 외부로 부터의 모든 강제를 거부하고 자유의사에 기초하여 공동체 삶을 다시 세우려는 사상이나 운동'으로 긍정적으로 바뀌었다. 최근의 『웹스터 국제 영어사전 제3판*Webster's Third International Dictionary*』에는 '모든 형태의 정부와 유사한 형태의 속박에 반대하고 필요한 것을 충족하기 위해 개인과 집단의 자발적 협동과 자유로운 연대를 주장하는 정치적 이론', 『브리태니커 웹스터 사전*Britannica-Webster*』에는 '모든 정부 권력이 불필요하며 바람직하지 못하다고 생각하며 개인과 집단의 자발적 협동에 기반한 사회를 주장하는 정치적 이론'이라 정의한다.

특징

지방분권주의, 직접민주주의, 자율경영주의, 연방주의, 자유연합주의, 자율적 개인주의, 협동적 연합주의, 자치적 공동체주의 등으로 표현된다. 아나르코 코뮤니즘의 확산으로 슈티르너의 개인주의 아나키즘은 쇠퇴하여 아나르코 코뮤니즘으로 흡수된다.

철학

아나키즘의 철학적 토대는 자연주의다. 자연을 유일하고 절대적 진리라고 생각하고 모든 것을 자연의 소산이라 생각한다. 철학에서는 인간의 욕망과 본능이 자연스런 것으로 보고 자연 그대로의 생활을 주장하고, 문학과 미술에서는 이상화하지 않고 자연 그대로를 묘사하며, 교육에서는 인간의 성정性情을 중시하여 사회적 관습과 관념을 강요하지 않는 교육을 중시한다.

영향

일반적인 정치운동뿐만 아니라 낙태의 권리, 연애의 권리, 자연주의, 채식주의 등에 영향을 미치고 있다. 아나키즘의 정신은 원시공동체의 자유로운 삶의 양식으로 돌아가려는 운동이다. 인간 본연의 순수함을 그리워하고 인간 본연의 태도로 되돌아가려는 태도라고 할 수 있다. 자연주의자, 채식주의자 등도 아나키즘의 영향을 받고 1968년 프랑스 학생운동 후 각종 공동체와 신전원주의 생활양식 등에 영향을 주고 있다. 미국 역사가 아브리치Paul Avrich는 아나키즘이 국제주의, 반군국주의, 노동자의 자율경영, 여성해방, 성性해방, 자유학교, 도농都農간 또는 자연과 인간과의 환경에 많은 영향을 주었다고 평가하였다.

예술

아나키즘은 오래 전부터 창조적 예술과 밀접하게 관련되었다. 특히 1880~1914년간 미술, 음악, 문학에서 아나키즘은 영향을 주었다. 예술가들은 아나키즘의 인간해방과 상상력의 해방을 동일시하였다. 예술가가 아나키즘에 호감을 갖는 것은 예술 자체의 속성이 개인적인 것이기 때문이다. 푸르동의 친구인 화가 쿠르베Gustave Courbet를 비롯하여 이후 다다이즘과 초현실주의에서도 아나키즘의 정신을 찾아볼 수 있다. 일반 예술과 달리 기존 예술 형식을 부정한다. 어떤 권위도 인정하지 않는 개인의 자유를 중시하는 아나키즘정신이 예술가의 정신과 일치하기 때문이다. 아나키즘 예술은 인간의 예술적 본능을 표현한 것으로 민중의 정서를 표현한다. 인간은 누구나 예술적 능력을 갖고 태어나며 질적 차이가 있을 뿐 이것은 보편적인 능력이다. 아나키즘은 예술을 인간의 본능적인 권리라고 인정하고 일상생활 속에서의 예술을 중요시하는 생활의 예술이다. 따라서 예술과 일상이 분리된 순수예술을 비판한다. 아나키즘 예술은 민중예술이다. 권위를 거부하는 아나키즘은 기존 질서가 강요하는 지배자를 위한 예술을 거부하고 특별한 능력의 예술가를 인정하지 않는다. 예술계에 지식의 권위주의에 대해서도 비판한다.

에스페란토어Esperanto(세계어)

1887년 폴란드의 유태인 안과의사인 자멘호프Zamenhof가 창안하였다. 그의 출생지인 비야리스토코Bjalistoko는 러시아인, 폴란드인, 독일인, 유태인 등의 다민족사회로 언어로 인한 민족 간의 대립과 분열을 치유하고 인류를 한 가족으로 통일하기 위하여 창안하였다. 에스페란토어의 학습과 보급은 아나키즘이 주장하는 평화주의, 국제주의와 밀접한 관련이 있다. 민족주의를 극복하고 국제주의를 주장하는 사회주의자, 특히 아나키스트들에 의해 언어의 불통에서 파생되는 문제를 극복하고 아나키즘 사상을 쉬운 언어로 전파하고자 연구, 보급되었다. 1907년 암스테르담에서 개최된 국제 아나키스트 대회에서 아나키스트의 공식 언어로 채택하였다.

에코아나키즘Eco-Anarchism

(환경운동. 생태운동. 녹색운동. 그린피스Greenpeace운동)

현대아나키즘의 주류로서 아나키즘을 생태학Ecology과 접목시킨 것이다. 크로포트킨과 르크류가 시작하였다. 자연에 대한 인간의 권위와 질서를 반대한다. 북친Murray Bookchin과 접근법이 유사하다. 기술에 비판적이며 환경생태문제가 자연과 인간만의 문제가 아니라 사회문제라고 인식하고 생태환경이 파괴되는 원인이 국가의 폭력에 있으며 지구환경보존을 통해 인류와 자연이 공존해야 됨을 주장한다. 인간사회의 위계질서, 억압과 착취, 선진국과 후진국의 경제력의 차이 해소 등을 통해서만이 문제를 해결할 수 있다고 본다. 환경운동에는 네 가지 조류가 있다. 현재의 자본주의적 생산과 소비를 반대하는 북친과 르크류의 사회적 환경운동Ecologie Sociale, 원시주의 아나키즘Anar-cho-Primitivisme, 반산업주의경향Courant Anti-Industriel, 반反발전주의 아나키즘Décroissance Anarchiste 등이다.

연방주의(연합주의. 자유연합주의)

읍면동, 시군구의 기초단체부터 도와 특별시의 광역단체까지 각 단위가 자유스런 동의하에 사회전체를 연대와 협조체제로 구축하는 것이다. 연대를 통해 모든 집단과 조직은 자신의 영역 내에서 자율권을 행사하며 자유의 영역을 넓혀 개별 단위조직의 이익을 극대화시키고 상호의존과 조화를 이룬다. 사회의 질서유지가 꼭 '국가'라고 하는 절대적, 배타적, 독점적 정치기구일 필요는 없다는 데서 출발한 아나키즘의 연방주의는 국민의 사회적 능력을 상실하지 않도록 협조하고 자연스럽고 자발적인 사회능력을 키워주도록 도와준다. 사회는 자발적인 협동장소로 협조체제 속에서 일을 분담하는 광범위한 연결고리이다. 모든 조직은 자유의사와 자유합의에 의해 자율적으로 운영되며 경제, 사회, 문화적 욕구를 충족시키고 능력을 계발할 수 있는 조직과 연합한다. 이러한 지역적 연합과 직종별, 산업별 연합 그리고 각종 사회문화 단체의 연합이 현재의 국가의 역할을 한다. 기존 국가와는 생성과정과 운영과정이 다르다.

자연주의 Naturalism(채식주의. 나체주의Nudism)

프랑스 아나키스트 르큐르Élisée Reclus가 주장한 자연주의는 자연으로 돌아가기를 원한다. 아나키스트는 수천 년간 인간이 자연을 인간위주로 변형시킨 것을 자연 본래의 모습대로 환원하려고 한다. 아나키스트는 인간뿐 아니라 동식물 등 자연의 모든 존재를 소중히 여긴다. 원시적인 삶의 형태를 동경하여 채식을 선호하여 자연주의자는 채식주의자와 동의어이다. 자연주의에서 인간 본연의 삶을 추구하며 복장을 거부하기도 하는 나체주의가 파생되었다. 르큐르는 나체주의가 개인의 사회성을 발달시키는 데 도움이 된다고 주장했다.

독일과 북유럽을 중심으로 제2차 세계대전 직전부터 시작되어 1930
년대에 세계 각지로 확대되고 최근 자연보호에 대한 관심이 높아지
면서 확산되었다. 두 번의 세계대전이 파괴한 인간의 문명에 대한 회
의로 발생한 현실비판의 문화운동으로 자연으로 돌아가자는 운동이
다. 이들에게 가장 중요한 것은 자유였다. 나체주의는 일상의 권태에
지친 중상류층의 도락적인 것에서부터 히피적인 것, 내적인 원시성
의 발로에 의한 허식에 반항하는 것까지 다양한 유형이 있다. 인간의
이해보다 자연을 우선에 두는 생태주의자와는 다소의 차이가 있다.
생태주의는 환경 전체를 하나로 파악하여 인간, 동식물, 토양, 기상
등이 서로 영향을 주고받는다고 생각한다.

자율경영Autogestion(자주경영)

아나키즘의 공장운영 원칙이다. 자유사회에서의 경제구조는 경제
행위에 직접 관련된 사람의 자유연대와 자율경영에 근거한다. 노동
자는 공장과 산업을 잘 운영할 수 있다. 구시대의 관료체제가 비효율
적이라 현대의 기술자, 과학자, 교육자는 정보교환을 통하여 상품과
서비스의 질을 높일 수 있다.

자율통치 Atonomi

그리스어 Autonomos 어원의 스스로의 규칙에 의해 해결한다는
의미에서 파생한 단어이다. 개인이나 단체가 그들 자신이 스스로 조
직하여 행정을 해결한다. 자율통치는 독립과는 별개의 개념으로서

규칙이 존재하는 것을 인정한다.

종교 → 반종교주의

좌파Leftism

　프랑스혁명기 의회 좌석에서 좌측에 앉은 사람과 우측에 앉은 사람이 구분되어 좌파와 우파라는 단어가 생성되고 좌파는 진보를 우파는 보수를 상징하게 되었다. 좌파는 개인의 사유재산을 부정하고 우파는 인정하였다. 정확한 의미에서의 사회주의, 또는 사회란 단어를 쓰는 정치적 용어는 기간산업을 비롯한 중요시설의 사유화를 반대한다. 반대로 우파는 당시 발달하고 있던 자유주의와 자본주의의 신봉자로 개인재산의 완전한 자유를 주장한다. 현재는 용어가 혼용되어 사용되고 있다.

직접행동Action Direct

　1881년 런던 국제 아나키스트 회의에서 채택한 투쟁방법이다. 비합법적 수단을 인정하여 아나키스트의 테러가 유럽에 확산된다. 이후 자본과 노동에 반대하는 투쟁으로 국가나 지배자에 가하는 개인적, 집단적 행동을 지칭하는 표현이 된다. 합법적이든 불법적이든 필요할 경우 폭력을 배제하지 않고 파업, 태업, 사보타지, 제너럴 스트라이크General Strike 등의 방법을 사용한다. 동양식민지에 영향을 주어 테러를 정당화하고 합리화하였다.

「청년에 호소함」 → 크로포트킨

ㅋ

크로포트킨

피에르 크로포트킨Pierre Kropotkine, 1842~1921은 아나키즘 이론을 과
학적이고 체계적으로 확립했다. 바쿠닌과는 대조적으로 낙관적이고
온화한 성품으로 사회주의자들을 끌어들였다. 아나키즘을 투쟁, 폭
력, 파괴의 인상보다 이상주의적 사회변혁의 이론으로 인식시켰다.
모스크바의 귀족집안에서 태어나 상트페테르부르크 근위학교를 졸
업하고 알렉상드르 2세의 시종무관이 되었으나 시베리아 코사크 기
병대를 자원하였다. 지리학자이자 탐험가로 유럽인 최초로 만주를
탐사하였다. 『상호부조론』은 다윈의 『종의 기원』에서 제시한 생물계
의 '적자생존'이 진화의 요소임을 인정하지만 '상호부조'도 생물계
의 진화에 중요한 요소였음을 과학적으로 논증하고 인간사회까지 확
대하여 아나키즘 사회 건설이 가능하다고 주장하였다. 1842년 출판
한 『빵의 탈환The Conquest of Bread』에서 재산은 인류 공동의 것이므로 인

류공동의 소유로 반환되어야 한다고 주장하였다. 이외에도 「청년에 호소함」을 비롯한 다수의 논문은 각국 언어로 번역되어 진보적인 지식인과 학생에게 영향을 주었으며 『프랑스대혁명』, 『근대과학과 아나키즘』, 『윤리학』 등을 저술하였다. 크로포트킨이 아나키즘에 경도된 데에는 스위스 쥐라 연합의 영향이 크다. 연합은 생산수단의 공유 그리고 계급, 인종, 국적의 차별이 없는 형제적 연대에 기초한 미래건설을 주장하였다. 쥐라의 연합주의 세력은 국제 노동자 협회 마르크스의 총무위원회의 통제에 반대하는 중심세력이었다. 그는 생산물과 생산도구를 사회에 반환하는 것은 거대한 격변이 필요하며 폭력적이든 평화적이든 지배층에 새 사상이 침투하지 않으면 성공할 수 없다고 생각했다. 그는 살 권리가 중요함을 '인간은 극단적인 궁핍 앞에서 혁명이 일어나며 혁명의 궁극적 목표도 만인에게 빵을 주는 것이다', '우리는 만인이 배부르게 먹어야 하며 또한 실제로 가능하며 만인에게 빵이라는 표어만이 혁명은 승리할 것이다'라고 표현하였다. 그의 천성적인 선한 기질과 자본주의사회를 개혁하려는 열정, 민중에 대한 애정이 아나키즘을 근대 사회주의이론으로 발전시켰다.

테러(테러리즘Terrorism)

테러리즘이란 단어는 1798년 프랑스 사전에 처음 등장한다. 로베스피에르가 주도한 공포정치Reine of Terror와 동의어로도 쓰이며 19세기 말과 20세기 초 서유럽, 러시아, 미국을 공포로 몰아넣었다. 아나키스트 과격파는 정치사회의 변혁을 위해서는 정권의 요인을 암살하는 게 가장 빠른 길이라 주장한다. 바쿠닌과 네차예프도 테러가 현 정치제도를 변혁하기 위한 유일한 합리적이고 필연적인 길이라고 강조한다. 20세기 중반에는 식민지국가에서 민족독립투쟁의 효과적인 수단으로 사용한다. 이 테러리즘이 아나키스트와 결부된 것은 1881년 런던 국제 아나키스트 회의에서 '행동에 의한 투쟁'을 결의하여 테러를 합리화하고 그 행동을 실현하기 위한 수단으로 화학공부를 권장하면서 부터이다. 1883년 리용의 『투쟁*La Lutte*』 신문에 「부르주아에 주는 선물」이란 제목의 기사는 어린애도 할 수 있는 만들기 쉽고 다루기 단순한 폭발력이 강한 폭탄제조법을 게재하고 화학공부를 권유한다. 아나키스트의 테러는 1878년 독일황제의 저격사건, 1881년 러시아 알렉상드르 2세의 암살, 프랑스 섬유공장 노동자 프로리앙Emile Florian의 감베타Léon Gambetta 암살기도, 1883년 큐리앙Paul-Marie Curian의 프랑스 국회 의장 훼리Jules Ferry의 암살 기도, 1884년 마르세이유 정원사 샤브Louis Chaves의 수녀원장 암살, 1886년 갈로

Charles Gallo의 주식시장 폭탄 투척, 1886년 미국 헤이마켓 폭탄 사건, 1894년 카세리오Santo Caseriod의 카르노Sadi Carnot 대통령 저격, 1898년 루체니Luccheni의 엘리자베드Elisabeth 오스트리아 황후 암살, 1900년 브레시Bresci의 이탈리아의 흄베르Humbert 1세 암살, 1910년 졸고츠Léon Czolgosz의 미국 대통령 멕킨리Mackinley 암살 등 수많은 직접행동에 관여하였다. 이태리 이민자인 사코Nicola Sacco와 반제티Bartolomeo Vanzetti는 헤이마켓 사건에 희생된 아나키스트로 1927년 8월 전기의자에서 사형당하였다. 미국 아나키스트 탄압의 희생양으로 노동절의 계기가 되었다.

톨스토이

　　레온 톨스토이Leon Tolstoy는 기독교 사상으로 아나키즘이 추구하는 만인이 자유롭고 평화롭게 조화를 이룬 사회를 이룰 수 있다는 기독교 아나키즘을 주장하였다.

ㅍ

파괴론 → 바쿠닌

평화주의(평화주의아나키즘Anarcho-Pacifism, 반전반핵운동)

반전, 반핵, 반군국, 평화주의는 그 핵심이 같다. 아나키즘이 반대하는 폭력은 국가의 조직적인 폭력과 압제자의 강제적인 폭력이다. 이 폭력은 결국 군대의 힘으로부터 나온다. 소수 지배자의 이익을 지키기 위해 군대가 발생했다. 이 폭력은 자본주의사회의 특징이다. 지배계급이 자신의 특권을 유지할 수 있는 것은 폭력이다. 특히 경제적 위기에 전쟁을 도발하여 이익을 취한다. 징병 거부 운동이나 병역 거부 운동도 평화주의 아나키즘 운동의 한 형태이다. 한때는 이 국가 폭력에 맞서 테러리즘이 성행했으나 정부에 탄압의 빌미를 제공하고 일반 대중과 유리되어 효과가 미미했다. 현실에 좌절한 일부는 허무주의, 현실도피적, 냉소적인 비판주의, 문화적인 패배주의로 흘렀다.

포르

세바스티앙 포르Sébastien Faure, 1858~1942는 프랑스 출신이다. 파리 근교에서 40여 명의 학생들에게 아나키식 교육을 실시하였다. 남녀 공동교육, 상벌의 폐지, 선생과 학생 간의 자유로운 토론, 비판적 사고의 함양, 관찰의 중시, 이성적인 교육 등을 실시하였다. 부유한 카톨릭 집안에서 출생하여 아나키스트가 된 후 강연을 통한 선전에 주력하였다. 1895년 『자유Libertaire』 신문을 창간한 평화주의 아나키스트이다.

푸르동

피에르 조셉 푸르동Pierre Joseph Phru'dhon, 1809~1865은 "재산은 도둑질한 장물이다"라는 명언을 남긴 '아나키스트'를 자처한 최초의 인물이다. 1809년 프랑스의 브장송Besançon에서 태어나 인쇄소의 직공으로 일하며 사회문제에 눈을 뜬다. 장학금으로 독학 중에 1840년 브장송아카데미에 제출한 것이 「재산이란 무엇인가?Qu'est-ce que la Propriété」이다. 1844년 파리에서 바쿠닌, 마르크스와 교류하였다. 의원이 되었으나 투옥되자 감옥에서 『어느 혁명가의 고백』, 『19세기 혁명의 일반이념』, 『진보의 철학』을 집필하였다. 1858년 『혁명과 교회에서의 정의』가 문제가 되어 벨기에로 망명하였다. 1862년 사면으로 귀국하여 1864년 파리에서 사망하였다. 1830년 7월 프랑스왕정은 부르주아들만을 위해 '질서'와 '재산'을 최고의 가치요 선善이라 교육하였다. 이들 부르주아 자유주의는 노동자들이 요구하는 사회 개혁이나 노동조건의 개선에는 관심이 없었다. 수상 기조Guizot는 "우리 사회는 평등하다. 누구나 자유롭게 돈을 벌어 선거권을 획득하면 된다"라고 주장하고 일부에서 주장하는 가난한 노동자를 위한 정책은 경시하였다. 사회문제가 대두되면서 생시몽과 푸리에 등이 새로운 사회에 대한 이론을 제시했지만 푸르동은 소유에 대한 언급 없이 '무엇을 개혁할 것인가'라며 부정적이었다. 그는 모든 사회문제의 원인을 소유에서 찾았다. 소유의 근거를 법적, 심리적, 경제적으로 분석하여 소유가 정당하지 못한 이유를 논증하였다. 소유는 인권선언에서 자유, 평등, 박애와 같이 인간의 천부적인 자연적 권리라고 하지만 이는 소수를 위한 불평등한 것이라고 주장하였다. 공식적이든 비공식적이든 소유권에 대한 보편적인 동의는 평등을 전제로 하나 만약 불평등하다면 소유는 '도적질한 장물'일 뿐이다. 이는 악의 원리이고 반사회적인 것이다. 그는 아담 스미드나 리카르도처럼 노동이 부의 근원인 것을 긍정하지만 생시몽과 푸리에처럼 노동 없이 얻는 소득이 빈곤과 사회악의 근원이라는 점에서 동의한다. 하지만 노동의 산물에 대한 배타적 권리는 인정하지 않는다. 정신적, 물질적 인류의 모든 유산은 인류의 집합적 공동재산이라고 생각한다. 노동 없이 얻는 소작료, 임대료, 이자 등의 모든 불로소득은 남의 노동력을 착취하는 것으로 '거두기는 하나 밭을 갈지 않고, 수확은 하나 경작하지 않으며, 소비는 하나 생산하지 않고, 즐기지만 아무 일도 하지 않는' 사회적 죄악을 10가지로 증명하였다. 소유는 특권과 전제의 지배일 뿐이라고 결론짓는다.

푸조

에밀 푸조Émile Pouget, 1860~1931는 프랑스 출신으로 직접행동을 위한 조직을 창설한 아나키스트이다. 1883년 최초의 아나키즘 논문 「군대에게」는 혁명적인 반군국주의 논문이다. 생디칼리스트이다.

플루티에

페르난드 에밀 플루티에Fernand Émile Pelloutier, 1867~1901는 프랑스의 부유한 신교新教 집안에서 출생하였다. 사상이 너무 앞서갔으나 건강이 좋지 않았다. 1893년 파리에 와서 아나키스트가 된다. 그의 「아나키스트에게 주는 편지」는 간결하고 명쾌한 설명으로 아나키즘을 설파했다. 신神, 주인主人, 조국祖國을 거부하였다. 대표적인 생디칼리스트이다. 기타 프랑스 출신으로 그라브Jean Grave, 구스드Jules Guesde, 앙리Émile Henry 등의 아나키스트가 있다.

학생운동(학생혁명. 1968년 프랑스학생운동. 신좌파)

1968년 프랑스에서 시작된 학생운동을 지칭한다. '아나키의 봄 Printemps de l'Anarchi'이라고도 부른다. 젊은이들이 기성세대의 권위에 도전한 운동으로 주체는 신좌파New Left이다. 신좌파는 동서냉전으로 인한 획일화, 미국의 베트남 침략, 소련의 스탈린 체제 반대로 촉발된 새 이념이다. 자본주의의 폐해에 반발하여 억압적 권위주의의 철폐를 주장하고 생활 속 민주주의를 주장한다. 일체의 권위를 부정하고 평등주의를 주장하는 사회주의 성격이 강하다. 전체적인 주장이 아나키즘의 주장과 유사하여 '마지막 아나키즘 운동'이라고도 한다. 이 운동의 여파로 드골 대통령이 퇴진하고 전 세계적인 파장을 일으켰다. 신좌파는 기성세대에 대한 불신으로 이들에 도전한다. 경제성장으로 중산층이 확대되고 교육기회의 확대로 대학생이 증가하면서 부모세대보다 사회현상에 비판적이다. 경제성장을 못 따라가는 사회구조의 낙후성과 권위적인 구조에 분노한다. 프랑스의 총파업과 미국의 신좌파의 등장 그리고 페미니즘의 대두와 남미의 아옌데의 사회주의운동 등의 파급으로 68혁명으로 불린다. 소외된 노동과 제3세계를 수탈하는 경제구조에 항의한다. 표면의 최대 구호는 반전이었지만 핵심은 소외였다. 노동계급의 착취만을 생각한 구좌파와 달리 운동을 리드한 신좌파는 소외를 중시한다. 사회변혁은 자의식의 변화와 동반해야 한다고 생각한다. 기본성격은 개인주의적 저항이지만 관습적인 차별과 일상적인 금기와 통제는 결국 권력을 유지 강화하려는 정치행위란 인식하에서 출발한다. 68 이후 환경, 여성, 반핵 등 각종 사회운동이 등장하고 68혁명으로 섹스, 마약, 동성애 등의 금지가 풀린다. 개인적이며 사회적인 해방이다. 프랑스에서는 이후 낙태와 피임이 합법화된다. 68혁명의 영향으로 대학교육이 대중화되고 성性의 혁명을 통한 여권 신장이 빠르게 진행되었으며 엘리트문화의 대중화와 공장이 노동자의 자주관리로 운영되는 등의 변화가 일어났다.

행동에 의한 선전 Propagande par le Fait

19세기 말에 아나키스트가 사용한 언어와 인쇄물을 통한 정치전술이다. 가장 유효한 사회 변혁 수단으로 일제 봉기를 주장하였다. 혁명을 위해 합법적인 길을 우회하는 방법으로 선택하여 개인적인 테러, 사보타지, 보이코트, 게릴라 전술을 유요한 수단으로 채택하였다. 하지만 대부분의 아나키스트가 이에 부정적 입장이었고 효과도 저조하여 20세기 초 소멸되어 생디칼리즘으로 흡수되었다.

허무주의Nihilism

허무주의는 '무無'라는 라틴어 Nihil에서 유래한 니힐리즘Nihilism을 가리킨다. 독일 야코비가 처음 사용하여 19세기 말에서 20세기에 주로 사용되었다. 투르게네프는 『아버지와 아들Fathers and Sons』(1862)에서 허무주의자 바자로프를 통해 이 용어를 대중화했다. 모든 형태의 폭압, 위선, 가식 등에 반대하고 개인의 자유를 옹호한다. 질서에 대해 반역하고 국가, 교회, 가족 등의 모든 권위를 부정한다. 목적달성을 위한 수단으로 테러와 파괴를 정당화한다. 아나키즘은 허무주의와 혼동되어 사용되고 있다. 니힐리즘은 목적 없이 오직 파괴하지만 아나키즘은 파괴 후의 신 사회에 대한 뚜렷한 목적이 있다.

헤이마켓 사건 → 노동절

혁명속의 아나키즘 사회건설

프랑스혁명 시기의 과격파Enragés, 파리코뮌Commune de Paris, 1873년 스페인 제1공화국 시기 캉통의 혁명Révolution Cantonale, 1911년 마곤Flores Magón 형제의 남캘리포니아 사회주의공화국 시도, 1914년 다얄Lala Har Dayal이 이끈 가다르Ghadar운동, 러시아혁명기 3년 동안 우크라이나 마프노Nestor Makhno 농민운동과 1921년 크론스타트Kronstadt 수병水兵 반란, 1919년 독일 바비에르Bavière 아나키스트(Gustav Landauer, Erich Müsham)의 투쟁, 1936~38년간 스페인 내전기 일부 지방(Catalogne, Andalousie, Levant, Aragon 등), 1939~45년간 이태리 내전기 카라레Carrare에서 아나키즘공화국을 건설한 사례가 있다.

현대 아나키즘

폭력과 파괴의 혁명방법을 배격하고 대안 이념으로서 상호부조의 공동체를 추구한다. 노동자가 주도하는 대신 일반 시민이 직접 참여하는 신 사회운동을 모색한다. 극단적 이상주의, 허무적 파괴주의, 소시민적 반동주의로 규정하는 것을 거부하고 국가지배 대신 소규모 지역 단위의 자발적 연합사회를 지향한다. 국가권력의 분산, 지역공동체의 활성화, 시민 불복종운동의 정당성 확보 등과 지역 공동체운동, 협동조합운동, 상호부조운동, 자주관리운동, 반전반핵운동, 평화운동Anarcho-Pacifism, 지역주의운동, 소비자운동 등을 선도한다. 최근 생태주의적 자연관에 입각한 생태아나키즘과 아나르코 페미니즘은 생태주의와 페미니즘을 이론적, 실천적으로 결합하려는 시도이다. 성적억압, 생태파괴, 경제착취, 정치사회폭력 등의 해결방법을 제시한다. 미국 라이프-스타일 아나키즘Life-Style Anarchism은 자녀 학교 안 보내기, 특정 상품 불매운동 등 개인의 생활양식을 변화시켜 아나키즘을 실천한다. 평등 없는 자본주의와 자유 없는 사회주의를 지양하여 양자의 통합을 시도한다. 이들 현대 아나키즘은 대부분 제2차 세계대전 후 미국의 토로Henry David Thoreau, 에머슨Ralph Waldo Emerson, 휘트만Walt Whitman 등이 선도하였다. 이들은 반문화Contre-Culture, 환경Ecologie, 시민불복종Désobéissance Civile 등을 주장한다. 일부 아나키즘은 일부 고전적 아나키스트같이 극단적이다. 반지식 아나키즘L'anarchisme Epistémologique, 음악계의 펑크 아나키즘Anarcho-Punk, 스킨헤드 아나키즘 Anarchist Skinheads, 당국의 검열에 저항하는 인터넷의 암호아나키즘Crypto-Anarchisme, 동성애자(gay, lesbien)를 위한 펑크 블록Anarchisme Queer, 또는 Pink Bloc 등의 신사조가 있다. 전통적인 아나키스트는 민족주의 아나키즘, 자본주의 아나키즘, 우익 아나키즘, 기독교 아나키즘 등을 인정하지 않는다.

흑기

이탈리아어의 드라펠로Drapello란 '조그만 천'이란 단어가 프랑스어의 드라포Drapeau란 '깃발'이란 단어의 어원이다. 프랑스 구제도 시기에 각 부대를 구별하기 위해 깃발을 사용하였다. 왕의 색을 상징하는 하얀 천과 함께 깃대에 걸었다. 1789년 7월 17일 라파이에트가 파리시 국민의용대 군대의 모자 색으로 파리를 상징하는 파란색과 붉은색 그리고 왕의 색인 흰색의 꼬까르드Cocarde, 삼각모자를 채택한다. 국민공회시에 삼색은 프랑스혁명을 상징하는 심볼이 된다. 이후 1812년 수평으로 세 가지 색을 배열한 현재의 국기가 확정된다. 아나키스트의 흑기는 중세까지 그 기원이 이어진다. 농민들이 왕권에 항거해 반란 시에 성을 점거한 후 끝까지 싸우겠다는 그들의 의지를 보여주기 위해 성에 왕기 대신 흑기를 사용한 데서 유래한다. 흑기는 아나키즘을 상징한다. 흑기가 처음 등장한 것은 1830년 7월 파리 시청이었

다. 그 직후 프랑스 랭스Reims란 도시에서 아나키즘의 구호 중 하나인
'일 아니면 죽음을!'이란 표어가 등장하였다. 1871년 3월 파리코뮌
에서 적기가 휘날리자 발레Jules Vallés는 흑기가 훨씬 위협적이라고 흑
기를 옹호하였으나 헛수고였다. 1882년 3월 18일 파리의 파비에Favié
홀에서 미셸Louise Michel이 공산주의자와 결별을 선언할 때 주저 없이
흑기를 흔들며 '우리 전사의 피를 더 이상 적기로 물들일 수는 없다.
앞으로 우리는 우리 전사의 죽음에 흑기를 사용할 것이다'라고 선언
하였다. 1883년 훼레Ferré의 장례식에서 파리코뮌 시 처형된 희생자
를 추모하기 위해 미셸이 주장하여 아나키스트는 흑기를 사용하기로
결정하였다. 이후부터 흑색은 정식으로 아나키즘의 상징색이 되었
다. 공산주의의 적기는 소요군중을 진압하기 위한 왕군王軍이 사격전
에 붉은색의 발사 신호용 깃발을 사용하였지만 1789년 통과된 법으
로 이 관행은 사라진다. 그러나 반란자들이 붉은색을 그들의 상징 색
으로 채택한다. 붉은색은 피를 상징하여 그들의 이념을 지키기 위하
여 피를 뿌릴 준비가 되었다는 의미이다.

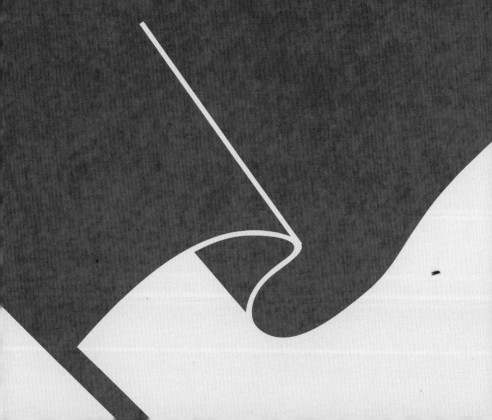

일제하 한국 아나키즘 소사전

2

한국 아나키스트

일러두기 - 한국 아나키즘 운동사에 언급된 인명과 일본 아나키즘 인명사전의 한인을 중심으로 수록하였으며 일부는 아나키스트가 분명하지 않으나 운동과 관련되어 수록한 사례도 있다. 인물의 약력은 아나키즘 활동기간을 중심으로 편집하였다.

- 외국인 아나키스트는 한국운동과 직접 관련된 인물만 수록하였다. 순서는 인명, 생몰년도, 별명(필명, 아호, 이명 등), 주소 또는 출신지나 본적, 관련사건 당시 나이, 관련된 운동 개요, 기타 회고록이나 저서 등으로 확인 가능한 사항을 편집하였다.

- 본적이나 주소는 일제시대의 것과 현재의 것을 혼용하여 표기하였다. 본 사전에는 역사 이외의 문학, 예술, 기타 분야의 아나키스트가 수록되지 못하였다.

- 외국인 아나키스트의 인명은 한글표기 발음순서에 따랐다.

강기찬康箕贊 1903~1955. 제주면 건팔리 1337번지 출생으로 회조업回漕業을 하던 28세에 고병희, 조대수, 김형수 등과 1927년 4월 무정부사회를 위한 우리계에 참여하였다. 1980년 건국포장을 받았다.

강병규姜秉圭 청진경찰서에 무정부주의사건으로 검거되었다.

강상춘姜相春 전라북도 구례군 용방면 신지리 태생으로 건달회에 참여하였다. 체포 시 45세로 토공인부로 일했다.

강석천姜石泉 만주의 한족총연합회 군사부위원장으로 재직하였다. 한족총연합회는 1929년 7월 북만주 해림海林소학교에서 김종진의 주도로 창설한 만주 최초의 한인 아나키스트 단체인 재만조선무정부주의자연맹이 김좌진을 설득하여 신민부新民府를 개편한 단체이다.

강성도姜聖道 영동 출신으로 함양의 조병기, 진주의 유영락 등과 교류하며 아나키즘 운동을 하였다.

강신구姜信球 동경 조선자유노동자조합의 조합원으로 1927년 9월 거행된 학살동지 추도회에서 체포되었다.

강인화姜仁化 북만조선인청년총동맹 동맹원이었다.

강정삼姜正三 1927년 12월 조선자유노동자조합 조합원으로 동 지포芝浦지부가 제창한 자유노동자 실업항의운동협의회가 주최한 실업항의과정에서 비곡比谷경찰서 경찰과의 난투극으로 체포되었다.

강종인姜鐘仁 복건성 천주泉州에서 활동한 한중 아나키스트의 농민자위운동인 천영이속민단편련처에서 선전교육부원이었다.

강창기姜昌磯 함경남도 단천군 이중면 문암리門岩里 4번지에서 태어났으며 단천흑우회 회원으로 체포 당시 21세였다. 임중학의 권유로 전조선무정부주의자연맹에 가입하고 단천에서 동지를 규합한 후 아나키즘 운동을 위해 신흥청년연맹을 조직히였디. 하부조직인 연락부를 설치하고 여해진汝海津에서 한용기 등 10여 명을 연맹에 가입시켰다.

고만식高萬植 동경 조선자유노동자조합에 참가하고 이후 극동노동조합에도 참가하였다. 1933년 조직을 개편하면서 회계부원으로 일했다.

고무식高武湜 동경 조선자유노동자 조합원으로 1931년 4월 본소구本所區 국정麴町(현 묵전구墨田區)의 직업소개소 폭행사건에 연루되어 체포되었다.

고민우高民友 1927년 3월 제주도의 고병희, 조대수, 강기찬, 김형수 등이 조직한 우리계에 참여하여 활동하였다.

고백성高白性 → 유림柳林

고병희高秉禧 1900~1964. 제주군 제주면 이도리二徒里 1357번지 태생으로 우리계 사건으로 체포되었다. 31세로 잡화상을 운영하며 상호부조와 복리증진을 위해 1927년 3월 조대수, 강기찬, 김형수 등과 무정부사회를 위해 김형수의 집에서 아나키즘을 토론하고 월 1회 회합하기로 결정하였다.

고삼현高三賢 경상남도 함안에서 태어났으며 아나키즘 운동으로 피소되었다.

고상훈高尙勳 조선총독부가 조선인 유학생들을 위해 1924년 동경 중야구中野區에 설립한 기숙사인 계림장에서 아나키즘 운동에 참여하였다.

고성희高成熙 → 고탑高塔

고순욱高舜旭 중동학교中東學校 출신으로 교내에 아나키즘 서클을 조직하였고 1925년 조직된 함흥정진청년회 회원으로 아나키즘 운동에 참여하였다.

고순흠高順欽 1890~1975. 제주 출신으로 제주의 대표적인 아나키스트이다. 1920년 조선노동공제회 설립에 참여하였으며 그 강령과 헌장을 만들었다. 1924년 3월 도일하여 오사카에서 최선명 등이 조직한 사상단체인 남흥여명회南興黎明社에 협력하였으며 1924년 6월 최선명, 김태화 등과 조선무산자사회연맹을 조직하였다. 공산계열의 대판노동동맹회와 공동으로 천왕사天王寺에서 조선인 언론집회 압박 탄압대회를 개최하였다. 조선인문제대회 등 재일조선인을 위한 사회운동을 전개하였으며 제주 출신 여성노동자를 위해 투쟁하였다. 광복 후 민단 간부를 역임하였다.

고신균高信均 보성고보를 다녔으며 재학 중에 학생운동을 주도하고 이후 함흥정진청년회에서 활동하며 아나키즘 운동에 참여하였다.

고영재高永才 1927년 3월 제주도의 고병희, 조대수, 강기찬, 김형수 등이 조직한 우리계에 참여하여 활동하였다.

고영희高永禧 제주군 제주면 일도리 1464번지 출생으로 우리계 사건
으로 체포되었다. 당시 25세로 직업은 회조업回漕業에 종사하였다.

고운호高雲昊 1938년 양희석, 고인찬, 이희종 등이 조직한 선구독서회
가 1943년 다시 결성될 때 2차 독서회 회원이었다.

고의종高義種 1938년에 이어 1943년 양희석, 김상철, 고은호 등과 2
차 선구독서회를 조직하였다. 독서회는 1923년 서울 의주통義州通
에서 이강하가 조직한 국내 최초의 아나키즘 조직 흑노회에서 유래
하였다.

고인찬高麟燦 1923년 서울 의주통에서 이강하가 조직한 흑노회에서
유래한 1938년 1차 선구독서회의 회원이었다.

고재수高在秀 1929년 김창호 등과 조직한 일본 오사카 아나키즘 단체
인 계림청년동맹의 대표였다.

고탑高塔 1930~1988. 고성희高成熙로도 알려졌으며 함경남도 함흥
부 주길정에서 태어나 함흥철도학교를 졸업하고 1919년 남만철도
회사의 기관사로 일하다 노동운동에 투신하였다. 강원도 평강에서
부양청년회斧陽靑年會를 창립하였으며 1922~24년간 관동사회주
의자동맹과 함남노농총동맹에서 활동하였다. 1927년 홍원에서 홍
성환을 만난 후 아나키스트가 되어 1927년 5월 김신원 등 15인이
함흥에서 함흥자연과학연구회를 조직하고 동년 7월 평양 관서흑
우회의 이홍근과 함흥정진청년회를 조직하였다. 공산계열의 적색
노조에 대항해 흑색노조 활동에 주력하였다. 1943년 함경남도 안
변으로 이주하여 인재 양성을 위해 소학교를 세우기도 하였다. 광

복 후 1960년 정화암, 양일동 등과 민주사회주의 연구회를 조직하
였다.

곽윤모郭胤模 곽철郭澈로도 알려졌고 서울 정동 1번지가 주소지로 여
러 학교를 거쳐 미술전문학교를 다녔다. 24세에 무직으로 흑기연
맹에 참여하였다. 1927년 출옥 후 진남포로 간 후 1930년경 평양
창전리會田里에서 초상화로 생계를 유지하다 자살하였다.

곽정모郭正模 1921년 흑도회가 1922년 북성회北星會와 흑노회(풍뇌회)
로 분열된 후 흑노회가 1923년 2월 개명한 흑우회에서 활동하고
이후 평양에서 활동하였다.

곽철郭徹 → 곽윤모郭胤模

곽한정郭漢丁 동경 동흥노동동맹 천주부千住部에서 활동했으며 1930
년 상애회相愛會 간부습격사건시 오치섭, 김제보와 체포되었다. 1931
년 8월 만보산 사건 비판연설회장에 격문을 살포해 다시 체포되었다.

구양군歐陽軍 → 박기성朴基成

구자익具滋益 보성고보普成高普 재학 시 학생운동 후 아나키즘 운동에
참가하였다.

구태성具泰成 1923년 서울 의주통義州通에서 조직한 이강하가 조직한
국내 최초의 아나키즘 조직인 흑노회의 회원이었다.

국순엽鞠淳葉 1928년 10월 정래동, 이용진, 유기석, 오남기, 김용현
등과 아나연맹을 조직하고 기관지로 『이튿날』을 발행하였다.

권구현權九玄 1902~1937. 김화산金華山으로도 알려져 있고 충청북
도 영동 태생으로 대표적인 아나키스트 문학자이다. 1926년 조시

원, 김연창, 유우석, 한하연과 비밀결사 본능아연맹을 조직하고 원산청년회를 통해 사상계몽 운동을 하였다. 공산주의 프롤레타리아 문학이 도식주의圖式主義와 기계주의 경향으로 기울자 1927년 3월 『동광東光』에 「前期的 프로문예」란 평론을 발표하여 이를 비판하였다. 동년 3월에서 5월 사이에 같은 잡지에 「선사시대 회화사」를 연재하였다. 시집으로 『黑房의 선물』(1927), 『벗에게 부지는 편지』(1929), 『自重』(1929) 등이 있다.

권상근權尙瑾 ?~1929. 흑우연맹 회원으로 1928년 6월 동경 조선유학생학우회 체육대회 개최 건으로 공산계열 학생단체인 학우회學友會를 습격하다 사망하였다.

권상점權尙漸 함흥소년회 회원이었다. 함흥 동명극장東明劇場에서 조직하여 중하리中荷里 회관에 사무소가 있던 함흥소년회는 원산과 단천의 아나키스트 단체와 협력하며 운동을 하였다.

권상태權相泰 동경 조선동흥노동동맹의 회원이었다. 1929년 6월 공산계열 상애회相愛會의 우복수禹福守에게 부상을 당하였다.

권오순權五淳 경기도 여주군 점동면 덕평리 출신으로 충주문예운동사 사건으로 체포되어 6년을 구형받아 5년이 언도되었다. 체포 당시 무직으로 30세였다.

권오진權五瑨 경상남도 거제 출신으로 마산아나그룹 회원이었다. 마산의 두을여관斗乙旅館에 묵던 중 상해에서 온 아나키스트 이석규와 접촉한 혐의로 마산경찰서에 체포되었다.

권태용權泰龍 1923년 이강하가 경성 의주통에서 조직한 국내 최초의 아나키즘 조직인 흑노회 회원이었으며 옥사하였다.

권화산權華山 → 권구현權九玄, 김화산金華山

권희국權熙國 일본 사회주의단체에 출입하다 최초의 한인사상단체인 1921년 11월 조직된 흑도회에 참여하였다.

김강金剛 → 김동수金東洙

김건金鍵 / 金健 흑우회, 흑색전선연맹, 불령사, 흑풍회, 흑우연맹 등의 일본 한인아나키즘 운동 단체에 모두 참여하였으며 1927년 9월 13일 구호구락부龜戶俱樂部에서 개최된 자유노동자조합주최의 추도회에서 체포되었다.

김걸희金乞熙 1930년 5월 김연수 등과 조직한 오사카 아나키스트 청년연맹의 중심인물이었다. 조선신진회 회원이었고 1931년 7월 오사카 일본아연도금공장에서 벌어진 조선인해고반대투쟁에 참가하였다.

김경식金慶植 함흥의 아나키즘 운동에 참가하였다.

김경주金敬注 일본 동양대학東洋大學 철학과에 재학 중인 불교청년유학생으로 크로포트킨과 러셀의 사상을 소개하며 그들의 정신을 숭배하고 실천하자고 선전한 혐의로 1921년 7월 진주지청에서 6개월 형을 선고받고 복역하였다. 사상운동으로 체형을 받은 국내 최초의 사례로 기록되었다.

김경진金京鎭 원산아나키즘 운동에서 활동 중 전조선흑색사회운동자대회에 원산대표로 참석하기 위해 평양역에 도착했으나 체포되었다.

김경집金慶執 경상남도 사천 출신으로 1930년 진주농업학교 1학년 때 비밀결사 동모회(TK단)를 조직하고 『반역』이란 잡지를 만들어 학생운동을 주도하였다.

김경호金景灝 1925년 9월 대구에서 서동성, 신재모申宰模, 방한상, 서학이(서흑파), 정명준(정흑도鄭黑濤), 하종진, 김소성 등이 조직한 진우연맹 사건으로 체포되었다.

김국태金國泰 동경 조선동흥노동동맹에서 활동하였고 1929년 11월 동맹의 지부芝部창립대회에 서기였다.

김금순金今順 흑우연맹에서 활동하였다. 1928년 1월 15일 동경 박열 계열의 흑풍회가 조직을 강화하기 위하여 흑우연맹으로 명칭을 변경하였다.

김낙구金洛九 1929년 4월 조직된 단천흑우회 산하의 대중조직인 단천 신흥청년연맹 회원으로 활동하였다.

김남해金南海 → 김현국金顯國

김노태金魯泰 1929년 4월 안봉연, 김한수, 이순창, 박도위 4인이 조직한 안주흑우회에 가입하여 활동하였다.

김대관金大觀 → 김정희金鼎熙

김대기金大奇 함양 출신으로 진주농업학교 비밀결사사건에 관련되어 6개월을 언도받고 3년 집행유예로 석방되었다.

김대산金大山 → 김소성金召成

김덕기金德基 1933년 경북지방의 청년들이 조직한 단체인 흑색청년 자유연합이 봉화군奉化郡 내성면乃城面과 물야면物野面의 사방공사 인부砂防工事人夫를 선동한 혐의로 봉화경찰서에 체포되었다.

김덕조金德祚 함상호, 김시학 등과 부산에서 전쟁을 반대하는 흑색유
인물을 공장지대에 살포하다 대구경찰서에 체포되었다.

김돌파金突破 → 김태엽金泰燁

김동규金東奎 1941년 아나키스트중학생사건에 체포되었다. 당시 주
소는 동경부東京府 마포구麻布區 삼본관森本館이었고 명륜明倫 중학교
5학년이었다.

김동렬金東烈 경북 칠곡 출신으로 흑색청년자유연합회 회원으로 1933
년 19세에 항일반전투쟁에 참가하여 체포되었다.

김동륜金東輪 1905~?. 경성의 교북동橋北洞 16-2번지 태생으로 1940
년 귀노천鬼怒川의 수력발전소에서 공사인부로 건달회에 참여하여
체포되었다.

김동민金東民 金東敏으로도 표기하고 동경 조선자유노동자조합원이
었다. 1929년 12월 조합사무실에서 조직한 극동노동조합極東勞動組
合에 참여하고 1931년 4월 국정麴町의 직업소개소에서 소요를 일으
켜 체포되었다.

김동민金東敏 → 김동민金東民

김동석金東碩 경상북도 선산군 장천면 상장리 488번지 출생으로 금융
조합의 서기로 일했으며 『농촌사農村社』 잡지의 기자로 일했다. 방
한상의 일본 방문 후 2차로 도일하여 박열을 위문하고 일본 운동을
참관한 후 진우연맹에 가입하여 활동하였다. 경북 경찰의 요주의
인물이었다.

김동섭金東燮 건달회에 47세에 가담하였다. 서울 주소는 경성부 황금

정黃金町 5-165번지로 자유노동자였다.

김동수金東洙 김강金剛으로도 이름을 사용했고 한국청년전지공작대 부대장이었다. 공작대는 대장 나월환, 정치조장 이하유, 군사조장 박기성, 선전조장 이해평이었다.

김동우金東宇 1930년 신현상의 자금을 논의하기 위한 북경 한인 아나키스트 대표자회의에 참석하였으며 1936년 맹혈단에서 활동하였다.

김동윤金東輪 1940년 문성훈文成勳, 이종문, 정갑진 등이 조직한 비밀결사 건달회에 가담하고 염곡군鹽谷郡 율산촌栗山村의 귀노천 수력발전소의 공사장 노동자로 취업하여 활동하였다.

김두봉金斗鳳 경상남도 창원군 북면 감계리 태생으로 20세에 창원공립보통학교 교사 조병기가 조직한 비밀결사인 창원흑우연맹에 손조동, 박창오, 박순오, 김상대, 김태석 등과 참가하였다.

김두석金斗錫 경상남도 창원군 창원면 북동리 태생으로 21세에 창원공립보통학교 교사 조병기가 조직한 비밀결사 창원흑우연맹에 손조동, 박창오, 박순오, 김상대, 김두봉金斗鳳 등과 참가하였다.

김묵金墨 → 김정근金正根

김병걸金秉杰 → 김일대金一大

김병순金炳淳 관서흑우회 회원으로 함흥에서 아나키즘 운동에 참여하였다.

김병운金炳運 동경 조선동흥노동동맹 활동가로 1929년 6월 공산계열의 학우회와의 충돌로 체포되었다.

김병훈金秉勳 1925년 오사카 조선신진회 회원이었다.

김산金山 ① 1898~?. 함경북도 경성境城 출신으로 선대부터 독립운동
가가문이었다. 1922년 상해로 망명하여 남경南京 금릉대학金陵大學
신학과에 입학하였다. 한중동지사韓中同志社를 조직하여 북벌에 참
가하다 1926년 아나키즘에 영향을 받았다. 1928년 동방무정부주
의자연맹 대회에 이석규를 파견하였다. 1929년 마산에서 독립교
회를 창설했으며 농촌사 사건으로 함석헌咸錫憲 등과 3차로 구속되
었다. 마산에서 동경흑우 회원 김형윤과 친하였다.

김산金山 ② 1905~1938. 본명은 장지락張志樂으로 15세에 신흥무관
학교에 입학하였고 이후 임시정부 기관지『독립신문』의 교정일을
하며 영어, 에스페란토어와 아나키즘을 독학하였다. 1921~23년
간 아나키즘에 심취하였으며 이 시기에 의열단의 김원봉金元鳳, 오
성윤吳成崙과 교류하였다. Edgar Snow의 부인 Nym Wales가 그의
일대기를『아리랑의 노래Song of Arirang』로 간행하였다.

김상대金相大 경상남도 창원군 동면 봉곡리 태생으로 20세에 창원공
립보통학교 교사 조병기가 조직한 창원흑우연맹에 손조동, 박창오,
박순오, 김두봉金斗奉, 김태석 등과 참가하여 활동하였다.

김상철金相喆 1923년 이강하가 경성 의주통에서 조직한 흑노회 후신
인 선구독서회에 1943년 2차로 참여하였다.

김석金碩 흑풍회의 산하노조인 동경 조선자유노동자조합의 1927년
산수부山水部 대표로 활약하였다.

김석영金錫永 1898~?. 평안북도 창성군 창성면 운평동 태생으로 1934
년 동경 조선동흥노동동맹에서 활동하였다. 1941년 6월 이규욱,

이종식 등과 귀노천의 수력발전소 공사장으로 이주하여 건달회를 조직하고 무정부주의 사회의 실현을 위해 봉기를 계획하다 체포되었다.

김성규金星奎 조선총독부가 조선인유학생들을 회유하기 위해 1924년 동경 중야구中野區에 설립한 고학생 기숙사인 계림장에서 아나키즘 운동에 참여하였다.

김성수金聖壽 1901~?. 김지강金芝江 또는 주열로 알려졌으며 경상남도 밀양군 부북면 춘화리에서 출생했다. 1922년 중국 광동廣東에 건너가 1926년 9월 황포군관학교 보병과에 입학하고 같은 해 의열단에 가입했다. 1928년 8월 재중국 조선 무정부주의자 연맹에 가입하여 활동했으며 1930년 12월 오면식 등과 천진의 이회영의 집에서 운동자금마련을 계획하여 일본조계 정실은행正實銀行에서 3,000원을 획득하였다. 1931년 상해 남화한인청년연맹 결성에 참가하고 항일구국연맹과 흑색공포단에 가입하여 활동하였다. 1933년 유길공사 사건으로 1937년 체포되어 서대문형무소에서 광복 후 출소하였다.

김소성金召成 김대산金大山이라고도 알려졌으며 경상북도 성주군 성주면 경산리에서 태어나 용진단원으로 진우연맹에 참가하였다.

김수산金水山 동경 조선동흥노동동맹 삼하도부三河島部에서 활동하였으며 1933년 2월 개최한 반건국제투쟁反建國際鬪爭에서 체포되었다.

김순덕金順德 함흥소년회 회원이었다.

김순종金淳宗 1925년 대구 진우연맹 사건 직후 조직된 안의安義아나키즘 연구회에 참여하고 광복까지 활동한 안의협동조합에서 활동하였다.

김순희金淳熙 1927년 강원도 이천伊川의 이은송 등이 조직한 비밀결사 이천자유회에 참여하여 5년을 구형받아 3년을 언도받았다.

김승은金勝恩 김혁金革, 김영金影으로도 알려졌고 평양의 염점리鹽店里 79번지에서 출생하여 평양숭실중학교를 비롯해 만주의 여러 학교를 다녔다. 1932년 남경중앙군관학교에 입학하였고 이후 민족주의 운동에 투신하다 오면직을 도와 상해 혈맹단에서 활동 중 23세에 체포되었다.

김승팔金承八 동경 조선동흥노동동맹 회원으로 지부芝部에서 활동하였고 1930년 1월 상애회 서부출장소를 습격하다 체포되었다. 공산계열의 노조에 대항하기 위해 일본측 흑색노동자연맹, 노동자자유연맹과 연합하여 지포노동자자유연합을 조직하였다.

김시균金時均 제주 출신으로 1926년 오사카에서 김돌파, 이춘식 등에 의해 조직된 조선신진회에서 활동하였다.

김시성金時星 제주 출신으로 1926년 오사카에서 김돌파, 이춘식 등에 의해 조직된 조선신진회에서 활동하였다.

김시숙金時淑 제주 출신으로 1926년 오사카에서 김돌파, 이춘식 등에 의해 조직된 조선신진회에서 활동하였다.

김시학金始學 1932년 부산 공장지대에 흑색유인물을 살포하여 함상호, 김덕조 등과 대구경찰서에 체포되었다.

김신원金信遠 1905~1975. 함흥태생으로 함흥고보 재학 중 아나보르

학생투쟁에서 활동하였다. 광복 후 아나키즘 편찬위원회활동을 하였다.

김야봉金野蓬 만주 석두하자石頭河子에서 활동 중 김종진의 재만조선무정부주의자연맹에 참여하고 한족총연합회의 차장으로 활동하였다.

김야운金野雲 만주 밀신密山에시 이깅훈과 활동 중에 김종진의 재만조선무정부주의자연맹에 참여하고 한족총연합회의 차장으로 일했다.

김양복金養福 황해도 봉산군 토성면 마산리 출신으로 1927년 3월 평남용강에서 김호구, 이학의 등과 비밀결사 흑전사를 조직하였다.

김여진金麗鎭 1932년 홍성환, 한하연 등이 동경에서 조직한 자유코뮨사에 참여하고 『自由코뮨』을 발간하였다.

김여춘金汝春 별명이 궁촌여춘宮村汝春으로 명고옥名古屋노동자협회에서 활동하고 1922년 1월 중부노동조합연합회中部勞動組合聯合會 창립에 참가하였으며 일본인이 조직한 명고옥차가인동맹회名古屋借家人同盟會 간부로 일했으며 이후 오사카의 차가인운동借家人運動에도 활동하였다.

김연수金演秀 오사카 조선신진회 회원이었고 1930년 5월 김걸희 등과 오사카 아나키스트 청년연맹을 조직하고 1931년 7월 오사카 일본아연도금공장의 조선인해고반대투쟁에 참가하였다.

김연창金演彰 원산 본능아연맹의 중심인물이었으며 원산 천도교강당에서 원산여자청년회가 개최한 강연회에서 이원희李元熙가 주장한 여자참정권에 대해 참정권으로 여성해방이 가능한지를 반박하여 공산계열과 충돌하였다.

김영金榮 경상북도 금천군 금천면 출신으로 아나키스트활동으로 경
북지방 경찰의 요주의 인물이었다.

김영金影 → 김승은金勝恩

김예봉金禮鳳 함남 삼수군 심파면 신가을파리 사동 태생으로 자유노
동자이던 40세에 1940년 건달회에 가담하였다.

김완金莞 1940년 문성훈, 이종문, 정갑진 등이 조직한 건달회에 호응
하여 귀노천 수력발전소의 공사장 노동자로 취업하여 합숙소에서
목적달성을 위해 활동하였다.

김용金鏞 → 김자강金子剛

김용조金裕祚 황해도 신천군 노월면 정례리 24에서 태어나 농업에 종
사하다 24세에 흑전사에 가입하여 활동하였다.

김용찬金容讚 마산의 김산金山과 협력하였으며 서울에서 이혁, 현영섭,
이석규, 승흑룡 등과 견지동 60번지에 이십세기서방을 설립하였다.

김용현金用賢 1928년 10월 정래동, 이용진, 유기석, 오남기, 국순엽 등
과 아나연맹을 조직하고 기관지로 『이튿날』을 발행하였다. 항일구
국연맹에 참가하였다.

김용호金龍浩 ?~1947. 안주 출신으로 안주흑우회 회원이었다. 개성
상업학교에 재학 중 홍형의, 정철 등과 교지편집에 관여하였다.
1945년 10월 최갑룡과 백천白川을 경유하여 월남하여 무정부주의
자 회합에 참석한 후 귀향하였다. 6 · 25전쟁 중 경기도 이천伊川에
서 피살되었다.

김이원金利元 1930년 정철, 홍형의 등과 조직한 비밀결사 철산흑우회 창립 회원으로 창립 시 경찰에 100여 명이 검거되어 20여 명이 옥고를 치렀다.

김일대金一大 김병걸金秉杰로도 알려져 있고 『동아일보』의 안주지국 기자 겸 총무로 있으면서 안주의 사상운동을 주도하며 안주흑우회를 창립하였다.

김자강金子剛 김용金鏞이라는 이름을 사용하였고 김일대가 주도한 무정부주의를 연구한 모임에 참가하고 1929년 4월 조직한 안주흑우회에 가입하여 활동하였다.

김자문자金子文子 1903~1926. 본적은 일본 산리현山梨縣이나 요코하마에서 태어났다. 어려서 가족이 방기하여 9세 때인 1912년 충북의 문의군 부용면 부용리에 거주하던 고모가 입양하였다. 부강심상여학교芙江尋常女學校와 부강고등여학교를 다녔고 1919년 산리현으로 귀향했다. 1922년 3월 정우영鄭又影이 간행하는 『조선청년』에 실린 시가 인연이 되어 박열을 만나 그의 아나키스트동지가 되었다. 대역사건으로 복역 중 감옥에서 사망하였다. 그녀의 묘는 박열의 고향인 문경으로 이장하여 문경 박열 기념관 내에 있다.

김재하金在夏 동경 조선동흥노동동맹의 맹원으로 1931년 4월 개최된 동맹의 제9회 대회에서 당국에 항의하다 체포되었다. 동년 6월에도 융화계열融和系列과 투쟁하여 삼하도三河島 경찰서에 체포되었다.

김재현金在珌 대구고등보통학교 출신으로 1925년 진우연맹 사건 후에 인근 지역의 우한용, 하경상, 이시우 등과 아나키즘 연구회를 조직하고 활동하였다.

김정근金正根 1909~1927. 별명이 김묵으로 서울 효제동 230번지에
서 출생하였다. 1920년 도일하여 정칙영어학교正則英語學校를 다닌
후 조도전대학早稲田大學 정치과에 입학하였다. 1921년 최중헌, 정
태성, 박홍권 등과 대삼영大杉榮의 노동운동사에 출입하며 영향을
받아 아나키스트가 되었다. 1922년 3월 오뎅집에서 일하는 도중
이곳을 출입하던 박열을 만났다. 관동지진 이후 계림장에 입주하여
아나키즘 운동을 전개하며 흑우회의 핵심인물이 되었다. 1925년
2월 개최한 재일본조선노동총동맹의 결성대회에 등단하여 조선해
방은 무정부주의방식으로 해야한다고 역설하였다. 1926년 7월 김
자문자의 옥중자살소식을 듣고 포시진치 변호사와 형무소를 방문
하여 시신을 수습하였다. 대구 진우연맹 사건으로 체포되어 단식투
쟁 중 사망하였다.

김정수金貞洙 1939년 12월 일본 동경의 조도전대학 연례동창회 토론
회에서 반일발언으로 체포되었다.

김정희金鼎熙 김대관金大觀으로도 알려졌고 함경남도 원산부 중리 이
동 18번지에서 태어났다. 원산 일반 노동조합원이었다. 문구점을
운영하던 24세에 전조선흑색사회운동자대회에 참석하여 체포되
었다. 이홍근, 최갑룡, 조중복, 노호범, 남상옥 등과 협동단協同團을
조직하여 운동을 확산시키는데 기여하였다. 서대문형무소에서 복
역중 정신병을 얻어 출옥 후 29세에 병사하였다.

김제보金濟保 동경 조선동흥노동동맹의 회원이었다. 1930년 1월 상

애회 간부 습격사건에 오치섭, 곽한정 등과 체포되었으며 1931년 개최된 만보산 사건 비판연설회에도 흑색서방黑色書房 관계자와 체포되었다.

김제원金濟元 동경 자유노동자조합의 중심인물로 오우영과 공동대표였다. 1927년 10월 15일자『자유연합自由聯合』에「살아야 되나, 죽어야 되나, 조선민중이여!」를 게재하였다. 1927년 11월 일본 강동 자유노동자조합과 공동으로 자유노동자 실업항의운동 협의회를 결성하고 시위과정에서 비곡比谷경찰서 경관에 체포되었으며 1932년 5월 강동교 직업소개소 인근에서 공산계열과 충돌하여 이규욱, 안인식 등과 체포되었다.

김종진金宗鎭 1900~1931. 호는 시야是也이며 충남 홍성 출신으로 김좌진의 친척이다. 운남雲南군관학교 출신으로 만주한인농민을 훈련시켜 일본군에 대항할 병농일치의 투쟁방법을 구상하였다. 상해에서 백정기를 만나 천진의 이회영을 방문한 후 아나키스트가 되었다. 1929년 7월 북만주 해림海林에서 재만조선무정부주의자연맹을 결성하고 김좌진을 설득하여 1927년 7월 신민부를 개편하여 아나키즘 원칙에 기초한 농민 자치조직인 한족총연합회를 결성하였다. 김좌진이 암살된 후 정화암, 백정기, 오면직, 이규숙李圭淑, 이현숙李賢淑(이회영의 딸) 자매 등이 만주운동을 지원하였으나 1931년 7월 이준근과 김야운이 피살되고 김종진 자신도 납치되어 만주운동이 좌절되었다. 이을규의『시야 김종진선생전』이 1963년 출판되었다.

김종형金鐘亨 1929년 4월 조중복, 임중학, 김낙구, 강창기 등이 결성한 단천흑우회 산하 대중조직인 단천신흥청년연맹 회원이었다.

김종호金宗鎬 조선신진회 회원이었다.

김좌진金佐鎭 1889~1930. 호는 백야白冶로 충남 홍성 출신이다. 1927년 10월 친척인 아나키스트 김종진이 신민부를 개혁할 것을 설득하여 한족총연합회로 개편하였다. 연합회의 주석에 취임하여 아나키즘원리에 입각한 농민자치조직을 만들었다. 한족총연합회의 세력이 확대되자 공산세력과의 갈등이 깊어져 공산주의자에 암살되었다.

김중문金重文 1933년 조직된 경상북도의 흑색청년자유연합 회원으로 21세에 봉화군 내성면과 물야면의 사방공사인부砂防工事人夫를 선동한 혐의로 체포되었다.

김중한金重漢 1902~?. 평안남도 용강군 지운면 두근리에서 태어나 배재고교시 아나키스트 시인이자 박열의 『현사회』 동인이던 이윤희를 통해 아나키즘에 관심을 갖게 되고 박열과 교제하였다. 1923년 4월 도일하여 동경 본향구本鄕區 탕도천신정湯島天神町(현 문경구文京區)에서 하숙하며 동년 5월 박열의 불령사와 흑우회에 가입하여 활동하다 9월 체포되었다.

김지강金芝江 → 김성수金聖壽

김지병金智炳 마산에서 아나키즘 활동을 했으며 김산의 협력자였다. 김지홍金知弘, 金知鴻으로도 표기하고 1930년 6월 『조선일보』의 편파보도에 윤전기를 고장내었다. 마산에서 활동하였다.

김지홍金知鴻 → 김지병金智炳

김찬오金贊吾 1927년 12월 평양 창전리 천도교강당에서 관서동우회 가 조직되고 1년 후 관서흑우회로 개칭되었는데 관서흑우회 산하 조직인 평양양화직공조합 조합원이었다.

김찬혁金贊爀 1927년 12월 평양 창전리 천도교강당에서 관서동우회 가 조직되고 1년 후 관서흑우회로 개칭되었는데 관서흑우회에서 활동하였다.

김창규金昌圭 동경 조선자유노동자조합의 조합원으로 1929년 12월 창립한 극동노동조합에 참가하고 1933년 3월 조합 개편 시 선전부 장을 하였다.

김창규金彰奎 → 김창환金彰煥

김창근金昌根 주소는 경성부 신정 76번지로 경성 사립신명보통학교 를 중퇴하고 1923년 흑노회에 가담하였다. 이왕직의 양악대원, 상 해의 인성학교, 상해 3·1중학교의 음악교사 등의 일을 하던 중 상 해 혈맹단에서 오면직과 활동하다 체포되어 사형당하였다.

김창신金昌臣 28세에 칠곡군 지천보통학교枝川普通學校 선생으로 1933 년 경북지방청년들과 흑색청년자유연합회를 조직하고 봉화군 내 성면과 물야면의 사방공사인부를 선동한 혐의로 봉화경찰서에 체 포되었다.

김창환金彰煥 김창규金彰奎라고도 하며 일본 오사카 조선선진회 회원 이었다.

김철모金徹模 1926년 이향, 조시원, 김연창, 유우석, 한하연 등이 조직 한 아나키스트 비밀결사 본능아연맹의 연맹원이었다.

김춘섭金春燮 전세촌全塞村으로도 알려졌고 흑우연맹 맹원으로 동경 동흥노동동맹 고전부高田部 지부장이었다. 1932년 12월 크로포트 킨의 『법률과 강권』을 발간하였으나 발매금지되었다. 1933년 9월 아나키스트 문예잡지사인 토민사를 창립하고 『토민』을 창간하였다. 다음 해까지 7호를 발간하나 매호 발매금지되었다. 1934년 7월 시집 『무궤열차無軌列車』를 발간하나 발매금지와 출판법위반으로 벌금형을 받았다.

김태석金泰錫 경상남도 창원군 창원면 북동리 태생으로 21세에 창원 공립보통학교 교사 조병기가 조직한 비밀결사 창원흑우연맹에 손 조동, 박창오, 박순오, 김상대, 김두봉金斗鳳 등과 참가하였다.

김태엽金泰燁 1902~?. 별명은 김돌파이고 경상남도 기장군 출신으로 1915년 14세에 도일하여 오사카의 길비조선소吉備造船所, 동명제 모공장東明制帽工場 등을 전전하며 노동의식을 고취하였다. 1920년 동경으로 상경하여 일본대학 사회학과에 입학하면서 조선인과 일본인 사회주의자, 공산주의자, 무정부주의자와 교류하였다. 관동지진 후 조선인학살규탄활동에 참여하고 1924년 6월 최선명, 고순흠 등과 조선무산자사회연맹을 결성하였다. 1926년 1월 이춘식李春植 등과 신진회와 자아성사自我聲社를 조직하고 『자아성』을 발간하고 각종 노동쟁의에서 투쟁하였다.

김태화金泰和 / 金泰華 오사카에서 1924년 최선명 등이 조직한 남홍여명사에서 활동하였다.

김택金澤 일본에서 노동운동에 참여하였다.

김판권金判權 1921년 11월 29일 일본 동경에서 권희국, 원종린, 김두전(김약수), 박준식(박열), 임택용, 장귀수, 김사국, 정태성, 조봉암 등 20여 명과 한인 최초의 사상단체인 흑도회를 창립하였다.

김학성金學成 아나키스트 신현상이 호서은행에서 자금을 탈취한 사건으로 체포되어 1년을 구형받았다.

김학순金學淳 1931년 5월 조직된 농경 동흥노동동맹 북부지부의 1933년 책임자로 북부지부의 간부였던 조창국과 갈등을 빚었다.

김학원金學元 청주군 청주면 사정목 96번지에서 출생하여 26세에 신문기자로 충주문예운동사에 참여하여 5년을 언도받았다.

김학준金學俊 1931년 조직된 동흥노동동맹의 북부지부 중심인물이었다. 1934년 11월 개최된 동 지부의 제2회 대회에서 조선노동자합동조합이라 개명하고 1935년 3월 사무소를 황천구荒川區 남천주南川住로 이전하면서 『조선노동자합동조합뉴스』를 발행하였다.

김한金翰 강원도 양양 출신으로 1929년 11월 평양에서 개최된 전조선흑색사회운동자 대회에 참가하였다. 양양에서 유우석, 안형근, 이동순李東淳과 아나키즘을 연구한 후 운동의 중심인물이 되었다.

김한수金翰洙 『동아일보』 안주지국의 총무 겸 기자였던 김일대의 발의로 사상연구팀을 만들어 공부하던 중 1929년 4월 안봉연, 이순창, 박도위와 안주흑우회를 조직하고 평안남도 각 지역의 연락임무를 수행하였다.

김혁金革 → 김승은金勝恩

김현국金顯國 ① 충주군 노음면 연하동 출신으로 정미업을 하던 26세에 충주문예운동사에 참여하여 구형2년에 2년을 언도받았다.

김현국金顯國 ② 김남해金南海로도 알려졌고 1934년 10월 이정규李丁奎 등
이 제일루第一樓에서 회합을 준비하던 중 체포된 사건에 연루되었다.

김현철金賢哲 동경 자유노동자조합의 조합원으로 1927년 11월 강동
자유노동자조합 지포지부가 제안하여 결성한 자유노동자 실업항
의운동협의회 항의과정에서 비곡比谷 경찰서 경관을 폭행하여 체
포되었다.

김형수金炯洙 제주군 제주면 이도리 1398번지에서 출생해 상업에 종
사하던 26세에 고병희, 조대수, 강기찬 등과 무정부사회를 위한 우
리계로 체포되었다.

김형윤金亨潤 1903~1973. 별칭이 목발目拔로 마산시 서성동에서 출
생하였다. 1920년대 초 일본에 체류하며 아나키스트가 되어 마산
아나그룹과 마산흑우연맹에 참가하였다. 1932년 9월 서울에서 조
중복, 이정규와 영국의 아나키즘 출판사인 Freedom Press를 모방
한 자유출판사를 시도하였으며 유고집으로 『마산야화馬山野話』가
있다.

김호구金豪九 1905~?. 평남 용강군 다미면 직의리 764에서 태어나
평양숭실중학을 중퇴하고 동경 계림장에서 정칙영어학교에 다녔
다. 일성단 단원으로 1928년 조직된 흑전사의 핵심인물이었다. 고
향에서 '농민에 고한다'는 흑전사 유인물을 살포하다 체포되었다.

김호진金鎬鎭 1925년 일본 오사카에서 조직된 삼일무산청년회에서
활동하고 귀국 후 함흥의 아나키즘 운동에 참여하였다.

김홍근金弘根 1921년 일본 흑도회 결성에 참여하여 활동 중 관동지진 시에 체포되었으나 이후 1927년 흑우연맹 결성에 참여하였다.

김화산金華山 1905~?. 본명은 방준경方俊卿으로 권구현으로도 알려져 있고 서울 출신이다. 경성제일고등보통학교와 경성법학전문학교를 졸업하고 지방법원의 서기를 지내다 문학에 뜻을 두고 시와 평론을 발표하였다. 「세급예술론의 신전개」(『조선문단』, 1927.3)에서 종교신자와 같은 심리적 미망이 마르크스주의자 일부에 침투되었다고 볼셰비즘예술을 비판하였다. 조중곤趙重滾, 윤기정尹基鼎, 임화林和, 한설야韓雪野, 박영희朴英熙 등과 아나-보르 논쟁을 벌였다. 「아름다운 사람」(『시종』, 1927.8), 「구월우일九月雨日」(『혜성』, 1931.10), 「행복」(『신생』, 1931.11) 등의 시와 소설 「악마도」(『조선문단』, 1927.9.3~11.23) 그리고 「설명에서 감각으로」(『조선일보』, 1925.10.23), 「뇌동성문예론雷動性文藝論의 극복」(『현대평론』, 1927.6) 등의 평론이 있다.

김희붕金熙鵬 1927년 12월 평양 창전리 천도교강당에서 관서지방 아나키스트연합체로 조직한 관서동우회 창립 회원이다. 관서동우회는 1년 후 관서흑우회로 개칭하였다.

ㄴ

나경석羅景錫 1890~1959. 나공민羅公民이라고도 하며 경기도 수원에서 출생하였다. 1910년 도일하여 정칙영어학교에 다니고 1912년 동경고등공업학교를 졸업하였다. 이 기간에 대삼영大杉榮과 교류하며 아나키즘에 경도되었으며 동생 나혜석羅惠錫을 1914년 가을부터 동경여자미술전문학교에 입학시켜 우리나라 최초의 서양화가로 만들었다. 관동지진 후 운동일선에서 물러났다.

나공민羅公民 → 나경석羅景錫

나월환羅月煥 1912~1942. 전라남도 나주 출신으로 인천공립보통학교를 졸업하고 1924년 도일하여 계림장에 기숙하며 성성중학교成城中學校를 졸업했다. 박열을 만나 아나키즘에 영향을 받았으며 1931년 상해로 망명하여 1936년 7월 중국 남경 중앙군관학교中央軍官學校 한구분교보병과漢口分校步兵科 8기생으로 졸업했다. 남화한인청년연맹에서 활동하였고 한국청년전지공작대를 조직하였다. 1941년 한국광복군 제5지대로 재편되어 활동하던 중 1942년 3월 부하에 암살되었다.

남해욱南海旭 선산군 선산면 출신으로 마산아나 그룹에서 활동하고 창원흑우연맹에 참가하여 체포되었다.

노병용盧炳瑢 1925년 7월 함흥 중리 천도교당 교구당에서 이홍근 사회로 70여 명이 조직한 함흥정진청년회 회원이었다.

노호범盧好範 만주의 유림이 원산운동을 복구시키고자 남상옥을 보냈을 때 협력하여 원산일반노동조합을 부활시켰다.

마명馬鳴 마승뇌馬昇雷로도 불렸으며 대구 견정堅町 276번지 태생이다. 대구소년혁진단大邱少年革進團 간부였으며 21세에 진우연맹 사건으로 투옥되어 출옥 후 대만에 망명 중 사망하였다.

마승뇌馬昇雷 → 마명馬鳴

마승연馬承淵 일본 최대의 대표적인 한인 아나키스트 노동조합인 동경 동흥노동동맹의 고전부高田部대표였다.

마종태馬鐘太 동경 조선자유노동자조합에서 활동하였고 극동노동조합에 참가하였다. 조합개편 시 회계부원이었다.

마중양馬仲良 → 오면식吳冕植

문성훈文成勳/文成薰 1898~?. 평안북도 선천군 남면 삼성동 태생으로 1929년 아나키스트 극동노동조합에서 활동하였고 동경 동흥노동동맹에도 관여하였다. 건달회를 조직하고 염곡군 율산촌의 귀노천鬼怒川 수력발전소에서 동료들과 파괴계획을 기도하다 체포되었다.

문치만文致滿 1915~?. 제주도 제주읍 건입리 태생으로 보통학교 졸업 후 1933년 도일하여 오사카에서 주물공鑄物工으로 일하면서 친구인 한국동의 권유로 노조에 가입하여 활동하였다. 1935년 일본 무정부공산당 사건에 연루되어 체포되었다.

민노봉閔魯鳳 동경 조선동흥노동동맹에서 활동하였고 1931년 4월 『흑색신문』의 발행조직을 개편한 후 편집위원으로 일했다. 동년

7월 개최된 만보산 사건 비판연설회에서 격문을 살포하여 체포되었다.

민흥규閔興圭 동경 조선동흥노동동맹에서 활동하였다. 1931년 10월 흑우연맹의 기관지『흑색신문』의 발행책임자였다. 1933년 6월 오우영, 이윤희 등이 재동경 아나키스트 노동조합을 자유노동자협의회로 통일을 시도하자 반대하였다.

박경섭朴景燮 경상북도 봉화군 내성면 출신으로 아나키즘 활동으로 경북경찰이 수배한 요주의 인물이었다.

박경조朴慶朝 1932년 애지현愛知縣의 일본인 중심으로 결성된 중부흑색일반노동자조합에 가입하고 활동하였다.

박경천朴耕天 만주 해림海林에서 1927년 김종진에 의해 조직된 재만조선무정부주의자연맹에 참여하고 이후 한족총연합회에서 교육부위원장으로 일했다.

박기성朴基成 1907~?. 충청북도 진천 출신으로 구양군歐陽軍, 이수현李守鉉, 이수현李壽鉉이라고도 한다. 1924년 도일하여 계림장에 기숙하며 개성중학교를 졸업하고 정찬진, 홍영유洪永裕 등과 자유청년연맹에 가입하며 아나키즘 운동을 시작했다. 1932년 상해로 건너가 남화한인청년연맹에 가입하고 일본공사암살에 참여했다. 1938년 남경 중앙군관학교를 제11기로 졸업했으며 이듬해 6월 중경에서 나월환, 이하유, 김동수, 이해평 등과 한국청년전지공작대를 창립하였다. 1941년 한국 광복군 총사령부가 중경에서 창립되자 한국청년전지공작대를 해체하고 이듬해 광복군 제5지대로 편입되었다. 광복 후 1946년 국군에 입대하여 1959년 육군준장으로 예편하였다. 1963년 건국훈장 국민장이 수여되었다. 자서전 『나의 조국』을 시온출판사에서 1984년 간행하였다.

박기홍朴基鴻 경상북도 선산군 옥성 출신으로 아나키즘 활동으로 경북경찰이 추적하는 요주의 인물이었다.

박동식朴東植 동경 자유노동자조합과 극동노동조합에서 활동했으며 1933년 조합 개편 시 쟁의부원이었다.

박동위朴東葳 『동아일보』 안주지국의 총무 겸 기자였던 김일대의 발의로 사상연구팀을 만들어 공부하던 중 1929년 4월 안봉연, 김한수, 이순창 등과 안주安州흑우회를 조직하였다.

박래훈朴來訓 관서흑우회 산하단체인 평양양화직공조합의 회원이었으며 관서흑우회 탄압 시 오사카에서 동료와 1931년 조선인동우회를 조직하였다.

박망朴忘 1900~?. 강원도 양양군 서면 장승리 태생으로 1915년 북간도로 이주하여 연길현 용정의 명동중학에서 공부하였다. 1919년 강원도 장전에서 3·1운동에 참가하여 8개월을 복역한 후 1920년 도일하였다. 1925년 경도京都에서 조선노동동맹의 상무위원에 피선되었고 삼중현 학살사건三重縣虐殺事件의 조사위원으로 일했으며 1927년 동경 흑우회에 가입하여 활동하였다.

박몽세朴夢世 경상남도 진주 출신으로 진주농업학교 비밀결사에 체포 되었으나 기소유예로 석방되었다.

박봉갑朴鳳甲 일본 최대의 대표적인 한인 아나키스트 노동조합인 동경 동흥노동동맹의 1932년 고전부高田部의 중심인물이었다.

박봉룡朴鳳龍 마산에서 김산, 김형윤, 김용찬, 이석규, 김지병, 김지홍, 이원세, 이주홍 등의 아나키스트와 활동하였다.

박봉상朴鳳翔 동경 조선자유노동자조합에서 활동하였으며 1931년 4월 국정麴町의 직업소개소에서의 소요로 체포되었다.

박봉찬朴鳳贊 진주 출신으로 진주농업학교 비밀결사에 참가하여 10개월 언도에 집행유예 3년을 받았다.

박석홍朴錫洪 방일정方一正이라고도 알려졌으며 1920년 중국으로 망명하여 북만조선인청년총동맹을 조직하여 선전부를 책임맡아 목단강牧丹江일대를 담당하며 『농군農軍』을 간행하였다. 1924년 산시山市에서 신민부 기관지인 『신민보』의 논설위원을 하였고 1925년 아성阿城에서 『혈청년血靑年』을 간행하였다. 1927년 이백파李白波와 고려혁명군을 조직하고 중앙선전부장을 담당하였다. 1927년 1월 단두단斷頭團 명의로 군자금을 모집 중에 경흥慶興에서 체포되어 1년간 옥고를 치렀다. 출옥 후 아나키스트가 되어 정열적으로 투쟁하였다. 경북경찰의 '특' 요주의 인물이었다.

박순오朴順五 창원군 창원면 북동 출신으로 창원공립보통학교 교사인

조병기가 손조동, 박창오, 김두봉金斗奉, 김상대, 김태석 등과 독서
그룹으로 출발하여 조직한 비밀결사 창원흑우연맹에 19세에 참여
하였다.

박술호朴戌鎬 1932년 함경북도 부령과 경성 등지에서 아나키스트 10
여 명이 체포될 때 청진경찰서에 강병규와 같이 체포되었다.

박애조朴愛朝 일본 애지현愛知縣에서 1932년 일본인을 중심으로 조직
된 중부흑색일반노동자조합에 참여하고 대표를 역임하였다.

박열朴烈 1902~1974. 본명이 박준식朴準植으로 경상북도 문경군 마
성면 오천리에서 태어났다. 보통학교시절 일본고등사범학교출신
의 심리학 선생이 들려준 행덕추수에 감화를 받았다. 경성고등보통
학교에 입학하였으나 18세 때인 1919년 학교를 중퇴하고 도일하
였다. 신문배달로 고학하는 동안 대삼영大杉榮, 암좌작태랑岩佐作太
郎 등과 교류하며 아나키즘에 심취하였다. 1921년 11월 김약수金若
水 등과 일본 최초의 한국 사상단체인 흑도회를 조직하는 한편 직접
행동으로 친일분자를 응징하기 위한 비밀결사인 의권단義拳團(철권
단鐵拳團 또는 혈권단血拳團)을 조직하였다. 1922년 4월 김자문자와 동
거를 시작하였고 두 사람은 인삼행상을 하며 기관지인『흑도』를
간행하였다. 흑도회는 1922년 12월 공산계열의 북성회와 무정부
계열의 흑노회로 분열되었다. 흑우회는 1923년 2월 흑우회로 개칭
하고 기관지『불령선인』, 이후에『현사회』로 개명하여 간행하였다.
박열은 폭탄테러 등의 직접행동이 사회혁명을 완성할 수 있는 유일
한 길로 보았다. 박열의 아나키즘은 일본 내 한인과 국내에 영향을

끼쳤다. 1923년 9월 관동지진 때 박열의 아나키스트 대부분이 체포되지만 박열의 유지를 동료들이 지속하였다. 체포된 박열은 천황암살모의의 대역죄로 과장 확대되어 1926년 3월 사형선고를 받는다. 이후 무기로 감형되어 1945년 광복 때까지 옥고를 치루다 추전秋田형무소에서 출감하였다. 광복 후 1946년 신조선건설동맹을 조직하고 위원장을 맡았다. 김삼웅의『박열평전』이 가람출판사에서 1996년 출간되었다.

박용덕朴鎔德 1925년 5월 함흥 주길정 신성여관에서 김신원, 고탑, 주낙찬, 고신균 등이 조직한 함흥자연과학연구회 회원이었다.

박원우朴源祐 1939년 1월 천엽현千葉縣 좌창정佐倉町 명륜 중학교 5학년 때인 22세에 손원식, 최문환 등과 동경 마포구 삼본관森本館의 김동규의 영향으로 아나키즘을 연구하다 체포되었다.

박유성朴有城 경상남도 통영군 통영면 정양리 204번지가 본적으로 흑전사 회원이었다. 체포당시 학생으로 21세였다.

박인구朴寅九 마산흑우회의 조병기, 영동의 강성도, 진주의 유영락 등과 경상남도의 아나키즘 운동에 참여하였다.

박제채朴濟彩 연해주 신한촌에서 출생하여 상해로 이주 후 프랑스계 소학교와 중학교를 졸업하고 복단대학復旦大學을 중퇴하였다. 경성부 홍파정紅把町 10-6번지에 주소를 두고 안우생, 정윤옥, 유자명 등에게 아나키즘의 영향을 받아 남화한인청년연맹에 가입하고 활동하다 오면직과 31세에 체포되었다.

박창오朴昌午 경상남도 창원군 창원면 북동리 태생으로 창원공립보통학교 교사인 조병기가 손조동, 박순오, 김두봉金斗奉, 김상대, 김태석 등과 독서그룹으로 출발하여 조직한 비밀결사 창원흑우연맹에 20세에 참가하였다.

박철朴哲 1924년 9월 양일동, 정찬진, 양상기, 김철, 김금순 등이 창립한 일본 최대의 대표적인 한인 아나키스트 노동조합인 조선동흥노동동맹의 고선부高田部에서 1933년 중심적 역할을 하였다.

박춘실朴春實 동경 조선동흥노동동맹에서 활동한 중요 인물로 1931년 7월 만보산 사건 비판연설회장에서 격문을 살포하여 체포되었다. 1933년 삼하도三河島 시절의 동흥노동동맹 북부지부에서 간부로 활동하였다.

박헌진朴憲鎭 1928년 함흥의 청년 30여 명이 함흥 동명극장에서 조직하고 중하리 마을회관에 사무소를 둔 함흥소년회 회원으로 함흥 아나키즘 운동에 참여하였다.

박혁명朴革命 1924년 9월 창립한 일본 최대의 대표적인 한인 아나키스트 노동조합인 동흥노동동맹에서 활동했으며 1929년 11월 17일 지부의 조직을 만들 때 서기로 일했다.

박흥권朴興權 일본에서 초기에 활동한 아나키스트였다. 1921년경 정태성, 최중헌, 김정근(김묵)과 대삼영大杉榮의 노동운동사勞動運動社에 출입하며 영향을 받았다.

박희춘朴熙春 숙천肅川 출신으로 김건金健의 처이다. 동경흑우회와 조선공산무정부주의자연맹에서 활동하였다.

방일정方一正 ─→ 박석홍朴錫洪

방한상方漢相 1900~1970. 호는 만취晩翠로 흑전黑田으로도 알려졌
다. 경상남도 함양군 수동면 화산리 168번지에서 출생하여 1923
년 5월 일본 조도전早稻田대학을 중퇴한 후 귀국하였다. 대구에서
한약방을 하며 대구청년회에 가입하여 활동했다. 1925년 9월 대구
에서 신재모申宰模, 정명준, 서학이, 마명, 정해룡鄭海龍, 서동성, 하
종진, 김동석, 안달득 등과 진우연맹을 조직했다. 1926년 4월 일본
자아인사의 율원일남 등과 운동을 협의했다. 진우연맹은 회원 천백
여 명의 대구노동친목회大邱勞動親睦會를 세력 하에 두고 일본의 흑색
청년연맹黑色靑年聯盟과 연계투쟁을 모색하였다. 파괴단破壞團을 조
직하고 상해의 민중사民衆社의 유림柳林을 통해 폭탄을 입수하기로
하였다. 1925년 11월 동경으로 파견되어 자아인사의 약본운웅椋本
運雄, 흑우회의 김정근 등과 동 연맹의 연락활동을 하였다.

배영암裵榮岩 대구 진우연맹원들이 투옥된 시기에 1930년부터 최해
청, 송명근, 이상길, 차태원, 손덕, 송기창 등과 아나키즘 그룹을 조
직하여 진우연맹의 정신을 계승하였다.

백무白武 1901~?. 경상북도 대구태생으로 흑도회에서 아나키즘 활
동을 하였으나 공산주의로 전향하였다.

백정기白貞基 1896~1934. 호는 구파鷗波이고 전라북도 정읍군 영원
면 은선리의 빈농에서 출생했다. 1919년 만주 봉천으로의 망명을
시작으로 여러 차례 일본과 중국으로 피신하였다. 1921년 도일 후
5월부터 이헌, 마명기 등과 동거하면서 사회주의 영향을 받았다.
1924년 북경으로 건너가 이회영의 집에서 이을규, 이정규 형제와

동거하면서 아나키즘의 영향을 받고 재중한인무정부주의자연맹의 창립 회원이 되었다. 1925년부터 1929년까지 상해 프랑스조계에서 철공장의 견습공으로 일하며 노동강습소를 운영하고 공회를 조직하였다. 정실은호 사건에 참여하고 남화한인청년연맹과 항일구국연맹의 맹원으로 활동하였다. 육삼정사건 후 체포되어 옥사하였다. 고향에 백정기 기념관이 있다. 국민문화연구소에서 출판한 『항일혁명가 구파 백정기의사』가 2004년 간행되었다.

변영우卞榮宇 1901~?. 경상남도 합천군 초계면 초계리 태생으로 조선자유노동자조합과 극동노동조합에서 오우영과 활동하였다. 1940년 문성훈, 이종문, 정갑진 등이 조직한 비밀결사 건달회에 토공인부로 39세에 참여하여 거사 시 이중교와 일본은행의 폭파를 담당하였다.

서동성徐東星 1895~1941. 대구부 서천 대전정 48번지 태생으로 흑도회 창립에 참여했으며 흑도회 분열 후 흑우회와 불령사에서 활동하였다. 흑우회 안에서 신염파, 서상경 등과 민중운동사를 조직하여 활동하였고 흑우회의 기관지 한글 『민중운동』을 창간하였다. 불령선인사不逞鮮人社의 기자로 활동하였으며 대구에 귀향 후 박열의 사업을 계승하기 위해 진우연맹을 결성하였으며 1926년 30세에 체포되었다.

서상경徐相庚 1900~1962. 호가 흑영黑影으로 서상일徐相一로도 불렸고 충청북도 충주군 신니면 신청리 출생이다. 청주농업학교에 재학 중 3·1운동에 참가하여 옥고를 치렀다. 출옥 후 도일하여 흑도회 결성 시 간사였으며 1923년 3월 신영우, 홍진유, 서동성 등과 흑우회의 기관지 『민중운동』을 한글로 창간하였다. 불령사 회원이었으며 저술업에 종사하던 26세에 흑기연맹에 참여하였고 충주 문예운동사에도 참가하였다. 1977년 건국포장을 받았다.

서상일徐相一 ──→ 서상경徐相庚

서상한徐相漢 1901~1967. 대구부 서성동 태생으로 러시아 연해주에서 활동한 서상일의 동생이다. 1914년 대구고등보통학교를 졸업하고 1918년 도일하여 명치대학 경제과에 입학하였다. 1920년 이은李垠과 방자方子와의 결혼식장에 폭탄투척을 기도하였다. 유진휴柳震烋 등과 형설회螢雪會에 관여하고 흑우연맹과 제휴하여 노동운동에 참여하였다. 광복 후 재일거류민단의 삼다마三多摩의장을 역임했다. 1963년 건국훈장 국민장을 받았다.

서석徐晳 ──→ 서천순徐千淳

서수학徐洙學 원산 본능아연맹 회원으로 원산여자청년회가 개최한 강연으로 초래된 공산계열과의 충돌과정에서 중상을 입고 사망하였다.

서정만徐廷蔓 충청북도 충주군 이유면 대소리 297번지 태생으로 농업에 종사하던 25세에 흑기연맹사건으로 체포되었다.

서천순徐千淳 서석徐晳으로 알려졌고 충주군 신니면 신청리 출신으로 무직이었으며 25세에 흑기연맹사건으로 체포되었다.

서학이徐學伊 서흑파徐黑波로도 알려졌고 경북 성주군 성주면 경산리 733에서 태어나 진우연맹 사건시 29세로 대구부 신정 67번지에 주소를 두었다. 대구의 용진단원勇進團員이었으며 아나키즘 이론에 성통하였다.

서흑파徐黑波 → 서학이徐學伊

석윤옥石潤玉 1930년 2월 아나키스트 신현상이 호서湖西은행에서 운동자금을 탈취한 사건에 관련되어 1년을 구형받았다.

선병희宣炳曦 동경 조선자유노동자조합과 극동노동조합에서 활동하였다. 1933년 2월 개최한 반건국제투쟁反建國際鬪爭에서 체포되었으며 1933년 조선자유노동자조합의 조직개편 시 선전부원이었다.

설명선雪鳴善 1924년 조직된 오사카의 조선여공보호연맹에서 활동하고 1931년 조선무산자사회연맹의 대표였다.

설창수薛昌洙 진주농업학교 비밀결사로 체포된 후 1941년 일본대학 예술학과에 진학하여 아나키즘 예술운동에 앞장섰다.

성진호成瑨鎬 충남 예산 출신으로『흑색운동사』란 제목의 잡지를 발간계획 중 체포되었다. 독자적인 아나키즘 활동을 전개하며 김화산의 문학경향에 동조하였다.

손덕孫德 대구 진우연맹원들이 투옥된 시기에 1930년부터 최해청, 송명근, 이상길, 차태원, 배영암, 송기창 등과 아나키즘 그룹을 조직하여 진우연맹의 정신을 계승하였다.

손명표孫明杓 안의安義의 진보적 인물로 최륜, 최태호 등과 청년회를 조직하여 야학 등의 지역운동의 핵심역할을 하였다. 노동운동으로 옥고를 치루었고 대삼영大杉榮의 희생을 동경인구의 손실보다 아깝다고 아쉬워했다.

손무孫無 오사카 조선신진회에서 활동하였으며 1934년 시위 중에 체포되었다.

손병휘孫炳輝 동경 조선자유노동자조합과 극동노동조합에서 활동했으며 1933년 조직개편 시 선전부원이었다.

손원식孫源植 1939년 1월 천엽현千葉縣 좌창정佐倉町 명륜 중학교 5학년 때 박원우, 최문환 등과 동경 마포구 삼본관森本館에 거주한 김동규의 영향으로 아나키즘을 연구하다 21세에 체포되었다.

손인술孫仁述 1924년 9월 창립한 일본 최대의 대표적인 한인 아나키스트 노동조합인 조선동흥노동동맹 지부의 중심인물이었다.

손조동孫助同 창원군 창원면 북동 태생으로 20세에 창원공립보통학교 교사인 조병기가 박창오, 박순오, 김두봉金斗鳳, 김상대, 김태석 등의 청년과 독서그룹을 만든 후 발전시킨 비밀결사 창원흑우연맹의 중심인물로 활동하였다.

송기창宋基昌 대구 진우연맹원들이 투옥된 시기에 1930년부터 최해청, 송명근, 이상길, 차태원, 손덕, 배영암 등과 아나키즘 그룹을 조직하여 진우연맹의 정신을 계승하였다.

송명근宋命根 대구 진우연맹원들이 투옥된 후 1930년부터 최해청, 이상길, 차태원, 손덕, 배영암, 송기창 등과 아나키즘 그룹을 조직하여 진우연맹의 정신을 계승하였다. 1932년 반전삐라 살포로 옥고를 치렀다.

송선택宋善澤 평안남도 진남포 출신으로 1927년 12월 평양 창전리 천도교강당에서 관서지방 아나키스트연합체로 조직한 관서동우회 회원이었다. 동우회는 1년 후 관서흑우회로 개칭하였다.

송세하宋世何 1907~1973. 전라북도의 농촌에서 태어나 대삼영大杉榮의 저작을 통해 아나키즘에 경도되었다. 1925년 18세에 도일하여 1926년부터 1932년까지 계림장에 기숙하며 아나키즘 운동에 기여하였다. 이 시기 일본 아나키스트와 교류하며 동흥노동동맹의『흑색신문』을 편집하였다. 광복 후 1947년 자유사회건설자동맹을 결성할 때『자유사회신문自由社會新聞』을 4호까지 발행하였다.

송영운宋映運 1929년 동경 청년무지배자연맹의 대표였다. 1930년 6월 창립한 흑기노동자연맹에서 1935년 핵심인물로 활약하였다.

송주식宋柱軾 평안남도 용강군 다미면 난마리에서 태어났다. 동경의 일성단 회원이자 흑전사 단원으로 체포될 때 주소는 동경부 하중야정下中野町 2775번지였고 25세로 학생이었다.

승도경承道京 진남포鎭南浦 상공학교 출신으로 관서흑우회 창립 회원이다. 평양에 처음 전차가 다닐 때 운전수로 일했다. 문학청년으로 생활고에 형무소 간수에 응시해 아나키스트 동료들에게 비난을 받았다. 김희붕과 김찬혁의 아나키즘 수용에 영향을 주었다.

승흑룡昇黑龍 서울 견지동 60번지의 이십세기서방을 이혁 등과 설립하였다. 1929년 동경 잡사곡雜司谷 대구보大久保 143번지의 신문배달인조합의 대표를 지냈다. 1930년 6월 아나키스트에 편파보도를 한 『조선일보』에 동료 10여 명과 찾아가 윤전기를 고장내었다.

신염파申焰波 → 신영우申榮雨

신영우申榮雨 1903~?. 신염파申焰波로도 알려졌고 충청북도 청주군 청주면 서천리 168번지 출신이다. 1920년 일본 정칙영어학교正則英語學校에서 고학 중 박열을 만나 아나키즘에 영향을 받았다. 흑도회에 참가했으며 이후 흑우회와 서울의 흑기연맹에 참가했다. 흑기연맹의 선언문을 기초했으며 1925년 서울에서 체포되었다. 석방 후 『조선일보』와 『만몽일보滿蒙日報』의 기자를 하였다.

신재모申宰模 1885~1958. 경상북도 칠곡군 북삼면 율동 207번지에서 태어났다. 한일합방이 되자 대구청년회와 대구농민회 등의 항일단체를 조직했다. 철도노동자로서 노동친목회를 조직하여 위원을 역임하였다. 대구농민회와 달성소작인조합에서 일했으며 만주사변 때 대구철도파업을 주도하였다. 원대동院垈洞에 노동학관勞動學館 건립을 기도하였다. 3·1운동 때는 대구에서 운동의 핵심이었다. 1925년 영남지방의 아나키즘 단체인 진우연맹을 조직하였으며 대구 최대의 단체인 대구노동친목회를 주도하며 진우연맹의 영향 하에 두었다. 광복 후 대구에 청구대학을 세우고 유림 등과 독립노농당을 창당하고 중앙감찰위원장을 맡았다. 대한민국 건국훈장을 받았다.

신준원申駿遠 경상북도 선산군 구미 출신으로 아나키즘 활동으로 경북경찰이 수배한 요주의 인물이었다.

신채호申采浩 1880~1936. 호는 단재丹齊이고 충청남도 대덕군 산내면 어남리 출신으로 3·1운동 후 상해의 임시정부설립과정에서 무장투쟁을 주장하는 창조파創造派를 이끌었다. 1921년경 북경대학 교수 아나키스트 이석증 등과 교류하며 아나키즘에 입문하였다. 일본인 아나키스트 행덕추수에 공명하여 그의 「기독말살론基督抹殺論」을 중국 아나키스트 잡지『신보晨報』에 기고하였다. 1923년 유자명이 주선하여 의열단의 김원봉을 위해 「조선혁명선언」을 집필하고 독립은 민중혁명에 의해서만 가능하다는 민중혁명론을 주장하였다. 1924년 다물단을 지도하였고 같은 해 북경에서 조직된 재중국 조선 무정부주의자 연맹의 기관지인『정의공보』에 기고하였다. 1927년 9월 광동인廣東人 진건秦健이 발의한 무정부주의자동방연맹(A동방연맹)에 이필현李弼鉉과 한국대표로 참가하여 한국, 중국, 일본, 대만, 인도, 안남安南(또는 필리핀)의 6개국 대표 120여 명과 식민지문제를 토의하였다. 연맹활동자금을 위해 외국위체위조外爲替僞造에 참여하여 유병택柳炳澤이란 가명으로 일본의 문사門司를 거쳐 1928년 5월 대만의 기륭항基隆港에 도착하나 수상서원水上署員에 체포되어 여순旅順감옥에서 순국하였다.

신철申哲 1905~1931. 함경남도 성흥 출신으로 청소년기에 북만주와 시베리아를 유랑하다 1927년 도일하여 일본 관서지방의 아나키스트 청년연맹에 가맹하고 활동하였다. 폐결핵으로 사망하였다.

신현상申鉉商 1905~1950. 충남 예산 출신으로 19세에 동향인 최석영과 중국으로 망명하여 상해노동대학에서 공부하였다. 상해에서 정화암 등과 교류하며 아나키즘에 경도되었다. 1929년 아나키즘 운동자금의 조달을 위해 귀국하여 1930년 2월 최석영과 예산의 호서은행湖西銀行에서 자금을 인출하여 함남 정평定平에서 차고동과 함께 북경에 도착하였다. 재중국 조선 무정부주의자 연맹은 이 자금으로 운동을 활성화시키기 위해 북경에서 대표자회의를 소집하고 이회영의 제안으로 만주에 아나키스트의 역량을 집중하기로 결정하였다. 6·25시 피살되었다.

신현옥申鉉玉 아나키스트 운동 자금에 관련된 호서은행사건에서 징역 6개월과 벌금 30원을 구형받았다.

신여추沈茹秋 → 심용해沈龍海

심용철沈龍徹 심용해의 동생이다. 남화한인청년연맹에서 활동하며 기관지 『남화통신』의 필자로 활약하였다.

심용해沈龍海 1904~1930. 함경북도 출신으로 다른 이름은 심여추沈茹秋, 심용해沈容海이다. 1919년 만주로 이주하여 길림성의 연길도립이중학교에 입학하였다. 1923년 졸업 후 장춘의 『대동일보大同日報』 기자와 북경의 『국풍일보國風日報』 편집자로 일하였다. 한중연합 아나키스트 조직인 흑기연맹의 핵심인물이었다. 1925년 파금과 교류하며 『고려청년高麗靑年』을 창간했으며 1926년 9월 유기석, 정래동, 오남기 등과 북경국민대학에서 크로포트킨 연구회를 조직하고 방미애方未艾란 익명으로 북경중앙우체국의 사서함을 통해 각국 아나키스트와 교류하였다. 1928년 연길로 귀향하여 연변조선족을 위해 활동하던 중 조선인 공산주의자에 의해 피살되었다.

안경근安敬根 1933년 3월 남화한인청년연맹의 정화암, 엄형순, 김성수 등과 밀정암살에 참여하였다.

안공근安恭根 1932년 남화한인청년연맹의 양여주, 백정기, 엄형순 등과 이회영에 대한 정보를 누설한 밀정암살에 참여하였다.

안달득安達得 경상남도 대구부 북내정 28번지 태생으로 25세에 진우연맹에 가담하였으며 용진단원이었다.

안병기安秉琦 청주군 청주면 본정 태생으로 27세에 상점직원으로 1929년 조직된 충주문예운동사에 참가하여 5년을 구형받고 5년을 언도받았다.

안병희安秉禧 본적은 경상남도 밀양군 초동면 험암리 43번지이고 주소는 서울 서대문 이정목 7번지로 37세 때 한성강습원 강사로 일하면서 윤우열의 허무당선언서를 비밀리에 인쇄하여 체포되었다.

안봉연安鳳淵 평안남도 안주군 안주읍 율산리 태생으로 안주농업학교를 졸업했다. 1929년 4월 이순창과 안주흑우회를 조직하였다. 조선공산무정부주의자연맹으로 2년형을 받고 복역 중 서대문감옥에서 옥사하였다. 검거 당시에 28세였다.

안영근安榮根 평안남도 신안주면 청송리 출신으로 계림장에서 고학했으며 안주흑우회에서 활동하였다.

안우생安偶生 1907~1991. 별명은 Elpin으로 강원도 양양 출신으로 안중근의 조카이자 안공근의 장남이다. 상해의 인성仁成학교를 졸업하고 진단震旦대학에 진학하였다. 1927년 에스페란토어를 공부하며 상해의 등몽선이 운영하는 화광華光병원에 출입하며 이용준의 권유로 남화한인청년연맹에 가입하였다. 광복 후 김구의 외교비서를 했다.

안인식安仁植 1932년 동경 조선자유노동자조합에서 활동하였으며 1932년 5월 강동교 직업소개소 인근에서 공산계열과 충돌하여 김제원, 이규욱 등과 체포되었다.

안종호安鐘浩 1925년 5월 함흥 주길정住吉町에 있는 신성여관新成旅館에서 함흥자연과학연구회를 결성하였디. 1926년 동경유학생 학우회 총회에서 아나키즘계와 볼쉐비키계가 분열할 때 최학주, 유치진 등과 아나키즘 학생 단체인 학생연맹을 조직하였다. 사무소는 정교구淀橋區 상락회上落會 1-299번지에 있었다. 1935년 2월 동흥노조 본부로 옮기고 동년 8월 우입구牛込區 하전정河田町 17번지로 이사하였다.

안증현安增鉉 1925년 7월 함흥의 중리中里에 위치한 천도교당 교구당에서 이홍근의 사회로 70여 명이 조직한 함흥정진청년회 회원이었다.

안형근安亨根 강원도 양양에서 유우석, 이동순李東淳, 김한과 아나키즘 연구에 몰두한 후 아나키즘 운동에 투신하였다.

안호필安鎬弼 1925년 7월 함흥 중리 천도교당 교구당에서 이홍근의 사회로 진행된 함흥정진청년회 설립에 70여 명과 참여하였다.

안흥옥安興玉 1934년 동흥노동동맹에서 활동하였고 조선일반노동자

조합에 가입하여 활동하였다. 1934년 9월 발생한 일활쟁의日活爭議
를 시작으로 동경시전쟁의東京市電爭議, 풍융사인쇄소쟁의豊隆社印刷
所爭議 등에 오우영과 함께 지원하였다.

양명梁明 본적은 경상남도 통영군 사등면 사등리이고 주소는 서울 장
사동 67번지로 윤우열을 보호하여 범인은익 혐의로 24세에 저술업
에 종사하다 체포되었다.

양상기梁相基 1929년 6월 동경에서 공산계열의 학우회사건에 관련되
어 체포되었으며 조선동흥노동동맹에서 활동하고 광복 후 민단사
무총장을 역임하였다.

양여주楊汝舟 → 오면식吳冕植

양원모梁源模 1924년 9월 창립한 일본 최대의 한인 아나키스트 노동
조합인 동경 조선동흥노동동맹에서 활동하였고 1934년 5월의 시
위에서 체포되었다.

양일동梁一童 → 양일동梁一東

양일동梁一東 1912~1980. 梁一童으로 알려졌으며 전라북도 옥구군
서수면 마룡리 출생으로 1929년 중동학교 재학 중 광주학생운동으
로 퇴학당한 후 1930년 오재덕吳在德과 북경으로 가서 백정기에게
아나키즘의 영향을 받았다. 1931년 도일하여 『흑색신문』의 편집
위원으로 일하다 1932년 동흥노동동맹에 가입하였고 1935년 3월
『조선동흥노동뉴우스』를 발간하였다. 광복 후 사회민주당 당수를
역임하였다. 1983년 대통령표창을 받았다.

양제노楊濟櫓 관서흑우회 회원이었다. 1927년 12월 평양 창전리 천도

교강당에서 관서지방 아나키스트 연합체로 관서동우회를 창립하고 1년 후 관서흑우회로 개칭하였다.

양희석梁熙錫 1938년 고인찬, 이희종 등과 선구독서회를 조직하였고 1943년 김상철, 고의종, 고은호와 2차로 독서회를 조직하였다. 선구독서회는 1923년 서울 의주통義州通에서 시작한 국내 최초의 아나키즘 조직인 이강하가 조직한 흑노회에서 유래하였다. 흑노회는 천도교 강당에서 강연회 등을 통해 아나키즘을 소개하였다. 자유문고에서 1994년 출판한 회고록『역사를 무서워하라』가 있다.

엄순봉嚴舜奉 → 엄형순嚴亨淳

엄형순嚴亨淳 1907~1936. 엄순봉嚴舜奉이라고도 불리고 경상북도 영양군 대천동 962번지에서 태어났다. 집안이 가난하여 초등교육도 받지 못하고 18세에 만주로 이주하여 농업노동자로 각지를 전전하였다. 1929년 북만주 해림海林에서 결성된 재만조선무정부주의자연맹에 가입하여 활동하다 만보산 사건 후 북경을 거쳐 1932년 상해에서 입달학원의 유자명과 협력하여 활동하였다. 1932년 12월 남화한인청년연맹에 가입하여 각종 테러활동에 종사하다 사형을 당하였다.

오규호吳規鎬 동경 조선자유노동자조합에서 활동하였다. 1933년 2월 개최한 반건국제투쟁反建國際鬪爭에서 체포되고 1933년 3월 공산계열의 상애회 김봉수金鳳守와 투쟁하다 체포되었다.

오남기吳南基 1926년 9월 심용해, 정래동, 유기석 등과 북경국민대학에서 크로포트킨 연구회를 조직하고 방미애方未艾란 익명으로 북경

중앙우체국의 사서함을 통해 각국 아나키스트와 교류하였다. 1928년 10월 정래동, 이용진, 유기석, 국순엽, 김용현 등과 아나연맹을 조직하고 기관지로『이튿날』을 발행하였다.

오면식吳冕植 1892~1937. 양여주, 오철吳哲, 마중양馬仲良, 주효춘 등의 이름을 사용했으며 오면직吳冕稙으로도 표기하였다. 황해도 안악군 신흥면 상흥리 226에서 태어났다. 사립 양산楊山학교를 중퇴하고 고향에서 1921년 8월『조선일보』와『동아일보』기자를 하였다. 1922년 1월 김구의 지시로 갑북閘北에서 임시정부의 김혁을 암살하였다. 1925년 하남성河南省 개봉開封의 풍옥상馮玉祥의 군관학교를 졸업한 후 1929년 10월 천진에서 정화암을 만나 남화한인청년연맹, 흑색공포단, 한인무정부주의자 상해연맹 등의 아나키즘 단체에 가입하였다. 1932년 이규서 암살, 1933년 유길공사 암살기도, 1933년 이광홍 암살, 1933년 옥관빈 암살 등의 직접행동에 참가하였다. 1933년 11월부터 김구계열에서 일했으나 직접행동을 위해 남경에서 김동우, 한도원, 유영석柳瀅錫, 김창근, 김승은 등과 한국맹혈단韓國盟血團(맹혈단盟血團)을 조직하고 활동하던 중 체포되어 사형당하였다.

오병현吳秉鉉 황해도 봉산군 토성면 마산리 58번지에서 태어나 1929년 일성단과 흑전사에서 활동하였다.

오성문吳成文 1927년 창립된 조선자유노동자조합에서 활동했으며 1929년 극동노동조합 창립 시 참가하였다. 1933년 3월 조합개편 시 문화부장으로 일했다.

오우영吳宇泳 대표적인 일본 내 한인 아나키스트 노동운동가이다. 1927년 2월 창립한 아나키스트 단체 조선자유노동자조합의 대표로 일했다. 1929년 12월 동 조합사무소에서 극동노동조합極東勞動組合을 창립하고 1930년 7월 아나키스트 각 단체가 소석천구小石川區 전통원傳通院에서 만보산 사건 비판연설회를 개최하고 1932년 극동노동조합의 진관원과 『이십세기』를 발행하였다. 1933년 6월 이윤희와 아나키스트 단체를 통일하려 시도했으나 좌절되었다. 1934년 1월 동경 일반노동자조합을 설립하였으며 이후 각종 노동쟁의에 참여하였다.

오진산吳鎭産 동경 조선자유노동자조합과 극동노동조합에서 활동했으며 1933년 조합개편 시 선전부원이었다.

오철吳哲 → 오면식吳冕植

오치섭吳致燮 1904~1933. 평안남도 대동군 용강면 초담리 출생으로 진남포鎭南浦상공학교를 졸업한 후 1924년 도일하여 이홍근과 교류하며 아나키즘을 수용하였다. 1926년 조선자유노동자조합의朝鮮自由勞動者組合 산수부山手部 창립 시 활동하였다. 일시 귀국하여 평양에서 1927년 12월 조직된 아나키스트연합체인 관서동우회關西同友會(관서흑우회로 개칭)에 가입하고 재차 도일하여 1928년 1월 조직된 흑색연맹黑色聯盟에서 활동하였다. 연맹의 기관지인 『흑색신문』의 편집위원으로 일하고 1932년 6월 동경에서 신호神戶에 연락 임무로 가던 중 체포되었다. 폐렴으로 29세에 사망하였다.

우한용禹漢龍 1925년 대구 진우연맹 사건 직후 본격적인 연구를 위해 이시우, 하경상 등과 안의安義아나키즘 연구회를 조직하고 활동했으며 1927년 이시우, 하경상 등과 도일하여 흑우연맹에서 활동하였다. 우한용은 노동운동에 투신했다.

우해룡禹海龍 호는 해운海雲으로 대구부 북내동 34번지 태생이다. 대구고보 재학시 맹휴盟休책임자로 퇴학당한 후 대구노동공제회에서 노동야학에 종사하며 소년회를 조직하였다. 23세에 대구 진우연맹에 참여하였으며 철성단원鐵城團員이었다. 허무당사건의 윤우열, 마르크스주의자 신철수申哲洙와 대구의 삼재三才로 불린다.

우해운禹海雲 → 우해룡禹海龍

원심창元心昌 1906~1971. 다른 이름은 원훈元勳으로 경기도 평택군 팽성면 안정리 출신이다. 소학교를 졸업한 후 경성중학 2학년 재학 중인 14세에 3·1운동에 참가하였다. 중동학교를 졸업하고 1924년 도일하여 일본대학 사회학과에 입학하여 아나키즘에 공명하고 실천을 결심하였다. 1926년 동경 잡사곡雜司谷 1호에 최규종과 빌린 사무소에 흑색운동사 간판을 걸고 독자적인 아나키즘 운동을 전개하였다. 동경유학생 학우회사건으로 체포된 후 1930년 북경에서 흑색공포단에 가입하고 주도적으로 활동하다 1933년 유길공사 암살미수로 체포되었다. 광복 후 박열이 주도한 신조선건설동맹新朝鮮建設同盟의 부위원장을 역임했다. 1959년 『통일조선신문統一朝鮮新聞』을 창간하였다.

원종린元鐘麟 서울의 유복한 가정 출신으로 도일 후 동양대학 철학과에 다녔다. 일본 사회주의 클럽에 드나들며 대삼영大杉榮, 암좌작태랑岩佐作太郎 등의 아나키스트와 교류하였다. 1921년 11월 조직된 일본 내 한인 최초의 사상단체인 흑도회에 참여하였다.

원훈元勳 → 원심창元心昌

유기석柳基石 → 유서柳絮

유림柳林 1894~1961. 유화영柳華永으로도 알려졌고 호가 월파月波로 경상북도 안동군 월곡면 계곡동 출신이다. 3·1운동 후 무력투쟁을 준비하기 위해 만주로 망명한 후 1921년 북경에서 신채호, 김창숙 등과 한문 잡지 『천고』를 간행하였다. 1922년 사천성 성도대학 사범부 문과에 입학한 후 파금에 에스페란토어를 학습하며 아나키즘을 수용하였다. 1925년 각지를 전전하며 조선청년의 조직과 인재육성에 노력하다 만주에서 이을규, 김종진 등과 김좌진을 설득하여 신민부개편을 건의하여 한족총연합회를 창설하였다. 1931년 봉천(현 심양)에서 조선공산무정부주의자연맹 사건으로 체포 후 조선에 압송되었고 1943년 이후 임시정부에 참여하였다. 광복 후 1946년 7월 독립노농당 위원장을 역임하였다.

유산방劉山芳 1932년 이용준이 권유하여 상해 남화한인청년연맹과 산하단체인 남화구락부에 가입하여 활동하였다.

유서柳絮 1905~1980. 유기석 또는 유수인柳樹人으로 알려져 있고 황해도에서 태어났다. 1912년 가족이 길림성 연길로 망명한 후 1916년 중국국적을 취득하였다. 1920년 남경의 금릉중학에 입학하여 연길의 중학교 동창인 심여추를 만나 평생동지가 되었다. 1924년 북경국민대학에서 흑기연맹을 조직하여 아나키즘 활동을 하였다.

1925년 봄 노신魯迅을 방문해『광인일기狂人日記』의 번역을 허가받아 서울에서 출판하고『동광東光』(1927.8)에 발표하였다. 1926년 9월 심여추와 크로포트킨 연구회를 조직하고 1926년 12월「동아무정부주의자대연맹을 조직하자」는 논문을 발표하였다(『민종民鐘』, 1926.12). 조선흑치단朝鮮黑幟團을 비롯한 중국측의 민종사民鐘社와 민중사民衆社의 3단체 주관으로 동아시아 무정부주의자의 단결을 촉구하였다. 민단편련처에서도 활동하였으며 1926년 9월 심용해, 정래동, 오남기 등과 북경국민대학에서 크로포트킨 연구회를 조직하고 방미애方未艾란 익명으로 북경중앙우체국의 사서함을 통해 각국 아나키스트와 교류하였다. 1928년 10월 정래동, 이용진, 오남기, 국순엽, 김용현 등과 아나연맹을 조직하고 기관지로『이튿날』을 발행하였다. 1929년 여명중학 교사를 하였다. 중국 군부와 재계에 친분이 넓어 한인 아나키스트에 도움을 주었으며 한중친선과 협력에도 기여하였다. 아나키즘 이론서도 발간했으나 현존하지 않는다. 광복 후에도 중국 소주에 머물며 강소대학江蘇大學 역사학부 교수를 지냈다. 회고록『나의 조국』이 있다.

유수인柳樹人 → 유서柳絮

유영락柳永洛 진주 출신으로 함양의 조병기, 영동의 강성도 등과 교류하며 아나키즘 운동을 하였으며 이후 일본 계림장을 중심으로 활동하였다.

유우근柳友槿 → 유자명柳子明

유우석柳遇錫 충청남도 천안 출신으로 유관순柳寬順의 오빠이다. 배재고등보통학교 재학 시에 김중한(박열사건 관련), 이윤희(후일 재일아나 키스트) 등과 교류하였다. 3·1운동에 참가하여 공주감옥에서 옥고를 치렀다. 강원도 양양에 체류 시에 안형근, 이동순李東淳, 김한 등과 아나키즘연구에 몰두했다. 부인이 원산의 루씨樓氏여학교에서 선생님으로 근무하게 되어 원산으로 이사한 후 1926년경부터 본능 아연맹 활동을 시작했다.

유자명柳子明 1894~1985. 유우근柳友槿, 유흥식柳興湜으로도 알려져 있고 충청북도 음성 출신이다. 1912년 수원농림학교에 입학한 후 1916년 졸업 후 충주농업학교 교사로 일하다 1919년 6월 상해로 망명하였다. 1922년 북경에서 신채호, 이회영과 교류하면서 1924 년 재중국 조선 무정부주의자 연맹에 참가하였다. 김원봉의 의열단에도 깊이 관여했으며 신채호에게 「의열단선언」을 부탁하여 「조선혁명선언」이 집필되었다. 1927년 6월 무한武漢에서 동방피압박 민족연락회의東方被壓迫民族連絡會議를 결성하였다. 1929년 가을 천주여명중학에서 교사로 일하다 1930년 1월 상해입달학원 고중부 농촌교육과로 옮겼다. 1931년 남화한인청년연맹에 가입하였으며 1937년 11월 민족운동의 좌파통일조직인 조선민족전선연맹에 조선무정부주의자연맹(조선혁명자연맹)의 대표로 참가하고 1944년 9월 중경重慶에서 개최된 조선혁명각당파통일회의에 참가하였다. 중국농업발전에 기여하였으며 파금의 『머리칼이야기』의 모델이 되었다. 회고록 『나의 회억』을 료녕인민출판사에서 1984년 출판하였고 유연산이 『유자명평전』을 충주시 예성문화연구소에서 2001

년 출판하였다.

유치상柳致祥 조선총독부가 일본 한인유학생을 위해 동경에 설립한
계림장을 중심으로 아나키즘 활동을 하였으며 이후 시인으로 1937
년 창간한 시 잡지 『생리生理』에서 활동하였다.

유치진柳致眞 1926년 동경 유학생학우회 총회에서 무정부계와 공산
계가 상충한 후 서로 별개의 단체로 분리할 때 안종호, 최학주 등과
학생연맹學生聯盟을 조직하였다.

유현태柳鉉台 1930년 6월 『조선일보』의 아나키스트에 대한 편파보도
에 항의하여 이혁, 이광래, 승흑룡, 김지홍 등과 『조선일보』를 습격
하여 윤전기를 고장내었다. 이혁과 경성흑색청년연맹과 그 기관지
인 『흑선풍』을 준비하다 체포되었다.

유형석柳瀅錫 장백운張百運, 장천민張川民으로 알려졌으며 평안북도 강
계군 문옥면 문악리 태생이다. 안동현립소학교와 봉천초등학교에
다녔고 상해의 혈맹단에서 활동하였다. 체포 시 23세로 5년을 언도
받았다.

유화영柳華永 ⟶ 유림柳林

유흥식柳興湜 ⟶ 유자명柳子明

육홍균陸洪均 1900~?. 경북 선산군 옥성면 주아동 태생으로 경성농
림학교에 재학 중 3·1운동에 가담하였다. 졸업 후 농림연구소에
근무하다 도일하여 신문배달 등의 고학생활을 하였다. 1923년 5월
박열의 불령사에 가담하였고 박열의 집에서 동거하며 운동에 헌신
하였다. 『현사회』에 「소위 다수의 정체란?」을 기고하였으며 1926

년 5월 흑색전선사 간판을 걸고 박열의 아나키즘을 계승하였다. 귀국하여 고향에서 사생활사私生活社를 조직하여 활동을 지속하였다. 경북경찰의 '특' 요주의 인물이었다.

윤용석尹龍錫 오사카의 조선선진회에서 활동하였다.

윤용화尹龍化 1927년 강원도 이천에서 무정부주의 비밀결사 이천자유회를 비밀리에 조직하여 이은송, 이인하, 김순희 등과 5년을 구형받고 4년을 언도받았다.

윤우열尹又烈 경상북도 대구부 남산정 254번지 태생으로「허무당선언」을 작성하였다. 중동학교와 기독교청년회 영어과에서 공부했다. 도일하여 동경 정칙영어학교正則英語學校에서 수학하고 1923년 이후 아나키즘 운동에 투신하였다. 대구청년회와 철성단에 관여하였으며 1925년 4월 흑기연맹사건으로 다수가 체포되자 직접행동을 주장하고 전남출신의 박흥곤朴興坤과 혁명을 실천하기로 결심하였다. 1925년 11월 대구의 자택에서 선언서를 작성하여 서울 견지동 조선청년총동맹사무소와 서대문 이정목二丁目 한성강습원의 등사판을 이용하여 하은수와 안병희의 도움으로 인쇄한 후 계동의 전일全一의 방에서 전국에 발송하였다. 양명, 강정희姜貞嬉, 이윤재李允宰 등의 집에서 피신하다 팔판동에서 체포되었다.

윤택준尹澤俊 1926년 본능아연맹에서 활동하였다. 1921년 민족주의자 조종구는 원산청년회를 조직하고 회관을 만들었다. 그의 아들 조시원과 이향이 원산청년회를 이끌었다. 이향, 조시원, 김연창, 유우석, 한하연은 1926년 아나키스트 비밀결사 본능아연맹을 조직하고 원산청년회를 계몽운동의 장으로 활용했다. 청년회는 동아일보 원산지국을 운영하며 경비문제로 공산계열과 분쟁에 휘말렸다.

이강하李康夏 1923년 2월 서울에서 흑노회를 조직하였다. 1921년 11월 동경에서 조직된 흑도회가 1922년 12월 박열의 흑노회와 김약수의 북성회北星會로 분열된 후 이강하가 서울에 들어와 아나키스트 조직을 만들었다.

이강훈李康勳 1903~2003. 호는 청뢰靑雷로 강원도 금화읍 천동 출생으로 1920년 2월 중국으로 망명하여 1921년부터 3년간 북간도의 도립사범학교道立師範學校에 다녔다. 김좌진의 신민부에서 활동했으며 1929년 김종진 등과 교류하며 아나키스트가 되어 1932년 상해에서 남화한인청년연맹에서 활동하며 6 · 3정 사건에 참여하였다.

이경순李敬純 진주아나키스트사건에 관련되었다. 1928년 박열사건에 연루된 단천 출신 정태성이 친구인 진주의 이경순을 방문하여 홍두표와 진주군 금산면 청곡사靑谷寺에 머물며 '아나키즘서적'을 탐독한 혐의로 기소되었다.

이광래李光來 1930년 6월 중순경 아나키스트에 편파보도를 한『조선일보』를 이혁 등의 동료 10여 명과 찾아가 윤전기에 모래를 뿌려 보복하였다.

이규석李圭奭 1905~?. 1926년 기옥현埼玉縣 대리군大里郡 웅곡정熊谷町에서 아나키즘 활동으로 체포되었다.

이규석李圭錫 박열의 아나키즘 단체인 흑도회가 분열하여 흑노회(풍뇌회)가 된 후 1923년 개칭한 흑우회에서 활동하였다.

이규식李圭植 1940년 문성훈, 이종문, 정갑진 등이 조직한 비밀결사 건달회에 참가하여 염곡군 율산촌의 귀노천鬼怒川 수력발전소에서 목적달성을 위하여 일하였다.

이규욱李圭旭 1899~?. 경상북도 예천군 용문면 상금곡리 태생으로 조선자유노동자조합과 극동노동조합에서 활동하였다. 1931년 4월 본소구本所區 국정麴町(현 묵전구墨田區)의 직업소개소에서 소요를 일으켜 체포되었다. 1933년 3월 조합의 조직개편 시 회계부원이었으며 1934년 1월 순수 아나키스트조합인 조선일반노동자조합 설립시 사회를 보았고 건달회에 참여하였다.

이규창李圭昌 이회영의 아들로 부친을 따라 아나키스트가 되어 중국 내 운동에서 중요한 역할을 수행했다. 보련각에서 출판한 회고록 『운명의 여진』이 있다.

이규호李圭虎 이회영의 아들로 부친을 따라 아나키스트가 되어 중국 내 운동에서 중요한 역할을 수행했다.

이금순李今順 이시우의 처이다. 이시우가 대구 진우연맹에 참여하여 탄압을 받자 1927년 남편과 도일하여 흑우연맹에 부부가 가담하여 활동하였다.

이기영李基永 1925년 서울과 충주를 중심으로 조직된 흑기연맹에 참여하였다. 동년 3월부터 서울 낙원동 수문사에서 취지서趣旨書와 강령을 준비하다 무산되었다.

이달李達 1910년대 일본에 유학하여 총독정치를 비난하는 글을 신문과 잡지에 기고하여 갑甲호 요주의 인물로 주목받아 추방되자 만주로 탈출하였다. 만주 산시山市 체류 시 신민부 김좌진에 조력하였으며 1927~28년 김종진에 협력하여 1929년 7월 재만한인무정부주의자연맹의 창립에 참여하였다. 한족총연합회에 참여하였으며 김좌진과 김종진의 피살 후 상해로 이동하여 남화한인청년연맹과 항일구국연맹에 가입하고 투쟁하였다.

이덕기李德基 합천 출신으로 1930년 진주농업학교의 박봉찬, 조용기, 하충현, 김대기 등과 조직한 비밀결사 동모회로 체포되었다.

이덕기李德奇 1904~?. 경남 고성군 구만면 화림리 출신으로 동경 조선동흥노동동맹에서 활동하였다. 동맹이 해산된 후 소석천小石川에서 고물상을 운영하며 1940년 문성훈, 이종문, 정갑진 등이 조직한 건달회에 자금을 지원하다 체포되었다.

이덕길李德吉 조선총독부가 재일 한인유학생을 위해 1924년 설립한 동경 계림장을 중심으로 활동하였다.

이덕수李德秀 경남 고성군 구만리 화한리 286번지 태생으로 고물상을 하던 37세에 건달회에 참여하였다.

이덕영李德榮 1923년 2월 21일 서울에서 이강하가 조직한 흑노회 회원이었다. 1921년 동경에서 조직된 흑도회가 1922년 분열된 후 서울에서 조직하였으며 이후 양희석 등이 선구독서회로 그 맥을 이어갔다.

이덕재李德載 1929년 7월 조직된 재만조선무정부주의자연맹에 참가하고 한족총연합회 차장으로 일했다. 산시山市에서 활동하였다.

이동순李東淳 1909~?. 이철李哲과 이하중李河中이란 이름도 사용했다.

강원도 양양군 양양면 차마리 출생으로 양양보통학교를 졸업한 후 양양에서 유우석, 김한과 아나키즘연구에 몰두하였다. 1931년 4월 도일하여 1931년 8월 흑우연맹과 1932년 1월 조선동흥노동동맹에 가입하였다. 1934년 2월 흑색신문사의 발간과 해외연락을 담당하였다. 일본무정부공산당에 가입하고 식민지부에서 일했다. 동흥노동동맹의 양일동과 조선일반노동조합의 이종문李宗文과 3개 단체의 통합에 노력했다.

이말봉李末鳳 이상운李相雲으로도 알려졌고 1939년 12월 조도전대학早稻田大學의 연례동창회에서의 발언으로 체포되었다.

이문열李汶烈 동경 조선동흥노동동맹과 흑우연맹에서 활동하였으며 1930년 5월 흑우연맹의 기관지인 『흑색신문』의 발간책임자가 되어 홍승우洪承佑와 8월 1일 창간호를 발행하였다. 신문지법 위반으로 체포되었다.

이미학李美鶴 1930년 오사카 동방노동연맹에서 활동했으며 1931년 7월 오사카의 일본아연도금공장의 조선인 해고반대투쟁에 참여하였다.

이병문李炳文 1925년 5월 함흥 주길정注吉町 신성여관新城旅館에서 조직된 함흥자연과학연구회에서 활동하였다.

이병엽李炳燁 동경 조선동흥노동동맹의 고전부高田部의 중심인물로 1934년 오우영 등 3인과 일활영화종업원쟁의日活映畵從業員爭議에 응원하였고 동년 10월 관서關西수해구호금모집을 하였다. 동경일반노동자동맹에도 참여하였다.

이복원李復遠 이철李哲로도 알려졌고 서울 풍익동 38번지 출신으로 1924년 흑기연맹의 선언문을 기초하여『동아일보』,『조선일보』,『시대時代일보』에 전달하였다. 체포 시 무직에 24세로 감옥에서 병을 얻어 1928년 사망하였다.

이봉재李鳳在 정진청년회 회원이었다. 교내서클을 통해 식민지교육 반대투쟁 등의 학생운동을 주도하였다.

이붕해李鵬海 1929년 7월 북만주 해림海林소학교에서 김종진이 조직한 재만조선무정부주의자연맹이 김좌진을 설득하여 신민부新民府를 개편한 단체인 한족총연합회에서 활동하였으며 군사위원장을 역임하였다.

이상길李相吉 대구 진우연맹원들이 투옥된 후 1930년부터 최해청, 송명근, 차태원, 손덕, 배영암, 송기창 등과 그룹을 조직하여 진우연맹의 정신을 계승한 아나키즘 연구회에서 활동하였다.

이상락李尚洛 함흥의 청년 30여 명이 함흥 동명극장에서 조직한 함흥소년회에서 활동하였다. 사무소는 중하리中荷里 마을회관에 설치하였다.

이상수李相守 동경 조선자유노동자조합의 후속단체인 1934년 1월 조직된 조선일반노동조합의 중심인물로 활동하였다. 같은 해 조합의 대표로 제15회 메이데이행사 실행위원회에 참여하고「조선노동자는 흑기 아래로!」라는 격문을 살포하였다.

이석규李錫圭 서울 견지동 60번지에 현영섭, 김용찬, 승흑룡 등과 이십세기서방을 창립하여 사상운동의 중심역할을 하였다.

이성근李成根 평양 출신으로 1927년 12월 평양 창전리倉田里 천도교강
당에서 관서지방 아나키스트연합체로 관서동우회 창립대회를 개
최하고 1년 후 관서흑우회에서 활동하였다.

이성근李盛根 1929년 4월 안봉연, 김한수, 이순창, 박도위 4인이 조직
한 안주흑우회에서 활동하였다.

이성훈李聖勳 동경 재일한인 아나키스트들이 계림장을 한애요汗愛療
로 개칭하고 고학생중심으로 개혁을 시도하며 정찬진을 중심으로
1930년 조직한 흑기노동자연맹에서 1933년 활동하였다. 연맹은
1938년 1월 연맹의 해체시까지 일본 내 한인 아나키즘 운동의 일익
을 담당하였다.

이수동李壽童 일본 무정부공산당에 가입하여 활동하였다.

이수현李守鉉 → 박기성朴基成

이수현李壽鉉 → 박기성朴基成

이순창李順昌 안주安州 출신으로 안주흑우회 창립 회원이다. 조선공산
무정부주의자연맹 사건으로 안봉연과 같이 체포되어 원산경찰서
로 압송되었다.

이승식李承植 평안남도 중화군 해압면 용산리 출신으로 1933년 한하
연 등과 동경 자유청년연맹에서 활동하였다.

이시우李時雨 대구 진우연맹 사건 후 하경상, 우한용 등과 1925년 아
나키즘 연구회를 조직하고 1927년 도일하여 흑우연맹에 처 이금순
과 가담하였다. 1929년 1월 조선자유청년연맹朝鮮自由靑年聯盟의 기
관지『자유청년』을 발행하였다. 1929년 6월 동경에서 공산계열의

학우회사건에 관련되어 체포되었다.

이용길李龍吉 동경 조선자유노동자조합과 극동노동조합에서 활동했
으며 1933년 조직 개편 시 정보부원이었다.

이용대李龍大 동경 조선자유노동자조합에서 활동했다. 1928년 5월
공산계 조선노동총동맹朝鮮勞動總同盟 북부지부 습격 시 원심창, 김
현철, 송영운 등과 체포되었다.

이용준李容俊 1905~?. 천리방千里芳, 천리추千里秋, 마연맹馬聯盟, 전야
방田野芳, 노자영盧子英, 임원식林原植, 이동준李東俊, 진위인陳爲人 등
의 가명을 사용했다. 충청북도 제천군 봉양면 원박리 366번지에서
태어났다. 1925년 고등보통학교를 졸업했으며 대삼영大杉榮과 박
열사건 후 대삼영이 번역한 크로포트킨을 읽고 아나키즘에 영향을
받았다. 1930년 중국 봉천으로 망명 후 각지를 전전하며 투쟁에
가담하다 1931년 2월 북경에 잠입하여 북경대학의 아나키스트와
교류하였다. 이회영, 유자명, 정화암의 권유로 상해에서 남화한인
청년연맹에 가입하고 백정기의 권유로 항일구국연맹에 가입하여
활동하였다. 1932년 이하유, 현영섭, 유산방劉山房, 안우생安偶生(안
공근의 아들로 안중근安重根의 조카)을 동연맹에 가입시키고 1931년 왕
정위 저격, 1932년 천진일본영사관 폭탄투척, 1933년 유길공사 암
살 등에 참가하였다.

이용진李容鎭 1928년 10월 정래동, 유기석, 오남기, 국순엽, 김용현
등과 아나연맹을 조직하고 기관지로 『이튿날』을 발행하였다.

이용진李龍鎭 평안남도 평원군 서해면 신덕리 출신으로 22세 때인 북

평北平국민대학 2학년 재학 시 신현상의 호서은행사건으로 체포되었다. 북평에서 개최된 무정부주의자 동양대회 대표자회의에 참석하였다.

이원세李元世 동경 흑우회에서 활동하였다. 1921년 조직한 흑도회가 1922년 북성회北星會와 흑노회(풍뇌회)로 분열된 후 아나키즘 단체인 흑노회(풍뇌회)가 1923년 2월 흑우회로 개칭하였다.

이윤희李允熙 1906~1951. 일본의 대표적인 아나키스트 노동운동가로 1922년 대전에서 농민운동 후 1923년 2월 이강하 등과 서울에서 최초의 아나키즘 단체인 흑노회를 결성하였다. 박열의『현사회』동인으로 박열사건의 김중한한테 영향을 받은 후 도일하여 아나키즘 운동을 시작하였다. 1929년 오사카에서 교화운동사와 흑색조선인사를 조직하였다. 1932년 1월 일본인과『흑기黑旗』를 간행하고 2호에「자주행동의 강조」를 발표하였다. 지포노동자자유연합을 결성하고 1934년 1월 순수 아나키스트조합인 조선일반노동자조합을 설립하였다. 광복 후 독립노농당 대전지구당위원장을 하였으나 6 · 25에 희생되었다.

이은송李殷松 1927년 강원도 이천에서 100여 명이 준비한 무정부주의 비밀결사인 이천자유회를 주도하여 5년을 구형받았으나 3년이 언도되었다.

이을규李乙奎 1894~1972. 호는 회관晦觀으로 이정규의 형이다. 서울 공덕동에서 출생하여 인천상업학교를 졸업하였다. 1918년 사직 후에 만주 안동安東에서 동신공사東新公司를 경영하며 독립운동자금의 조달과 연락에 종사하였다. 1920년 연통제聯通制를 조직하다 체포된 후 보석 중 상해로 망명하였다. 1923년 3월부터 북경에서 동생 이정규와 이회영의 집에서 동거하며 1924년 북경에서 조직된 재중한인무정부주의자연맹 창립에 가담하였다. 1927년 5월 일본 아나키스트 암좌작태랑岩佐作太郎과 복건성福建省 민단편련처에서 활동하였고 1929년 김종진의 요청으로 7월 해림海林에서 재만한인무정부주의자연맹을 결성하고 이후 한족총연합회에서 교육위원장으로 활동하였다. 이론에 정통하여 조선의 크로포트킨이라 칭한다.

이의학李義鶴 1932년 오사카 동방노동연맹의 중심인물이었다.

이이덕李二德 → 이달李達

이인하李寅夏 1927년 강원도 이천에서 100여 명이 준비한 무정부주의 비밀결사인 이천자유회에 참여하여 5년을 구형받고 4년을 언도받았다.

이재현李在賢 → 이해평李海平

이정규李政圭 동경 조선동흥노동동맹에서 활동했으며 1929년 3월 동맹의 한글기관지인 『해방운동』을 간행하였다. 1929년 3월 지부창립대회에서 의장으로 활동하였다.

이정규李丁奎 1894～1972. 호는 우관又觀으로 회관晦觀 이을규의 동생이다. 서울 공덕동에서 인천상업학교를 졸업하고 1916년 경응의숙대학慶應義塾大學 예과豫科에 입학했다. 1921년 5월 상해로 망명하여 1922년 북경대학경제학과에 편입한 후부터 북경의 아나키스트와 교류하며 아나키즘을 수용하였다. 형 이을규, 백정기와 이회영의 집에서 동거하며 1924년 조직된 재중한인무정부주의자연맹 창립에 가담하였다. 1927년 5월경 일본 아나키스트 암좌작태랑岩佐作太郎과 복건성福建省의 민단편련처에서 활동하였고 상해노동대학에서 강의하였다. 1929년 체포 후 석방되나 1933년 육삼정사건과 1934년 제일루사건으로 다시 체포되었다. 광복 후 성균관대 총장과 청주대 학장을 역임했으며 국민문화연구소를 설립하여 농촌운동에 주력했다.

이종문李宗文 1913~?. 전라남도 영암군 삼호면 용앙리에서 태어났으며 동경 조선자유노동자조합에서 활동하고 조선일반노동조합에서 중요인물로 활약하였다. 조선일반노동조합이 해산된 후 건달회 선전부에 참여하였다.

이종봉李鐘鳳 → 이하유李何有

이종식李宗植 1910~?. 함경북도 경성군 경성면 일리동 출신으로 동경 조선자유노동자조합에 참가했으며 1931년 4월 본소구本所區 국정麴町(현 묵전구墨田區)의 직업소개소에서 소요를 일으켜 체포되었다. 건달회에서 재정부와 참모본부에서 일하였다.

이주록李周錄 평안남도 중화군 해압면 용산리 출신으로 도일 후 계림장을 중심으로 동향의 아나키스트들과 활동하였다.

이주성李周聖 평안남도 중화군 해압면 용산리에서 태어났다. 평양고등보통학교를 졸업하고 도일하여 흑우 회원과 교류하며 아나키즘을 수용하고 귀국 후 관서흑우회 창립 회원이 되었다. 특히 용산리龍山里는 이주성, 이지영(이필현李弼鉉), 이홍근, 이창근, 이승식, 이

주록 등의 아나키스트를 배출한 마을이었다.

이주홍李周洪 마산에서 활동하였다.

이준근李俊根 재만조선무정부주의자연맹에서 활동하였다.

이중화李重華 평양 출신으로 1921년 서울에서 조직한 노동공제회에 참여하였으며 관서흑우회의 중심인물로 활동하였다.

이지영李志永 이필현李弼鉉으로도 알려졌고 평안남도 중화군 해압면 용산리 태생으로 동방무정부주의자연맹에 25세 때 참가했다.

이지활李之活 → 이학의李鶴儀

이진언李珍彦 1925년 대구 진우연맹 직후 안의安義에서 김재현, 이시우, 하경상, 우한용 등과 아나키즘 연구회를 조직하고 본격적인 활동을 시작하였다.

이창근李昌根 평안남도 중화군 해압면 용산리 태생으로 1927년 12월 평양 창전리倉田里 천도교강당에서 관서지방 아나키스트연합체로 관서동우회 창립대회를 개최하고 1년 후 관서흑우회로 개칭한 관서흑우회에서 활동하였다.

이창식李昌植 진남포 한두리 62번지에서 출생하여 25세 때 원산에서 산수와 일어 선생을 하던 중 서울 흑기연맹에 참여하여 체포된 후 감옥에서 얻은 정신병으로 출옥 후 바다에 투신하여 자살하였다.

이창하李昌夏 1927년 7월 개최된 학살동지추도회에서 체포되었으며 동경 조선자유노동자조합과 극동노동조합에서 활동했으며 1933년 조합개편 시 선전부원이었다.

이철李哲 → 이동순李東淳

이칠용李七用 동경 자유노동자조합의 조합원으로 1929년 12월 조합 사무실에서 조직한 극동노동조합極東勞動組合에 참여하고 1933년 3월 조합재편 시 선전부원이었다.

이하유李何有 1909~1950. 이종봉李鐘鳳으로도 알려져 있고 경기도 인천태생으로 이을규, 이정규 형제의 조카이다. 1929년 중앙학교에 재학 중 광주학생의거에 참여하여 1년간의 옥고를 치렀다. 1932년 도일하여 일본대학 사회학과에 재학 중에 흑우연맹에 가입하고 1936년 중국에 망명한 후 이용준의 권유로 남화한인청년연맹에 가입하고 활동하였다. 유자명의 조선혁명자연맹(조선무정부주의자연맹)에 가입하고 유자명과 『남화통신』 발간에 협력하였다. 한국청년전지공작대의 정치조장이었다. 광복 후 상해에 조선학전관, 신채호학사 설립에 조력하였다.

이하중李河中 → 이동순李東淳

이학의李鶴儀 1906~?. 이지활李之活, 이일성李一聲으로도 알려져 있으며 경상북도 군위군 산성면 무암리 출신으로 1926년 도일하여 18세에 계림장에서 정칙영어학교正則英語學校를 다니며 원심창, 정찬진, 안영근 등과 교류하였다. 1928년 3월 비밀결사 일성단과 흑전사를 결성하고 1928년 10월 『흑전』을 발행하였으며 1929년 5월 김호구와 오병헌을 조선에 파견하여 평남 용강군 다미면의 단오절 씨름대회에 「농민에 고함」이란 유인물을 살포하여 25세에 체포되었다.

이해평李海平 이재현李在賢으로도 알려졌고 남경과 상해의 한인청년

아나키스트들이 조직한 1938년 한국청년전지공작대의 선전부장
이었다.

이향李鄕 함경남도 안변 출신이다. 대표적인 아나키스트 문예이론가
이다. 김광면과 1924년 19세 때 동호문단을 설립하였다. 1928년
1월 김화산, 권구현 등과 아나키즘 문예단체인 자유예술동맹을 조
직하고 1928년 3월 기관지인『문예광』을 발행하였다. 크로포트킨
서거 7주기에『동아일보』에「예술가로서의 크로포트킨」을 5회 연
재하였으며『조선일보』에「예술의 일익적一翼的 임무를 위하여 -
일부 예술운동을 평함」이란 평론에서 마르크스주의예술을 비판하
면서 빈천계급해방론을 주장하였다. 함남노동회 서기를 역임하였
고 만주에서 병사하였다.

이혁李革 1907~?. 평안남도 안주 출신으로 평양의 숭실중학을 중퇴
하고 1922년 도일하였다. 동경에서 풍산중학을 졸업하고 일본대
학 정경학부에 입학한 후 무산학우회의 중심인물로 활동하였다.
졸업 후 육홍균, 원심창 등과 흑우회를 재건하기 위해 노력하였다.
아나키즘노동단체에서 투쟁하고 일본 아나키스트와 교류하며 강
연회 활동을 하였다. 1929년 일본에서 추방되자 서울 견지동 60번
지에서 이십세기책방을 운영하며 근대사상연구소와 일본의『자유
연합신문自由連合新聞』경성지국을 운영하였다. 또한 책방은 아나키
스트들의 연락소역할을 담당하였다. 이 시기에『신동방新東方』을
발간하였고 유현태 등과 경성흑색청년연맹의 결성과 그 기관지인
『흑선풍』을 준비하다 체포되었다.

이현근李炫瑾 1912~1940. 함경남도 북청 출신으로 1929년 고교 재학 중 퇴학당하자 1930년 도일하였다. 1931년 중국으로 망명하여 상해에서 남화한인청년연맹에 가입하고 활동하다 1933년 중국육군군관학교 11기로 입학하였다. 졸업 후 일본군과 전투 중에 포로가 되어 일본군법회의에서 사형을 판결받고 처형되었다.

이홍근李弘根 1907~?. 평안남도 중화군 해압면 용산리에서 태어났다. 진남포鎭南浦상공학교에 재학 중 동맹휴교를 주도하여 퇴학당하였다. 1924년 도일하여 흑우회에 가입해 활동하였다. 동경에서 최갑룡, 한원렬 등의 동향출신 학생과 동거하면서 독서회를 조직하였다. 흑우회 건물에 거주하며 흑우회의 중심인물이 되었고 1927년 장상중 등과 조선자유노동자조합을 결성하였으며 1929년 10월 『자유신문』 40호에 「해방운동과 민족운동」을 기고하였다. 1927년 평양으로 귀향하여 12월 최갑룡 등과 관서동우회를 결성하였다. 1929년 11월 조선공산무정부주의자연맹을 결성하고 원산에서 원산일반노동조합을 결성하여 노동운동에 힘을 기울였다. 흑우회 시기의 회고를 「역사적歷史的 진군進軍에의 동참同參」(『국민문화회보』 11호, 1983.4)에 남겼다.

이화李華 동경 조선자유노동자조합에서 활동하였으며 1927년 9월 학살동지추도회에서 체포되었다.

이회영李會榮 1863~1942. 호는 우당友堂으로 서울 저동苧洞에서 출생하고 1910년 겨울 일가 6형제 40여 명이 만주로 이주했다. 1911년 봄부터 추가장鄒家莊에 한인마을을 조성하여 1912년 봄 인근 한인을 중심으로 경학사耕學社를 설립하여 생활안정을 도모하고 신흥학교를 설립하여 교포교육에 힘썼다. 이 학교는 신흥무관학교가 되어 약 3,000명의 독립투사를 양성하였다. 1919년 2월 북경으로 망명하여 1923년 이을규, 이정규 형제, 일본에서 온 백정기와 동거하며 신채호, 유자명, 정화암 등과 교류하였다. 1924년 4월 재중국한인무정부주의자연맹을 결성하고 기관지로 『정의공보』를 간행하였다. 1928년 7월 남경 동방무정부주의대회에 「한국독립운동과 무정부주의」를 기고하였으며 1928년 8월 상해에서 『정의공보』를 속간한 『탈환』을 간행하였다. 1930년 상해로 이주하여 1931년 결성된 남화한인청년연맹을 지도하고 만주사변 후 중국인, 일본인과 항일구국연맹을 결성하였다. 1932년 11월 만주에 운동의 역량을 집중하기 위해 대련大連행 기선에 올랐다 체포되어 고문으로 사망하였다. 이회영의 부인인 이은숙의 『민족운동가 아내의 수기 - 서간도시종기』 정음문고 문고판 65번이 1975년 간행되었고 이정규와 이관식의 『우당 이회영약전』이 을유문고 문고판 263번이 1983년 간행되었다.

이효묵李孝黙 관서흑우회 창립 회원으로 관서흑우회 산하 대중조직인 평양양화직공조합을 결성하였다. 1931년 관서흑우회가 경찰에 검거될 때 조합원들과 일본으로 피신하여 1931년 6월 신호神戶에서 현지의 조선인양화직공을 규합하여 장성현, 장선주張善籌 등과 조선인동우회를 조직하고 조선인노동자의 권익향상을 위해 투쟁하였다. 만보산 사건의 한중이간책을 폭로규탄하고 이로 인해 체포되어 30세에 지병으로 사망하였다.

이희종李喜鐘 이강하가 조직한 흑노회의 후신인 1938년 서울 선구독
　　서회사건으로 대전경찰서에 체포된 후 행방불명되었다.

인옥주印玉珠 아나키즘 운동자금을 탈취한 신현상의 호서은행사건에
　　연루되어 6개월의 구형과 벌금 30원을 받았다.

임상옥任祥玉 제주군 구우면 명월리 2184번지 태생으로 25세 때 공립
　　보통학교선생으로 휴직 중에 우리계에 참여하여 활동하였다.

임중학林仲鶴 함경남도 단천 출신으로 기독교 집안에서 성장하여 교
　　사를 역임하였으며 조중복과 단천흑우회를 결성하고 활동하였다.

입깅범入江汎 일본 무정부공산당에 입당하여 관서지방에서 활동하였다.

장기준莊麒俊 별명은 왕해평王海平으로 상해 일본조계 욱가旭街에 있는
　　중일합작은행인 정실은호正實銀號탈취사건에 실행자로 참여하였다.

장도원張道源 함경남도 함흥 출신으로 민권평등과 무정부사회를 주장
　　하여 1920년 26세에 체포되었다.

장명학張命學 평안북도 정주군 관주면 주교리 태생으로 27세에 흑전
　　사에서 활동하였다. 1928년 3월 정찬진 등이 일성단과 같이 조직
　　한 비밀결사이다.

장상중張祥重 1901~1961. 경남 출신으로 1920년 11월 박열의 철혈 단鐵血團에서 활동하고 1923년 불령사에서 활동하였다. 1926년 봄 박열의 운동을 계승하기 위해 흑색운동사 간판으로 활동하며 '소작쟁의小作爭議'란 유인물을 배포하였다. 1927년 2월 조선자유노동자조합을 조직하고 1927년 9월 최낙종 등이 조선동흥노동동맹을 조직할 때 선전대의 일원으로 한인노동자숙소를 순방하며 『흑우』지를 개명한 『자유사회』를 나눠주었다. 1931년 5월 아나키즘 선전지인 『자유논전』을 개인자격으로 발행했으며 1938년 운동에서 이탈해 고물상을 경영하였다.

장선수張善壽 관서흑우회 회원으로 1931년 6월 신호神戶 거류조선인의 친목도모와 사상계몽을 목적으로 조직한 병고현兵庫縣 조선인동우회에서 활동하였다. 원래 평양양화직공 조합원 10여 명이 관서흑우회 사건 이후 일본에서 조직한 단체로 1931년 7월 만보산 사건 규탄집회를 개최하였다.

장성현張成賢 관서흑우회 회원으로 이효묵, 장선주張善籌 등과 1931년 6월 조직한 병고현兵庫縣 조선인동우회 대표로 일했다. 조선동우회는 신호神戶 조선인의 상호친목과 지식계발을 목표로 평양양화직공조합원平壤洋靴職工組合員 10여 명이 관서흑우회 사건 후 일본으로 도피한 후 결성하였다. 1931년 7월 개최된 만보산 사건 비판연설회에서 체포되었다.

장완국張完局 1934년 10월 이정규, 채은국蔡殷國, 이을규, 오남기 등이 체포된 제일루사건에 연루되었다.

장재욱張在旭 관서흑우회가 1929년 8월 8일 임시총회에서 전조선흑색사회운동자대회를 평양에서 동년 11월 10~11일 양일간 개최하기로 결정하여 충남대표로 참가하였다.

장재익張在益 신현상이 아나키즘 운동자금으로 탈취한 호서은행사건에 연루되어 6개월을 구형받았다.

장혁주張赫宙 1905~1997. 장은중張恩重으로도 알려졌고 경북 대구 출신으로 대구고등보통학교를 졸업했으며 1923년경 아나키즘을 접했다. 1925년 대구 진우연맹에 참여하고 가등일부를 존경하여 1930년 10월 가등加藤의『천지에 서서』2권 10호에 조선인 소작인의 비애를 묘사한「백양목白楊木」을 게재하였다. 이후 아나키즘에서 이탈해 공산계열을 추종하였다.

장현직張鉉稷 중앙고보에서 하기락과 교내 아나키스트 서클을 조직하고 1928년 9월 함흥고보의 맹휴사건을 지도하였다.

장홍담張洪啖 휘문고보의 학생운동에 참가하였다.

전명원全明源 → 이을규李乙奎

전새촌全塞村 → 김춘섭金春燮

전창섭全昌涉 평원군 한천 출신으로 진남포상공학교를 졸업하였다. 박종하朴宗夏와 한천청년회와 한천자유노동조합을 조직하였다. 1925년 도일한 후 귀국하여『조선일보』한천 지국을 경영하였다. 1931년 만보산 사건시 한천의 노동자를 선동했다는 혐의로 체포된 후 고문 후유증으로 보석되었지만 사망하였다. 그의 부친은 항일의병으로 체포 후 장애인이 되었고 맏형 전창율全昌律은 3·1운동에 가

담하여 옥고를 치렀으며 동생 전창식全昌植은 상해망명 중 궐석재
판闕席裁判에서 사형선고를 받았다. 이후 전씨 일가는 경찰을 피해
평양 서성리로 이사하여 음식점을 하였지만 경찰의 계속된 감시로
동생이 거주하는 상해로 망명하였다.

정갑진鄭甲振 1913~?. 충청남도 논산군 강경읍 금정 태생으로 조선
자유노동자조합과 극동노동조합에서 활동하고 1933년 조직개편
시 선전부원으로 일했다. 1938년 조직이 해산된 후 1940년 5월
이종문, 문성훈文成薰 등과 율산촌栗山村의 귀노천鬼怒川 수력발전소
공사장에 취업하고 김석영, 이종식 등과 건달회를 조직하고 선전부
에서 일하였다.

정금일鄭今日 이을규, 이정규, 정화암 등 한인 아나키스트들이 중국
아나키스트와 협력하여 복건성 천주泉州에서 활동한 농민자위운동
인 민단편련처 총무부에서 일했다.

정동오鄭東吾 → 정해리鄭海理

정래동丁來東 1926년 9월 오남기, 심용해, 유기석 등과 북경국민대학
에서 크로포트킨 연구회를 조직하고 방미애方未艾란 익명으로 북경
중앙우체국의 사서함을 통해 각국 아나키스트와 교류하였다. 1928
년 10월 유기석, 오남기, 국순엽, 김용현, 이용진 등과 아나연맹을
조직하고 기관지로 『이튿날』을 발행하였다.

정만희鄭萬熙 1930년 신현상이 아나키즘 운동자금을 탈취한 호서은
행사건에 연루되어 1년을 구형받았다.

정명복鄭命福 흑도黑濤로도 알려졌고 경북 칠곡군 지천면 신동에서 출

생하여 마산에서 활동하다 이석규와 주고받은 서신 때문에 체포되
었다. 광복 후 대구의 여러 신문사에서 주필로 일하였다.

정명준鄭命俊 경상북도 칠곡군 지천면 신동 399번지 태생으로 흑도黑
濤로도 알려졌고 23세에 대구 진우연맹에 참가하였다.

정성옥鄭聖鈺 1911~1935. 평안도 의주면에서 태어나 15세에 고향을
떠나 만주를 전전하며 아나키즘에 경도되었다. 1927년 도일하여
천엽현千葉縣에 거주하며 소작쟁의에 참여하고 이발이용조합을 설
립하여 노동자의 권익을 위해 활동하였다.

정신鄭信 1927년 만주에서 조직된 재만조선무정부주의자연맹이 주
도하여 김좌진의 신민부를 아나키즘에 기초한 한족총연합회로 개
편한 시기 농무부위원장으로 일했다.

정연규鄭然圭 1899~1979. 경기도 태생이다. 소설가로 박열과 교류
하다 관동지진 후 요시찰인물로 감시당하자 절필하였다.

정영국鄭永國 1930년 정철, 홍형의, 김리원金利元 등이 비밀결사로 조
직한 철산흑우회에 참여하였다. 이후 경찰에 조직이 노출되어 100
여 명이 검거되어 20여 명이 옥고를 치렀다.

정윤옥鄭允玉 → 정화암鄭華岩

정진복鄭鎭福 음성군 음성면 읍내리 태생으로 30세에 인쇄업을 하면
서 충주문예운동사에 참여해 6년을 구형받아 5년을 언도받았다.

정찬우鄭燦雨 1926년 경상남도 하동에서 동경의 제성희가 보낸 서신
의 천황암살에 관한 내용 때문에 체포되었다.

정찬진丁贊鎭 1904~?. 경상남도 통영 출신으로 1919년 도일하여 계

림장을 중심으로 아나키즘 운동을 전개하였다. 계림장에서 알게 된 이학의, 김호구 등과 1928년 천황암살과 중요기관의 파괴를 목표로 비밀결사 일성단과 흑전사를 조직하고 인쇄물을 각지에 우송하였다. 1930년 6월 이성훈 등과 흑색노동자연맹을 결성하고 1938년 1월 활동을 중지할 때까지 중심인물로 이후 식당을 운영하며 자금을 제공했다. 만보산 사건 비판연설회와 유길명有吉明 공사 살해미수사건 피의자 구원활동을 하였고『흑색신문』발간의 책임자였다. 광복 후 민단 단장을 역임하였다.

정창섭鄭昌燮 1923년 2월 21일 서울에서 이강하가 조직한 흑노회 회원이었다. 1921년 동경에서 조직된 흑도회가 1922년 분열된 후 서울에서 아나키스트 조직을 만들고 이후 양희석 등이 1938년 선구독서회로 그 맥을 이어갔다.

정철鄭哲 1909~?. 평안남도 강서군 수산면 운북리 태생으로 1931년 3월 도일하여 크로포트킨의『법률과 강권』을 읽고 아나키스트가 되어 동경 조선동흥노동동맹에서 활동하였다. 1932년 상애회와 충돌 시 적극적인 투쟁을 전개하였다. 1935년 11월 무정부공산당사건으로 체포되었다. 민단의 결성에 참여하고 이후에도 활동하였다.

정태성鄭泰成 1901~?. 鄭泰星으로도 표기했으며 함경남도 단천군 북두일면 신덕리에서 태어났다. 1921년경 최중헌, 김정근(김묵), 박흥권 등과 대삼영大杉榮의 노동운동사에 출입하며 아나키즘의 영향을 받아 흑도회, 불령사와 1926년 흑우연맹에서 활동했다. 광복 후 1946년 박열의 신조선건설동맹에 참여하였다.

정한설鄭漢卨 1920년 무성영화 변사로 영화상영중에 무정부주의를 선전한 혐의로 체포되었다.

정해리鄭海理 인천 출신으로 다른 이름은 정동오鄭東吾이다. 어려서 미국인 선교사 집에 입양되어 영어에 능숙하여 한인 아나키스트 활동에 도움을 주었다. 부인인 중국인 진陳씨도 한인 아나키스트를 도왔다.

정현섭鄭賢燮 → 정화암鄭華岩

정화암鄭華岩 1896~1981. 정현섭鄭賢燮으로도 알려져 있고 전라북도 김제에서 출생했다. 1921년 봉천奉川으로 탈출한 후 북경에서 노신魯迅, 에로셍코와 교류하며 아나키즘에 경도되었다. 1923년 9월 중국인 진위기와 호남성湖南省에서 농촌자치운동에 찬여하고 1924년 재중국 조선 무정부주의자 연맹에 가담하였고 1930년 10월 북경대표자회의 결정에 따라 만주에서 활동하였다. 김종진 피살 후 상해에서 유자명, 원심창 등과 남화한인청년연맹을 조직하고 1932년 2월 항일구국연맹과 별동대인 흑색공포단을 조직하였다. 1934~39년간 상해 남상南翔의 입달학원을 중심으로 활동하였다. 만주사변 후 한국 대표로 한중대연합 항일구국연맹을 조직하였다. 광복 후 1947년 3월 이하유 등과 오치휘의 협력을 얻어 조선학전관과 신채호학사를 설립하였다. 1954년 귀국 후 민주사회당과 통일사회당 등에서 활동하였다. 회고록『이 조국 어디로 갈 것인가?』가 1982년 자유문고에서 출판되었다.

제성희諸聖禧 1926년 경남 하동의 정찬우에게 천황암살에 관한 서신을 보내 체포되었다.

조대수趙大秀 제주군 제주면 삼도리 945번지 태생으로 조선식산은행의 지점원이던 27세에 고병희, 강기찬, 김형수 등과 우리계를 조직하여 체포되었다.

조병기趙秉基 경상남도 함양군 함양면 상동 태생으로 23세에 창원공립보통학교 교사시절 손조동, 박창오, 박순오, 김두봉金斗奉, 김상대, 김태석 등과 독서그룹을 조직하고 후에 비밀결사인 창원흑우연맹으로 발전시켰다.

조시원趙時元 조종구의 아들로 원산청년회를 조직하였으며 원산아나키즘 운동의 중심인물이었다. 1926년 이향, 조시원, 김연창, 유우석, 한하연 등과 아나키스트 비밀결사인 본능아연맹을 결성하여 청년회를 활용하였다.

조영성趙永星 1925년 7월 함흥 중리 천도교당 교구당에서 김신원, 고탑, 고순욱, 고신균, 안호필, 주길찬 등과 조직한 함흥정진청년회에서 활동하였다.

조용기趙鏞基 진주 출신으로 진주농업학교 비밀결사에 참여하여 언도 10개월에 집행유예 3년을 선고받았다.

조중복趙重福 함경남도 단천 출신으로 아전집안 출신이었지만 경성에서 공부하였으며 임중학林仲鶴, 강창기, 김낙구 등과 단천흑우회를 결성하였다. 검거 당시 30세였다.

조창국趙昌國 1931년 5월 조직된 동경 동흥노동동맹 북부지부 간부로 활동하였다. 1933년 책임자인 김학순과 대립하였다.

조한응趙漢膺 보성고등보통학교에서 아나키스트활동을 하였다.

주길찬朱吉燦 1925년 7월 함흥 중리 천도교당 교구당에서 김신원, 고탑 등과 조직한 함흥정진청년회에서 활동하였다.

주낙찬朱洛燦 1925년 5월 함흥 주길정注吉町 신성여관新城旅館에서 김신원, 고탑, 안종호 등과 조직한 함흥자연과학연구회에서 활동하였다.

주열朱烈 → 김성수金聖壽

주영용朱寧龍 오사카 민성사에서 활동하였다.

주찬화朱贊樺 함흥의 청년 30여 명이 함흥 동명극장東明劇場에서 조직하고 중하리中荷里 마을회관에 사무소를 설치한 함흥소년회에서 활동하였다.

주효춘朱曉春 → 오면식吳冕植

지재선池在善 1931년 6월 신호神戶에서 이효묵이 양화洋靴노동자 10여 명을 조직해 만든 신호조선동우회神戶朝鮮同友會의 중심인물이었다.

진관원陳琯源 1927년 2월 창립한 아나키스트 단체 조선자유노동자조합에서 활동하고 동 조합에서 1929년 12월 창립된 극동노동조합極東勞動組合의 책임자였다. 오우영과 1932년 아나키스트 선전물『이십세기』발행을 계획하였다.

진록근陳綠根 함경남도 홍원군 용원면 운동리 출생이다. 1927년 도일하여 인쇄소에서 인쇄공으로 일했으며 1928년 원강인쇄동공회遠江印刷同工會에 가입하여 아나키즘 운동을 하였다. 1935년 무정부공산당에 참여하였다.

진철陳哲 흑우연맹에서 활동하고『흑색신문』편집위원으로 일하며 동포이재민 구호활동에 힘을 쏟았다. 극동노동자연맹의 대표를 역임했다.

차경수車景洙 대구부 명치정明治町 출신으로 대구 진우연맹과 마산아나그룹에 참여하였으며 경북경찰국의 '특'요주의 인물이었다.

차고동車鼓東 정평定平 출신으로 관서흑우회 성립 후 평양을 방문하여 전국연락망을 시도하였다. 흑우회 회원으로 활동하고 중국 북경회의 참석 중 체포되었다.

차태원車泰元 진우연맹 사건 후 최해청 등과 1930년부터 아나키즘 연구회를 조직하여 활동하고 1932년 부산에서 반전 유인물 살포로 체포되었다.

채은국蔡殷國 ?~1945. 평안남도 중화군 당정면의 농가 출신으로 17세에 상경하여 신문기자를 하였다. 동방무정부주의자연맹사건의 신채호와 이지영을 관서흑우회 대표로 대련大連형무소에 위문하였다. 1934년 제일루사건으로 서대문 형무소에서 복역 중 얻은 지병으로 사망했다.

최갑룡崔甲龍 1904~ 부산 좌천동에서 태어났으나 4세 때 가족이 황해도 겸이포兼二浦(현 송림松林)로 이사하였고 14세에 부친이 사망하여 겸이포의 삼능三菱제철소와 평양의 양조회사 등에서 노동으로 가족을 부양했다. 1924년 11월 도일하여 한원열韓源烈, 이홍근과 자취하면서 정칙영어학교正則英語學校에 다니며 독서회를 조직하여 아나키즘을 공부하였다. 귀국 후 1927년 12월 관서지방 아나키스트연합체인 관서동우회를 조직(1년 후 관서흑우회로 개명)하였다. 1929년 11월 평양에서 전조선 흑색사회운동자대회 개최가 무산되자 조선공산무정부주의자연맹을 결성하였다. 광복 후 한국자주인연맹의 대표를 맡았다. 이문출판사에서 출판한 회고록『어느 혁명가의 일생』이 있다.

최규동崔圭東 몽정 흑우회에서 활동했으며 1926년 5월부터 동경부東京府 잡사곡雜司谷의 흑색운동사에서 활동하였다.

최규종崔圭悰 1895~?. 전라북도 김제군 백산면 하리 태생으로 동경 흑도회와 흑우회 결성에 참가하였고 1923년 불령사 시기에 공산계와 투쟁하며 일본을 방문한 장덕수張德秀를 습격하였다. 1926년 장상중, 원심창 등과 흑색운동사, 흑색전선연맹을 조직하여 일본 흑색연맹에 가입하고 조선문제강연회를 통해 의식계몽운동을 하였다.『흑우』간행에도 참여하였다.

최낙종崔洛鐘 1929년 동경 동흥노동동맹의 천주부千注部 책임자로 일했으며 1931년『흑색신문』편집위원이었고 1933년 지포노동자자유연합을 조직할 때는『자련신문自連新聞』호외를 발간하였다. 1933년 2월 한글인쇄설비를 구입하고 삼문사를 설립하여 동경아나키스트의 인쇄물을 전담하였다. 동흥노동동맹 지포芝浦지부의 간행물도 발행하였다.

최문환崔文桓 1939년 1월 천엽현干葉縣 좌창정佐倉町 명륜 중학교 5학년시 손원식, 박원우 등과 동경 마포구麻布區 삼본관森本館에 거주한 김동규의 영향으로 아나키즘을 연구하다 체포되었다.

최문환崔文煥 1939년 12월 개최된 조도전대학早稻田大學 연례동창회에서 발언으로 하기락, 김정수, 홍종한, 이말봉, 유봉찬, 김신자 등과 체포되었다.

최복선崔福善 진남포鎭南浦 출신으로 관서흑우회에서 활동하였으며 이후 도일하여 조선자유노동자조합과 동경 자유청년연맹에서 활동하였다. 1929년 6월 동경에서 공산계열의 학우회사건에 관련되어 체포되었다.

최상빈崔相彬 동경 조선자유노동자조합과 극동노동조합에서 활동했으며 1933년 조합개편 시 선전부원이었다.

최상열崔尚烈 1926년 9월 소석천구小石川區의 조선인 청소부를 중심으로 관동동흥노동동맹을 조직하였다.

최석영崔錫榮 호서은행사건에 참여하였다. 1930년 2월 호서은행에 신용이 있음을 이용하여 신현상과 양곡거래를 담보로 거액을 인출한 후 중국으로 탈출하여 중국 한인 아나키즘 운동자들이 북경회의를 개최하였다.

최선명崔善鳴 김태화의 사상적 영향을 받아 동양대학 철학과를 졸업한 후 오사카 아나키즘 단체인 남흥여명사를 조직하였다. 1924년 6월 고순흠 등과 조선인의 실력을 향상시키고 신문화를 건설할 목적으로 조선무산자사회연맹을 조직하였다. 1924년 8월 조선집회 압박탄압대회와 1925년 8월 일본인과 수해 이재동포 구제 연설회 등을 개최하였다.

최영준崔泳俊 1925년 대구 진우연맹 사건 직후 김재현, 이진언, 이시우, 하경상, 우한용 등과 안의安義아나키즘 연구회를 조직하고 활동하였으며 합법적으로 운영한 협동조합을 광복 때까지 운영하였다.

최윤崔崙 안의의 진보적 인물로 손명표, 최태호 등과 청년회를 조직하여 야학을 운영하며 지역운동에 기여하였다.

최종관崔鐘觀 동경 조선동흥노동동맹의 지부 대표로 일했다. 1932년 7월 동경 동흥노동동맹 지부가 일본日本 흑색노동자연맹과 노동자자유연맹과 연합하여 조직한 지포노동자자유연합에서 조합원을 모집하기 위해 활동하였다.

최중헌崔仲憲 1902~?. 1921년경 정태성, 김정근(김묵), 박홍권과 대삼영大杉榮의 노동운동사에 출입하며 아나키즘에 영향을 받아 노동운동으로 사회혁명을 실현하고자 했다. 조선자유노동조합과 흑우연맹 그리고 조선동흥노동동맹에서 활동했다. 공산주의자 강기봉이 『조선일보』에 우상숭배론으로 아나키즘을 비판하자 『중외일보』에 마르키스트의 교조주의적 광신성狂信性을 공박했다.

최태호崔台鎬 안의安義의 진보적 인물로 대구고등보통학교를 졸업하고 손명표, 최륜 등과 청년회를 조직하여 야학을 운영하며 지역운동에 기여하였다. 합법적으로 운영한 협동조합을 광복 때까지 운영하였다.

최학주崔學注 1906~?. 경상남도 통영 출신으로 1926년 안종호, 유치진 등과 학생연맹을 조직하고 동경 조선동흥노동동맹 창립에 참가하였다. 1931년 흑우연맹 기관지 『흑색신문』의 편집위원으로 일했으며 1932년 10월부터 동흥노동동맹의 책임자로 활동하였다. 1933년 6월 오우영, 이윤희 등이 재동경 아나키스트 노동조합을 자유노동자협의회로 통일하려 시도하자 반대하였다. 동년 11월 유길명有吉明공사 살해미수사건 피의자구원활동을 하였다.

최해청崔海淸 대구 진우연맹원들이 투옥된 시기에 1930년부터 송명근, 이상길, 차태원, 손덕, 배영암, 송기창 등과 아나키즘 그룹을 조직하여 진우연맹의 정신을 계승하였다.

하경상河環尙 1925년 이시우, 우한용 등과 안의安義아나키즘 연구회를 조직하고 1927년 도일 후 흑우연맹, 조선자유노동자조합, 극동노동조합 등에서 활동하였다.

하공현河公鉉 1929년 서울 제2고보의 학생운동에 참여하였다.

하기락河岐洛 1912~1997. 호는 허유許有이고 다른 이름으로 하창현河昌鉉이 있다. 경상남도 함양군 안의면 당본리 태생으로 1929년 제2고등보통학교 재학 중 광주학생운동에 참가한 후 조도전대학早稻田大學에 유학하여 한하연, 하경상, 이시우, 최낙종 등과 사회주의

연구회를 조직하였다. 1939년 12월 조도전대학 연례동창회의 발언으로 체포되었다. 광복 후 1945년 자유사회건설자연맹을 준비하고 1946년 경남북 아나키스트 대회의 기관지『자유연합自由聯合』의 편집위원으로 일했다. 1972년 양일동, 정화암 등과 민주통일당民主統一黨을 결성하고 1978년『한국 아나키즘 운동사』를 편찬했으며 1985년 서울에서 국제아나키스트대회를 개최하였다.『자기를 해방하려는 백성들의 의지』를 비롯한 아나키즘에 관련된 다수의 책을 집필하고 서양아나키스트의 저작을 번역하였다.

하세명河世明 하일河一로도 알려져 있고 박열사건에 관련되었다.

하은수河銀水「허무당선언」에 관련되었다. 본저은 경상북도 대구부 달성정 44번지이고 주소는 경성부 서대문 이정목二丁目 7번지로 23세로 조선청년총동맹, 대구철성단, 서울청년회 등에서 활동했다.

하은파河銀波 ?~1929. 별명은 만양万楊으로 동경 조선동흥노동동맹에서 활동했으며 1929년 학우회습격사건으로 복역 중 병을 얻어 출소 후 연맹사무소에서 사망하였다.

하종진河鍾璡 경상남도 함양군 안의면 금천리 태생으로 대구고보 재학시 맹휴盟休책임자로 퇴학당한 후 전차차장에 취업하여 전차노조의 파업을 주도하였다. 대구 진우연맹에 참여하였다.

하종현河宗鉉 1925년 대구 진우연맹 사건으로 방한상, 신재모 등이 체포되자 이시우, 하경상, 우한용 등이 안의安義에서 아나키즘 연구회를 조직하자 하종현은 일본에서 대학을 중퇴하고 대삼영大杉榮전집을 비롯한 아나키즘 책을 가져와 이들과 합류하여 연구회를 활성화시켰다.

하충현河忠鉉 하기락의 동생으로 경상남도 함양군 안의면 출신이다. 진주농업학교 비밀결사로 퇴학당한 후 서울 경신학교敬信學校에 편입하여 학생운동을 하였다.

한국동韓國東 1913~?. 별명은 무상無想으로 충청남도 논산군 연산면 백석리 태생이다. 경성부립 매동梅洞상업실습학교를 졸업 후 경성법정학교 야간부에 입학하나 중퇴했다. 1931년 5월 오사카 옥자상점玉子商店과 동경 인쇄소에서 일하다 11월부터 동경 조선동흥노동동맹 사무실에서 기거하며 조합운동과 일본 무정부공산당에서 활동하였다. 1934년 11월 동경에서 개최된 전국자련대회에 조선의 관서지방의 대표로 참석하고 입당하였다. 이후 관서지방의 준비위원으로 활동 중에 체포되었다.

한국하韓國河 1925년 5월 함흥 주길정注吉町 신성여관新城旅館에서 김신원, 고탑, 안종호, 김경식, 한희하 등과 조직한 함흥자연과학연구회에서 활동하였다.

한도원韓道源 이국화李國華, 왕소산王小山으로 알려졌고 평남 대동군 고평면 신흥리 태생으로 숭실중학교를 중퇴한 후 상해에서 전차차장으로 일했다. 상해 혈맹단에서 활동하였다.

한명룡韓明龍 1929년 4월 안봉연, 김한수, 이순창, 박도위 4인이 조직한 안주흑우회에서 활동하였다.

한명숙韓明淑 조선신진회에 참여하였다.

한명암韓明岩 1927년 12월 평양 창전리倉田里 천도교강당에서 관서지방 아나키스트연합체로 관서동우회를 창립하고 1년 후 관서흑우회로 개칭한 흑우회 산하단체인 평양양화직공조합원이었다.

한명호韓明鎬 관서흑우회에서 활동했으며 여관을 운영하며 아나키스트 전국연락사무소 역할을 하였다.

한병희韓昞熙 ?~1932. 진남포鎭南浦 용정리龍井里 120번지 출신으로 23세에 서울 흑기연맹에 참여하였다. 1927년 출옥 후 진남포로 귀향하나 감옥에서 얻은 정신질환으로 수면제를 먹고 자살하였다.

한석순韓錫順 조선신진회에 참여하였다.

한석일韓碩一 조선신진회에 참여하였다.

한용기韓容基 함경남도 북청군 신포면 신포리 대생이다. 단전에 신흥청년연맹을 조직한 강창기가 여해진汝海津연락부에서 동연맹에 가입시켰다. 전조선흑색사회운동자대회에 관련되어 체포되었고 당시 23세였다.

한하연韓河然 1903~1960. 한하현韓河鉉, 한하원韓河源으로도 알려졌고 경남 부산 출신으로 16세에 강원도 회양淮陽으로 이주하여 화전민생활을 하였다. 18세에 원산불교 포교당에서 불경수업을 받고 안의安義아나키즘 연구회에 참여하였으며 1926년 원산의 본능아연맹에 가맹하여 활동하였다. 1928년 2월 도일하여 흑우연맹에서 활동하며 원심창, 정태성 등과 『호조운동』을 간행하였다.

한하운韓夏雲 1934년 6월 오사카의 관서자련關西自連에서 발행한 소책자형 소식지를 편집하였다. 동 소식지 1호는 한국동이 담당하였다.

한현상韓晛相 1903~1960. 전남 영암군 영암면 판동리 출신으로 중학

교 졸업 후 신학교에 입학하나 1919년 도일 후 정칙영어학교正則英
語學校에 다니며 사회주의동맹에 가입하였다. 1923년 박열의 흑우
회에 가입하고 『현사회』에 「욕구欲求」를 기고하였다. 광복 후 신조
선건설동맹에 가담하였다.

한희하韓熙夏 1925년 5월 함흥 주길정注吉町 신성여관新城旅館에서 김
신원, 고탑, 안종호, 김경식 등과 조직한 함흥자연과학연구회에 참
여하였다.

함상호咸尙鎬 1932년 부산 공장지대에 흑색유인물을 살포하여 25세
에 항일반전삐라 사건으로 대구경찰에 체포되었다.

함선명咸善鳴 소련에서 만주로 넘어오다 일제에 체포된 후 연락이 두
절된 여성 아나키스트다.

허민겸許敏謙 허학로와 1930년 5월 단천흑우회 산하의 아나키스트
대중단체인 신흥청년연맹을 조직하였다.

허성심許聖三 1883~?. 경남 울산군 본분정 출신으로 1918년 우부宇部
탄광폭동이 확산되어 보병 42연대의 발포로 13명이 사망할 때 산
구현山口縣 쌀 소동을 주도하여 징역 15년을 구형받았다.

허열추許烈秋 1945년 한중무정부주의자대회에 참석하였다.

허학로許學魯 허민겸과 1930년 5월 단천흑우회 산하의 아나키스트
대중단체인 신흥청년연맹을 조직하였다.

현경주玄景周 오사카 자유총합노동조합自由總合勞動組合에서 활동하였다.

현영섭玄永燮 1906~?. 경성 장사동長沙洞 태생으로 조선총독부 자문
기관인 중추원참의中樞院參議 현헌玄憲의 장남이다. 1931년 경성대

학 문학부를 졸업하고 3·1운동 후 아나키즘에 경도되었다. 1931
년 7월 원심창의 조언으로 상해에서 남화한인청년연맹에 가입하고
연맹원 교육, 외국문헌 번역, 사설 집필, 국내외 운동 소개, 연락
임무 등을 담당하였다. 서울 견지동의 이십세기서방을 이혁, 승흑
룡 등과 설립하였다. 1935년 이후 변절하였다.

홍두표洪斗杓 경남의 아나키스트로 1928년 박열사건의 단천 출신 정태
성이 친구인 진주의 이경순을 방문하여 세 사람이 진주군 금산면 청
곡사靑谷寺에 머물며 '아나키즘서적'을 탐독한 혐의로 체포되었다.

홍성환洪性煥 1906~1975. 홍형의와 친척으로 흑우연맹의 간부로 활
동했다. 1932년 11월 한하연 등과 자유코뮨사를 조직하였다. 유길
공사 암살미수 피의자 백정기, 원심창, 이강훈이 장기長岐로 압송되
자 위문하였고 1934년 조선 태풍 피해에 의연금義捐金을 모집하였
다. 1935년 4월 『흑색신문』의 발간이 자금부족으로 어렵자 일본무
정부공산당에 입당하여 활동하였다.

홍영우洪泳祐 1928년 1월 창립한 동경 자유청년연맹의 중심인물이
었다.

홍일洪日 1934년 9월 『흑색신문』 31호를 발행한 이동순李東淳과 함께
체포되었다.

홍일하洪一河 1925년 5월 함흥 주길정注吉町 신성여관新城旅館에서 김
신원, 고탑, 안종호, 김경식, 한희하, 이병문, 한국하, 주낙찬 등과
조직한 함흥자연과학연구회에서 활동하였다.

홍종한洪宗漢 1939년 12월 조도전대학早稻田大學 연례동창회의 발언

으로 하기락, 김정수, 이말봉, 유봉찬, 김신자, 최문환 등과 체포되었다.

홍진유洪鎭裕 1897~1928. 충청남도 논산군 성동면 삼호리 출신으로 3·1운동 후 도일하여 흑도회 결성에 가담하고 흑도회 분열 시 흑우회에 가입하였다. 흑우회 사무실에서 기거하며 노동운동에 진력하였고 최초의 한국어 아나키즘 기관지인 『민중운동』과 『자단自壇』을 창간하였다. 1925년 서울에서 농업에 종사하던 29세에 흑기연맹 발기인으로 참여하나 체포되었고 병보석으로 석방되어 경성병원에서 사망하였다.

홍형의洪亨義 1911~1968. 함경남도 홍원군 용원면 용호리에서 출생했으며 홍성환과 숙질淑姪 사이다. 1931년 개성상업학교에 재학 시 김용호(안주安州 출신)와 정철(철산鐵山 출신)과 학생운동을 하였다. 같은 해 일본대학 사회학과에 진학하여 1932년 흑우연맹에 가입하였다. 1932년 10월 홍성환, 한하연과 자유코뮨사를 창립하고 편집에 종사하였으며 12월 『自由코뮨』을 창간하였다. 1937년 에스페란트 문화사를 설립하고 『코리아 에스페란티스타』를 간행하였다. 광복 후 학회활동과 사회활동을 통해 에스페란트 보급에 기여하였다.

황웅黃雄 1930년 신현상이 호서은행에서 탈취한 자금을 논의하기 위해 북경에서 개최된 중국 내 한인 아나키스트 대표자 회의에 참석하였다.

황지엽黃智燁 관서흑우회에서 활동하였다. 1927년 12월 평양 창전리 천도교 강당에서 관서지방 아나키스트 연합체로 관서동우회 창립대회를 개최하고 1년 후 관서흑우회로 개칭하였다.

이외에도 자유청년연맹의 호영우, 조선자유노동자조합의 오종영, 동흥노동동맹 북부
지부의 임학재 등은 한자가 확인되지 않아 본문에 포함되지 못했다.

중국인 아나키스트

고장홍高長虹 북경국민대학 아나그룹 회원이었다.

곽기상郭祺祥 민단편련처에서 일하였다.

곽동헌郭桐軒 북경국민대학 아나그룹에서 활동하였다.

광호생匡互生 1925년 상해에 입달학회立達學會를 조직하고 입달학원을 설립하였다. 1927년 상해국립노동대학 설립에 참여하고 1931년 유자명을 입달학원의 농촌교육과에 초빙하여 이후 입달학원이 한인 아나키스트의 거점이 되었다.

구양건평鷗陽健平 민단편련처 조직연락부에서 일했다.

김언金言 입달학원 출신으로 유자명과 협력하며 활동하였다.

노검파盧劍波 상해노동대학에서 활동하였다.

등몽선鄧夢仙 사천성四川省 출신으로 1912년 일본에 유학하고 귀국 후 상해에 화광의원華光醫院을 개업하여 병원이 각국 아나키스트들의 연락장소역할이 되었다.

모일파毛一波 남경 동방무정부주의자연맹 중국측 서기국위원이었다.

방종오方宗鰲 북경국민대학의 흑기연맹 회원으로 활동하였다.

범본양范本梁 대만 아나키스트이다. 화남아나키스트 연맹원으로 한인과 협력하며 활동하였다.

색비군索菲君 아나키스트의 상해노동대학 참여를 찬성하여 대학 설립에 참여하였다.

심중구沈仲九 절강성浙江省 소흥紹興출신이다. 이을규, 이정규 형제에게 1927년 상해노동대학에 참여를 부탁한 중국 아나키스트이다.

양용광梁龍光 중국 복건성 민단편련처 일을 부탁하여 이정규가 참여하게 되었다.

역자기易子琦 동방무정부주의자연맹에 참여하였다.

엽정수葉淨秀 호종남胡宗南의 스승으로 한국청년전지공작대에 도움을 준 아나키스트이다.

오극강吳克剛 1922년 북경대학에 에스페란트 강사로 초빙 시에 노신魯迅과 주작인周作人 형제집에서 기거하며 이을규, 이정규 형제에게 도움을 주고 1927년 상해노동대학에 참여를 부탁하였다. 1930년 복건성福建省 천주泉州에서 진망산 등이 해외의 화교에게 기부받은 자금으로 설립한 여명중학교 교장으로 재직하면서 한인들을 교사로 초빙하였다.

오치휘吳稚暉 강소성江蘇省 양호현陽湖縣 출신으로 중국 아나키스트 파리그룹의 유력자로 북경대학교 총장으로 있으면서 북경 한인의 아나키즘에 영향을 주었다.

왕수인王樹仁 1928년 5월 남경南京에서 조직된 동방무정부주의자연맹 서기국 중국측 위원이었다.

왕아초王亞樵 1931년 9월 조직된 한중일 삼국 아나키스트 연합 항일구국연맹의 중국 대표였다.

왕천균王天均 민단편련처의 조직연락부 담당이었다.

유사배劉師培 1907년 도일하여 아나키스트가 된 후 중국 아나키즘 확산에 기여하였다.

유사복劉師復 광동 출신으로 중국 내 아나키즘 운동의 중요 인물로 특히 중국남부지방에 영향력이 컸다.

육부여陸不如 상해공단연합회에서 한인 아나키스트와 함께 투쟁하였다.

이석증李石曾 청국공사 수행원으로 파리에 갔으나 아나키즘에 심취하여 파리그룹의 실질적인 중심인물이 되어 중국 아나키즘을 이끌었다. 북경대학교 생물학과 교수로 일하며 한인들에게 영향을 주었다.

이패감李沛甘 북경국민대학 아나그룹 회원이다.

임병문林炳文 대만 출신의 천진 동방연맹의 회원으로 신채호와 협력하여 위폐위조사건에 참여하였다.

장홍수莊弘秀 대만 출신의 화남아나키스트 연맹원으로 한국 아나키스트와 협력하며 활동하였다.

진광국陣光國 상해에서 서점을 운영하며 등몽선의 화광의원華光醫院과 한인 아나키스트에 도움을 주었다.

진망산秦望山 복건성福建省 진강晉江 출신으로 1927년 천주泉州, 영춘永春 이속민단무장편련처二屬民團武裝編練處를 조직하고 이정규와 이을규를 초청하였다. 1929년 채원배에 건의해 해외에서 기부금을 모집한 후 천주에 여명중학교를 설립하였다.

진위기陣偉器 화남아나키스트연맹 회원으로 한국 아나키스트와 상해공단연합회에서 활동하였다.

채원배蔡元培 절강성浙江省 소흥紹興 출신으로 파리그룹의 중요 인물로 북경대학교 총장시절에 북경한인의 아나키즘에 영향을 주었다.

파금巴金 본명은 리요당李堯棠으로 15세에 크로포트킨의 「청년에 호소함」을 읽고 바쿠닌과 크로포트킨의 한자표기에서 필명을 차용할 만큼 아나키즘에 심취하였다. 사천성四川省 성도成都의 대지주의 관료 아들로 태어나 1926년 프랑스에 유학하였다. 중국의 대표적인 에스페란티스트로 유자명을 소재로 집필한 『머리칼이야기髮的故事』(1936)가 있다. 1920년대 북경에서 한인들에게 영향을 주었다. 파금은 1938년 계림桂林의 시낭송회에서 영화배우 김염金焰의 누이 김위金偉가 부르는 〈아리랑〉에 감동하여 『불』 1부에 가사를 삽입하였다.

향배량向培良 북경국민대학 아나그룹 회원이다.

화균실華均實 1931년 조직된 한중일 3국 공동 비밀결사인 항일구국연맹의 중국측 인물이었다.

후보이 중국인 아나키스트로 한국청년전지공작대에 편의를 제공한 호종남胡宗南의 비서이자 의형제였다. 한인 아나키스트에 많은 도움을 주었다.

일본인 아나키스트

행덕추수幸德秋水(고토쿠 슈스이) 미국 아나키즘의 영향을 받은 일본 아나키즘의 대표적 인물이다. 개인주의 아나키즘을 반대하고 아나르코 생디칼리즘을 주장하였다. 노동자의 총파업과 직접행동을 주장하였다. 일본 내 한인의 아나키즘에 영향을 주었다.

대삼영大杉榮(오스기 사카에) 행덕추수 사후 일본 아나키즘을 이끌었으나 관동지진에 희생되었다. 재일본 한인 아나키즘에 영향을 주었다.

가등일부加藤一夫(가토 가즈오) 일본자유연맹의 설립자로 연맹에 출입하는 재일 한인에 영향을 주었다.

고진정도高津正道(다카츠 세도) 한인의 아나키즘에 영향을 주었다.

매본영삼梅本英三 일본무정부공산당에서 활동하며 충남 논산출신의 한국동을 입당시키고 관서지방위원회 조직을 맡아 활동하였다.

무양이武良二 이정규와 협력하여 활동하였다.

백산무웅白山武雄 이정규의 협조자이다.

상촌진上村眞 노동자자유연맹원으로 공산계열에 대항해 아나키즘계열에 도움을 주었다.

암좌작태랑岩佐作太郎(이와사 사쿠타로) 일본의 대표적인 아나키스트로 한인에 영향을 주었다. 순정 아나키스트로 생디칼리즘의 영향을 평가 절하하였다. 중국 상해국립노동대학에서 이을규, 이정규와 협력하여 활동하였다.

팔태주삼八太舟三 한인 아나키스트가 주최한 좌담회와 강연회에 참석하여 지원하였다.

신거격新居格 한인 아나키스트가 주최한 좌담회와 강연회에 참석하여 지원하였다.

망월계望月桂 한인 아나키스트가 주최한 좌담회와 강연회에 참석하여 지원하였다.

오세민吳世民 원래 이름은 이등伊藤으로 1931년 조직된 한중일 삼국아나키스트연합 항일구국연맹의 일본측 대표였다.

율원일남栗原一男(구리하라 가즈오) 1903~1981. 기옥현埼玉縣 출신으로 대구 진우연맹에 참여하고 김자문자의 유골을 수습하였다.

전화민田華民 원래 이름은 좌야左野로 중국 항일구국연맹의 일본참가자이다.

포시진치布施辰治(후세 다쓰지) 변호사로 대구 진우연맹의 재판에 도움을 주고 일본 내 한인들에게 도움을 주었다.

적천계래赤川啓來(아카가와 가와라이)(진희동秦希同) 일본군을 탈영한 군인으로 동방무정부주의자연맹 일본측 서기부 위원이었고 이정규와 천영이속민단편련처에서 활동하였다.

서양인 아나키스트

에로셍코Vasili Yakovlevichy Eroshenko 러시아 아나키스트로 1894년 병으로 시력을 잃고 영국 맹인사범학교에 유학하였다. 1914년 도일하여 학생들을 가르쳤고 1922년 북경대학교수에 초빙되었다. 노신魯迅과 함께 주작인周作人의 집에서 동거하며 북경 한인 아나키즘 형성에 영향을 주었다.

존슨 미국인으로 항일구국연맹 미국부를 담당하였다.

파사로프『탈환』에 「무정부주의자의 본바 조선독립운동」을 기고하였다.

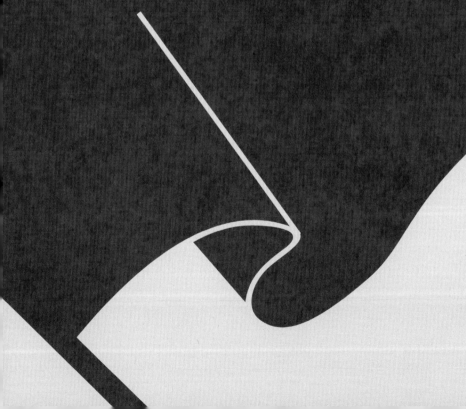

3

한국 아나키즘 운동

일러두기 한국, 중국, 일본에서 활동한 한인 아나키스트의 조직과 신문, 잡지를 포함한 관련사항을 수록하였다. 사료에 따라 일부 다른 내용은 한편을 선택하고 나머지는 생략하였다. 한인아나키즘 운동과 연계된 중국과 일본의 관련내용도 포함하였다. 일본의 한인 단체 이름 앞에 조선 또는 조선인이 붙기도 하며 단체 이름의 연맹과 동맹을 혼용하여 사용하였다.

건달회建達會

1940년 재일조선인 아나키스트 문성훈, 이종문, 정갑진 등이 조직한 비밀결사이다. 아나키즘조직 재건을 위하는 건建과 목적달성을 위한 달達자를 조합한 이름이다. 이들은 동년 3월부터 민중봉기를 위한 조직을 만들기로 협의하고 6월 11일 아나키즘 조직의 재건과 아나키즘사회의 건설과 그 목적달성을 위하여 결사를 만들었지만 12월 체포되어 무산되었다. 조선일반노동조합의 합법적 유지가 어렵자 1938년 8월 자진 해산하였다. 이에 문성훈은 조직재건을 시도하여 염곡군鹽谷郡 율산촌栗山村에 있는 귀노천鬼怒川 수력발전소의 공사장 노동자로 취업하였다. 합숙소에 거주하며 동료들을 인부로 위장하여 합숙소로 집합시켜 계획을 협의하였다. 김석영, 이종식, 이규욱, 김완, 김동윤, 이규식 등이 호응하여 서기부, 선전부, 재정부를 두고 서기부는 문성훈, 재정부는 이종식이 담당하였다. 노임의 일부를 적립하여 자금을 준비하고 파괴목표와 책임자를 지정하였다. 1941년 3월~4월을 실행시기로 정한 후 이종문이 율산栗山공장에서 다이너마이트를 절도하고 이종식은 권총을 구입하기로 하였다.

계림장鷄林莊

조선총독부가 조선인유학생들을 회유하기 위한 유화책의 하나로

1924년 동경 중야구中野區에 만든 고학생료苦學生寮로 일종의 기숙사였다. 1938년 해체 시까지 재일한인 아나키즘 운동의 중심지 역할을 하였다. 아나키스트 학생들이 기숙사를 점차 좌지우지하자 사감 송포松浦는 친일단체인 상애회相愛會로 하여금 이들을 추방시키려고 하여 충돌이 발생하였다. 아나키스트들이 정찬진을 중심으로 대책을 논의한 후 계림장을 한애료汗愛寮로 개칭하고 고학생중심으로 개혁을 시도하자 1929년 사감은 조선노동공조회를 조직하여 이에 맞섰다.

관동동흥노동동맹關東東興勞動同盟

박열 등의 흑우회에서 1926년 분리한 불령사, 흑색전선동맹과 함께 최낙종, 최상렬 등이 1926년 9월 10일 동경 소석천구 위생인부를 권유하여 결성한 조직이다. 원심창, 이홍근, 장상중 등은 선전대를 조직하여 조선노동자들의 반장(합숙소)을 순방하며 『흑우』를 개칭한 『자유사회』를 배부하였다.

관서흑우회關西黑友會

평양 중심의 관서지방 아나키즘 단체를 대표하는 조직이다. 조직의 시초는 1927년 최갑룡이 일본유학에서 귀국하여 관서동우회를 조직한데서 비롯되었다. 1927년 12월 평양 창전리倉田里 천도교강당에서 관서지방 아나키스트연합체로 관서동우회 창립대회를 개최하고 1년 후 관서흑우회로 개칭하였다. 창립 회원은 최갑룡, 이홍근, 이주성, 승도경, 한명호, 최복선, 이효묵, 김희봉 등이며 이후 평양의 이중화, 김찬혁, 김병순, 양제노, 이성근 등, 진남포鎭南浦의 채은국蔡殷國, 이시헌李時憲, 곽정모, 송선택 등, 대동군大同郡의 오치섭, 황지엽 등, 평원군平原郡 한천漢川의 전창섭 등이 참가하였다. 관서흑우회의 강령은 "1. 우리는 중앙집권주의와 강권주의를 배격하고 자유연합주의를 강조한다. 1. 우리는 빈천계급貧賤階級의 완전한 해방을 기한다. 1. 우리는 유상무상의 우상숭배를 배격한다"이다.

관서흑우회는 자유연합에 의해 노동자, 농민의 해방을 투쟁목표로 삼고 대중조직을 통해 이념구현을 시도하였다. 이를 위해 사회생리학연구회社會生理學硏究會, 농촌운동사農村運動社, 소년회少年會, 일반노동조합一般勞動組合 등을 조직하고 일본 아나키스트 기관지인『흑색전선黑色戰線』지국을 운영하였으며 노동야학勞動夜學을 개설하여 노학정신의 고취와 노동자의 의식계발에 노력했다. 이효묵은 양화직공 동료인 박래훈, 김찬오, 한명암 등과 평양양화직공조합을 만들고 최복선은 목수 선배인 박도성朴道成 형제와 평양목공조합을 결성하였다. 이들 조직은 파업과 임금투쟁에 조합간 상호부조와 협력을 강화하였다. 양화직공조합은 자주적 생산관리방식으로 자체상점인 합동양화점을 운영하기도 하였다. 대회 후 사무소를 대동군大同郡 내 기림리箕林里의 최갑룡의 집으로 정했으며 원산청년회의 이향, 단천端川의 조중복, 청진淸津의 임중학, 정평定平의 차고동, 영동永同의 권구현 등이 방문하였다. 경찰의 검거로 소식이 두절된 서울흑기연맹과 대구 진우연맹을 제외한 전국적인 연락망이 구성되었다. 이를 토대로

1929년 8월 8일 임시총회에서 전조선흑색사회운동자대회를 평양에서 동년 11월 10~11일 양일간 개최하기로 결정한다.

광덕소작인조합廣德小作人組合

단천흑우회 산하 대중조직이다. 1929년 4월 조중복趙重福, 임중학, 김낙구, 강창기 등이 결성한 단천흑우회에서 단천신흥청년연맹, 선덕진흥청년회 등과 조직하였다.

광복군제2지대光復軍第二支隊

아나키스트 청년으로 구성된 한국청년전지공작대의 개편된 명칭이다. 1941년 한국광복군 창설로 중국 내 한국청년전지공작대가 한국광복군 제5지대로 편입된 후 다시 제2지대로 개편되었다. 제2지대장은 이범석李範奭, 제1지대장은 김원봉金元鳳이었다.

교화운동사敎化運動社

고순흠, 이윤희, 이윤조 등이 오사카와 동경에 조직한 아나키즘 사상운동단체이다.

국제위폐사건國際僞弊事件

1928년 천진 동방무정부주의자연맹에서 기관지 발간을 위해 국제위폐를 위조한 사건으로 대만인 임병문과 신채호가 이를 실행하다 대만의 기륭항基隆港에서 체포되었다.

『기관차機關車』

경성 일본인 아나키스트 그룹의 동인지이다. 1927~28년경 안중일부安中一夫, 겸고兼古, 강유岡由(철도종업원), 대세도大世渡(철도종업원) 등의 일인이 발행한 잡지로 이들은 홍영유洪永裕, 이석규 등의 한인 아나키스트와 교류하였다.

ㄴ

남경동방연맹南京東方聯盟

1927년 5월 말 아시아 각국대표가 모여 결성한 연맹으로 서기국에 한국인 이정규, 일본인 적천계래, 중국인 모일파, 왕수인 등이 임명되어 『동방』을 발간하기로 결정하였다.

남화구락부南華具樂部

1931년 이회영, 정화암, 백정기, 유자명, 유기석 등이 조직한 남화한인청년연맹의 산하단체이다. 기관지『남화통신』을 발간하였다.

『남화통신南華通訊』

1931년 이회영, 정화암, 백정기, 유자명, 유기석 등이 조직한 남화한인청년연맹 산하 남화구락부의 기관지이다.

남화한인청년연맹南華韓人靑年聯盟

　1931년 이회영, 정화암, 백정기, 유자명, 유기석 등이 조직한 단체로 산하에 남화구락부를 설치하고 기관지로『남화통신』을 발간하였다. 인쇄는 이규호가 담당하였다. 연맹은 이회영의 체포와 순국이 정보누설 때문이라 판단하고 양여주, 백정기, 엄형순 등과 남화구락부의 이달 등이 임시정부의 안공근을 통해 정보누설자를 조사하였다. 안공근은 위혜림韋惠林을 통해 일본 영사관 정보를 토대로 연충렬延忠烈과 이태공李太公을 지목하였고 이들을 남상南翔에서 암살하였다. 이종홍李鐘洪도 정화암이 안공근의 정보를 토대로 친일분자로 판단하고 남상南翔의 입달학원으로 유인하여 엄형순, 이달, 양여주, 천리방 등이 암살하였다. 상해사변 시 상해에서 불자약창佛慈藥廠을 운영하던 삼덕양행三德洋行주인 옥관빈玉觀彬을 김구의 임시정부 애국단과 합작하여 동생 옥승빈玉勝彬의 집에서 엄형순이 저격해 암살하였다. 김구, 안공근, 정화암 3인이 주도한 후 서간단 명의로 성명을 발표하였다. 동생인 옥승빈玉勝彬도 암살하였다. 옥승빈은 상해 프랑스 영사관 공부국工部局에서 정치국의 엄항섭嚴恒燮과 같이 근무하였지만 엄항섭의 사직 후 안창호가 체포되자 옥승빈이 의심받았다. 상해거류민회 부회장 이용노李容魯도 친일파로 지목되어 엄형순과 이규호가 암살하였다. 운동자금을 위해 불조계 하비로 보강리 24호의 조상섭을 위협하였다. 1937년 2월 17일 김성수가 검거되지만 중국인과 1937년 9월 중순 중한청년연합회를 조직하였다. 정화암, 이종봉, 유기석 등은『남화통신』을 발행하며『항전시보』1호(1937.10.5), 2호(1937.10.15)

를 발행하였다. 동년 11월 11일 조선민족혁명당원 최영식의 의뢰로 김현수가 상해 거류 조선인 회장 갑령의 암살을 시도하나 김현수, 김동우 등이 체포되어 무산되었다. 정화암 등은 도피 중이던 복건성 천주에서 불조계로 귀환하여 정화암, 유기석은 김구와 협력하여 활동을 지속하였다.

남흥여명사南興黎明社

최선명이 김태화의 영향을 받아 동양대학 철학과를 졸업한 후 오사카에서 1924년 조직한 사상단체로 한인 초기의 아나키즘 단체이다.

농민자위운동農民自衛運動 → 한족총연합회

다물단多勿團

이석영李石榮의 둘째 아들 이규준李圭駿이 조직하였다. 이회영이 유자명과 협의한 후 의열단과 합작하여 북경에서 10여 년간 총독부 하수인으로 독립운동자를 밀고해 교포사회에 피해를 준 김달하金達河를 제거하였다.

단천신흥청년연맹端川新興靑年聯盟

단천흑우회 산하의 대중조직으로 선덕진흥청년회, 광덕소작인조합 등과 같이 조직하였다.

단천흑우회端川黑友會

1929년 4월 조중복趙重福, 임중학, 김낙구, 강창기 등이 결성하였다. 산하의 대중조직으로 단천신흥청년연맹, 선덕진흥청년회, 광덕소작인조합 등을 조직하였으며 원산의 이향이 이에 합세하였다. 1928년 2월 김용삼 등이 자유연합주의를 표방한 사회생리학연구사를 조직하고 1929년 4월 김용삼, 임중학, 조중복 등이 "오등은 자유연합적 정신을 기조로 빈천계급의 계급운동을 고양한다"는 강령 아래 단천흑우회를 창립하였다. 1930년 단천청맹과 단천농맹에 대한 일제 탄압이 강화되자 아나키스트들은 천도교와의 연합을 통해 대중 진출을 모색하였다. 1930년 5월 30일 허학로, 허민겸 등에 의해 아나키스트 대중단체인 신흥청년연맹이 창설되자 공산계 단천청년연맹은 창립대회를 저지하였다. 아나키스트는 일제의 탄압이 공산계에 가중되자 대중 진출을 기도하여 아나보르 충돌이 야기되었다. 신흥청년연맹의 김형종金亨鐘의 1930년 12월 공산계 단천농민연맹에 가입을 계기로 충돌하여 김승모가 사망하여 대중 진출은 좌절되었다. 원산청년회가 아나키스트 세력권에 포함되자 이후 함흥, 원산, 선덕宣德, 장자리長者里, 광덕廣德, 단천端川 등지에 노동조합, 청년회, 소년회, 소작인조합 등이 조직되고 1930년 9월 청진청년연합회淸津靑年聯合會가 결성되었다.

대판자유노동자연맹(조합)大阪自由勞動者聯盟

1925년 오사카에서 조직된 아나키즘 경향의 노동자 단체이다.

대판지역大阪地域 한인 아나키즘 운동

초기 아나키즘 단체로 최선명 등이 결성한 남흥여명사가 있다. 이후 고순흠 등의 도래이후 조직이 활성화되었다. 1924년 조선무산자사회연맹, 1925년 자유노동자연맹, 이윤희 등의 교화운동사와 흑색조선인사, 1926년 신진회, 1930년대 계림청년연맹, 아나키즘청년동맹, 동방노동동맹 등이 활동하였다. 이외에도 병고현兵庫縣의 조선인동우회, 애지현愛知縣의 중부흑색일반노동조합, 신호神戶에 조선인동우회와 명고옥名古屋 등에 한인노동자들이 일인노동자와 연대하여 거주권확보 등의 생존권투쟁과 생활협동조합운동 등의 활동을 하였다.

대한민국 임시정부 참여大韓民國 臨時政府 參與

1940년 대한민국 임시정부가 중경으로 이전한 후 1942년 10월 임시 의정원의 부족한 인원을 보궐선거를 통하여 23명을 선출하였다. 그 중 2명의 아나키스트가 참여하게 되었다. 충청도 대표로 조선혁명자연맹을 대표한 유자명과 경상도 대표로 조선무정부주의자연맹을 대표한 유림이었다. 임시정부는 아나키스트의 참여로 민족주의, 공산주의, 무정부주의가 모두 포함된 전 민족적 통일전선을 형성하였다. 김구, 조소앙 등의 한국독립당, 김규식, 김원봉 등의 조선민족혁명당, 유동열, 최덕신 등의 조선민족혁명자통일동맹, 박건웅, 김규광 등의 해방동맹과 연합한 5개 단체였다.

독립교회獨立敎會

김산金山이 마산에서 1927년 11월 19일 세운 교회이다. 교회의 독립을 선언하고 외국선교사의 간섭 없이 교회운영을 목사가 아닌 성무위원회가 자체적으로 운영하였다. 김산은 1928년 7월 남경南京에서 개최된 동방무정부주의자연맹에 이석규를 국내대표로 참석시키나 폐회된 후에 도착하였다.

동경일반노동조합東京一般勞動組合

동경의 흑풍회 산하단체인 조선자유노동조합과 극동노동조합의 조합원들은 강동교江東橋직업소개소를 통해 일자리를 얻었으나 당국이 불순분자를 소탕한다는 구실로 조합원의 등록을 취소하고 조합원의 수첩반환을 요구하였다. 이에 문성환文聖煥과 오우영 등은 대책을 협의한 후 공산계열의 공조회共助會와 협력하여 강동교등록노동자협의회를 조직하고 이에 항의하였다. 그러나 공산계와의 협력이 장애에 부딪쳐 아나키스트는 동 협의회를 탈퇴하고 순수아나키스트 단체인 동경일반노동조합을 결성하였다. 1935년 1월 21일 준비위원회에서 오우영 외 11명, 각 우호단체와 동흥노동동맹에서 이동순李東淳 외 3명이 참석하여 이규욱이 사회를 보고 이윤희가 경과

보고를 하였다. 동년 10월 30일 창립대회에서는 1. 우리는 자주적 단결로 일상투쟁을 통해 노동자해방에 매진한다. 1. 우리는 중앙집권 조직을 배격하고 자유연합조직을 강조한다. 1. 우리는 연대, 우애, 협력을 사회생활의 기조로 한다는 강령을 채택하였다.

동모회同伡會

1930년 진주농업학교晉州農業學校의 박봉찬, 조용기, 하충현, 김대기, 이덕기李德基 등이 조직한 비밀결사로 자체 제작한 유인물『반역』으로 학습하였다. 이들은 1931년 2월 진주농업학교의 동맹휴학을 주도하였다.

동방노동연맹東方勞動聯盟

1930년 11월 이의학 등이 조직한 오사카의 아나키스트 경향의 노동조합으로 회원 수는 50명이었다.

동방무정부주의자연맹東方無政府主義者聯盟(A동방연맹)

1928년 7월 남경南京에서 한국, 중국, 일본, 대만, 안남, 필리핀(사료에 따라 인도 포함) 등의 아시아 식민지 각국 대표가 조직한 단체로 국내에서는 이정규의 초청으로 이석규가 대표로 참석하나 폐회된 후에 도착하였다. 기관지『동방』에 이회영의「한국의 독립운동과 무정부주의 운동」은 창립대회의 결의안으로 채택되었고 이정규의「동방 무정부주의자에 고한다」도 게재되었다. 이정규의 재판기록에는 상해에서 6월 14일 이매로李梅路 화광의원華光醫院에서 한국인 이정규, 유서, 일본인 적천계래(진희동), 중국인 모일파, 왕수인, 등몽선, 오극강, 역자기 등이 조직하여 이정규, 적천계래, 모일파, 왕수인 등이 서기부 위원으로 활동하였다.

『동방잡지東方雜誌』

1925년 봄부터 유서, 심용해 등 북경국민대학의 한중학생들이 조직한 흑기연맹이 발행하였다. 채원배, 장계, 이석증, 오치휘의 지원으로 방종오가 주간하여 중문으로 간행하여 시판하며 아나키즘을 선전하였다.

『동방東方』

동방무정부주의자연맹의 기관지로 창간호에 이회영의 묵화墨畵〈흑란〉이 게재되었고 신채호도 논문을 게재한 것으로 전해진다.

동호문단東湖文壇

1924년 이향, 김광면金光冕 등이 조직한 아나키스트 문예단체이다.

동흥노동동맹東興勞動同盟

일본 최대의 대표적인 한인 아나키스트 노동조합으로 양일동, 정찬진, 양상기, 김철, 김금순 등이 주도하였다. 1924년 9월 창립하여 1927년 9월 18일 개최한 제3차 정기총회에서 자유연합주의를 채택하여 아나키즘 단체로 변화하였다. 동맹의 본부 외에 1927년 창립한 천주부千柱部지부, 동년 창립한 지부芝部지부, 동년 창립한 강동부江東部, 1931년 창립한 북부지부 외 고전부高田部지부, 삼하도부三河島部지부 등이 있었다. 1931년 4월 7일 신전구神田區 신보정神保町의 재중화기독교청년회관在中華基督敎靑年會館에서 개최한 제9회 대회에 250여 명이 참석하여 제국주의 전쟁 반대, 개량주의 사회정책 반대, 계몽운동 철저 실천, 노동자 도일 방지 반대 투쟁 등을 결의하였다. 강령을 수정하여 1. 우리는 자유연합주의로 노동자계급의 해방을 기함. 1. 우리는 중앙집권조직을 거부하고 자유연합체제로 전열을 정비함. 1. 우리는 정당정치운동을 배격하고 노동계급의 직접행동에 호소함 등을 채택하였다. 1938년 1월 일본한인 아나키즘 단체는 일제의 강압으로 노동동맹회를 비롯한 5개 단체 210여 명을 시작으로 해체되었다. 1월 19일 조선노동자합동조합, 1월 21일 조선일반노동조합, 1월 27일 조선동흥노동동맹 고전高田지부, 1월 31일 흑색노동자연맹이 해체되었다.

동흥노동동맹 북부지부北部支部

1933년 11월 23일 동맹의 북부지부는 황천구荒川區 삼하도정三河島町 성북불교청년회관城北佛敎靑年會館에서 62명이 의장 오우영, 사회 김학준이 진행하여 제2회 총회를 개최하고 '과거의 고식적 상태를 타파하고 새로운 방침과 기백으로 전진하자'는 취지로 조선노동자합동조합으로 명칭을 개칭하고 선언, 강령, 규약을 가결하였다. 선언은 '자에 우리는 이런 의의를 심각히 깨닫고 대회를 통하여 백절불굴의 용기와 과감한 일상투쟁으로서 조선노동자의 생활을 대담하게 옹호하여 전 노동계급의 유일한 전투적 전위로서 최후의 승리까지 돌진할 것'을 선언하였다. 의안은 ① 미조직 노동대중조직의 확대 ② 계급적 연대성에 입각한 제 노동단체와의 공동투쟁 ③ 동일 노동에 임금차별반대 ④ 연말 생활방위 ⑤ 기관지확립 ⑥ 조선인 거주권 확립투쟁 ⑦ 조선내지 농민운동과 연락투쟁 ⑧ 조선인단체 박멸 ⑨ 사회운동배격 ⑩ 명칭변경이다. 그동안 북부책임자인 김학준의 집을 사무소로 이용하였으나 황천구 남천주정南千住町 113번지로 이사하였다. 7월 30일 『조선노동자합동조합뉴스』를 발행하여 한인노동자들의 정보교환에 기여하였다. 5호까지 발간했으나 매호 발매금지되었다.

동흥노동동맹의 활동

1931년 5월 1일 메이데이 행사에 참가하여 자유노동자조합, 극동노동조합 등과 '흑기아래 모여 무장하자', '메이데이다! 결전의 날이다!'라는 유인물을 시민에 배포하였다. 한인이 단체로 메이데이에 참가한 것은 1922년 흑도회가 처음이었다. 7월 8일 만보산 사건을 폭로하는 유인물을 살포하였고 8월 15일 자유노동자조합과 신전구神田區 중앙불교회관中央佛教會館에서 진재피해학살동포 추도 및 비판대회를 개최하였다. 11월 16일 방남희方南熙가 발기하여 오사카 한인여성을 규합하여 상호부조와 부인참정권을 획득할 목적으로 조선여

자구락부를 조직하였다.

1934년 회원수가 3,000여 명이었다. 1935년 5월 1일 제14회 메이데이에 한인아나키즘 단체는 일본단체와 제휴하여 오윤희, 양일동, 오우영, 최학주 등이 대표준비협의회에 참석하여 투쟁목표를 반파쇼, 반제, 반실업의 3반 투쟁으로 정하고 행사에 참가하였다. 또한 '탈환의 날! 결전의 날!' 유인물 3,500장을 살포하였다. 5월 이후 나치스 배격과 미국에서 구속된 아나키스트 석방 민중대회에 참석하였다. 5월 29일 자동차 공장 투쟁에 지부 사무실을 쟁의본부로 제공하고 본부와 자유연합단체가 지원하였다. 9월 남한의 풍수해 이재민의 구호를 위해 오우영, 민홍규, 정찬진 등이 당국에 기부금 모집을 신청하나 거부당하자 조선아나키즘 단체는 본국풍수해 이재동포구원회를 결성하여 독자적으로 기부금을 모금하였다. 10월 관서지방에 다시 수해가 나자 지부에서는 일반노동조합, 흑우연맹 등과 일본자련이 연합하여 의연금 모집 활동을 하였다. 10월 수해활동을 계기로 각계 대표가 망라된 우리구락부에 양일동, 한현상이 참가하여 활동하였다. 유길공사관련 백정기, 원심창, 이강훈이 일본에 압송되자 동흥노동동맹의 양일동, 최학주, 흑기노농자연맹의 정찬진, 극동노동조합의 진철, 흑우연맹의 홍성환 등이 협의 후 홍성환을 장기長崎에 파견하고 금품차입과 변호사 선임 그리고 재판에 한인동원을 지원하였다.

동흥자유노동조합東興自由勞動組合

　박열의 유지를 계승하려는 장상중, 원심창 등은 1926년 11월 12일 불령사를 재건하였다. 불령사를 1927년 2월 흑풍회로 개칭하고 공산계열과의 대립이 격화되자 장상중, 이홍근 등은 팔태주삼, 신거격, 망월계 등과 협력하여 흑풍회 사무소에 자유노동조합을 조직하고 산하에 동흥자유노동조합을 설치하였다.

무산학우사無産學友社

　이혁 등이 동경에서 조직한 단체이다.

무정부공산연맹無政府共産聯盟

　중국 내 한인 아나키스트의 하부조직으로 보인다. 광주학생운동을 정복자대 피정복자간의 항쟁이라 규정하고 이를 통해 공산주의운동과 민족주의 독립운동을 비판하는 격문을 무정부공산연맹 명의로 발표하였다.

『**문예광**文藝狂』

　1928년 1월 김화산, 이향, 권구현 등이 조직한 아나키즘 문예단체인 자유예술동맹의 기관지로 동년 3월 발행하였다.

문학작품 속의 아나키즘

아나키즘이 최초로 문학작품에 소개된 것은 신소설 「설중매雪中梅」로서 아나키즘에 대한 경계심을 표현하였다. 임영빈의 단편 「서문학자序文學者」에는 최초로 크로포트킨이 거론되었고 염상섭, 김사량 등의 작품에는 아나키즘을 소개하였다. 이효석의 단편 「추억追憶」에서는 아나키즘적 감정을 표현하였다. 정마부의 「혼魂」은 아나키즘적 저항의식을 표현하였으며 황석우의 「자연송」은 아나키즘적 이상세계를 노래하였다.

민단편련처民團編練處 → 천영이속민단편련처泉永二屬民團編練處

민성사民聲社

오사카에서 김돌파, 주영룡朱寧龍 등이 조직한 것으로 보인다.

민중운동사民衆運動社

공산계열과 분리되어 아나키즘계의 흑우회로 독립한 후 산하단체로 서동성, 신염파, 서상경 등이 조직하였다. 1923년 3월 서상경, 신영우, 홍진유, 서동성 등은 흑우회 기관지로 한글판 『민중운동』을 발간하였다.

『**민중운동**民衆運動』

　공산계열과 분리되어 아나키즘계의 흑우회로 독립한 후 산하단체로 서동성, 신염파, 서상경 등이 민중운동사를 조직하고 1923년 3월 서상경, 신영우, 홍진유, 서동성 등이 발간한 한글 흑우회 기관지이다.

ㅂ

『**반역**叛逆』

　1930년 진주농업학교晉州農業學校의 박봉찬, 조용기, 하충현, 김대기, 이덕기李德基 등이 조직한 비밀결사 동모회의 자체 유인물이다.

반전운동反戰運動

　1930년대 초 신문에 게재된 아나키스트 관련 반전유인물 살포투쟁과 기타 사건은 다음과 같다. 1931년 12월 만주에 출병하는 군인을 환송한 후 귀가하는 군중에 지게꾼을 시켜 반전유인물을 살포한 20세 송명근과 이와 관련하여 진우연맹에 관련된 27세 우해운과 대구고보大邱高普 퇴학생 20세 차태원 등이 검거되었다. 1932년 대구경찰은 부산 공장지대에 흑색유인물을 살포한 25세 함상호, 22세 김시학, 19세 김덕조를 검거하였다. 1932년 4월 온양경찰은 충남 예산읍 성진호를『흑색운동사』잡지 발간을 이유로 체포하였다. 이와 관런하여 경성, 평양, 당진 등지에서 150여 명을 체포하였다. 1932년 청진경찰은 무정부주의자 강병규와 박술호를 비롯해 부령富寧과 경성鏡城 등지에서 10여 명을 체포하였다.

병고조선인동우회兵庫朝鮮人同友會

한국에서 관서흑우회의 탄압을 피해 일본에 온 평양양화직공조합원 장선수, 장선현 등 10여 명이 현지 조선인 노동자와 1931년 6월 21일 조직한 아나키스트 단체이다.

복건성농민운동福建省農民運動(복건성농민자위운동福建省農民自衛運動)

1928년 6월 한인 아나키스트가 복건성에서 중국인과 실험한 농민운동이다. 중국 아나키스트 양용광이 진망산과 이정규에 요청하여 시작되었다. 토비土匪와 공산주의자로 부터 농민보호를 위해 천주泉州에 진강현선전원양성소晉江縣宣傳員養成所를 설치하고 이정규, 이을규, 오극강, 암좌작태랑, 양용광, 이기환李箕換, 유기석, 유지청劉志靑, 정화암 등이 참여하였다. 이정규는 서양사회운동사, 공산주의비판, 신정치론, 농촌조직론, 유기석은 신경제학, 사회학, 자본주의, 양용광은 교양과 섭외를 담당하였다. 이후 당화교육훈련소黨化敎育訓練所에서 농민의 자주, 자치, 협동노작, 협동자위를 기초로 우크라이나의 마프노식 전법을 지도하였다. 훈련소는 소장 진망산, 정치주임 이정규, 훈련주임 이양영李良榮, 교수부주임 유기서, 학생대장 이기환 등이 활동하였다.

본능아연맹本能兒聯盟

1926년 원산元山에서 이향, 조시원, 김연창, 유우석, 한하연 등이 조직한 비밀결사이다. 원산의 민족운동은 1921년 민족주의자 조종구가 원산청년회를 조직하여 회관을 만들면서 시작되었다. 이후 그의 아들 조시원과 이향이 원산청년회를 이끌면서 1926년 이향, 조시원, 김연창, 유우석, 한하연 등이 아나키스트 비밀결사 본능아연맹을 만들었다. 이들은 『동아일보』 원산지국을 공산계열과 공동으로 운영하며 원산청년회를 계몽운동의 장으로 활용하였으나 공산계열과 분쟁이 자주 발생하였다.

북경국민대학北京國民大學 아나그룹

1924년 북경국민대학의 유서(유기석), 심용해와 중국인 파금, 방종오 등이 흑기연맹을 조직하였다. 1925년 봄부터 채원배, 장계, 이석증, 오치휘의 지원으로 방종오가 주간하여 중문으로 『동방잡지』를 간행하여 시판하며 아나키즘을 선전하였다. 이들 한인 그룹은 호서은행 자금 사용을 위한 재중조선무정부주의자연맹 북경회의에 참여하였다. 유기석은 회의 중 참가자 대부분이 체포되었을 때 북경시장을 찾아가 신현상과 최석영을 제외한 전원을 석방시켰다. 재중한인 아나키스트가 만주로 결집할 때 실무를 담당하였다. 만보산 사건 때에는 격문을 살포하고 신문 등에 사건의 진실을 투고하였다.

북경의 중국인 아나키스트

중국인 아나키스트 중 파리그룹은 1911년 귀국 후 북경에 정착하여 북경대학교에 다수가 재직하였다. 총장에 채원배, 생물학과에 이석증이 있었고 사범대학에는 노신魯迅, 주수인周樹人, 작인作人, 건인建人 형제, 러시아 맹인시인 에로셍코 등의 아나키스트들이 운동을 주도하였다. 이들은 한인에 도움을 주어 이정규가 학교에 편입하는데 도움을 받았고 신채호는 사고전서의 열람에 도움을 받았다. 이후 이들은 상해노동대학, 복건성농민자위운동, 동방무정부주의자연맹 등을 배후에서 지원하였다.

북경회의北京會議

1930년 신현상이 호서은행에서 탈취한 자금을 가져오자 이를 논의하기 위해 북경에서 개최된 중국내 한인 아나키스트 대표자 회의이다. 정래동, 오남기, 국순엽 등이 연락하였다. 만주에서는 재만조선무정부주의자연맹의 전체회의 및 한족총연합회 간부회의에서 이을규와 김종진을 파견하고 상해에서 백정기, 김성수(주열), 황웅 등과 복건에서 정화암, 왕해평(장기준), 양여주(오면직), 김동우 등이 참석하였다. 이회영의 제안에 따라 재만조선무정부주의자연맹을 우선 지원하기로 결정하였다. 일본경찰의 급습으로 대부분이 체포되었으나 유기석의 노력으로 최석영, 신현상을 제외한 전원이 석방되어 회의를 계속하였다. 자금을 압수당하여 전망이 불투명하자 한인비행사 안창남의 위자료의 교섭을 시도하나 실패하고 일본조계 정실은행正

實銀行에서 김지강, 양여주, 장기중, 김동우가 자금을 강탈하였다.

불령사不逞社

1922년 4월 박열, 김자문자, 육홍근, 최규종 등이 조직한 비밀결사로 관동지진으로 일제의 탄압을 받아 박열이 투옥되어 사실상 와해되었다. 1926년 12월 12일 장상중, 원심창, 이홍근, 차고동, 박망, 김건 등은 박열의 사업을 계승하기 위해 단체의 명칭을 불령사로 유지하고 『흑우』를 발간하였다. 1927년 2월 흑풍회로 개명하고 외곽조직으로 자유노동자조합自由勞動者組合을 조직하고 자유노동자조합 산하에 동흥자유노동조합을 조직하였다. 또 신문배달인조합도 조직하여 학생층의 지지를 모색하였다. 흑풍회의 활동에는 일본인 아나키스트 팔태주삼, 신거격, 망월계 등이 강연회와 좌담회에 참석하며 응원하였다.

『불령선인不逞鮮人』

1921년 11월 박열, 김약수 등이 조직한 동경 한인 최초의 사상단체인 흑도회가 1922년 12월 김약수의 북성회와 박열의 흑노회로 분열된 후 흑노회가 흑우회로 개명하고 발간한 기관지이다. 발음이 불온하다 하여 『현사회』로 개명하였다.

B. T. P. → 흑색공포단黑色恐怖團. Black Terrorist Party.

사회생리학연구사社會生理學研究社

단천흑우회가 조직되기 전의 연구회이다. 1928년 2월 김용삼 등이 자유연합주의를 표방하며 조직한 아나키즘 단체로 이를 확대발전시켜 1929년 4월 김용삼, 임중학, 조중복 등이 "오등은 자유연합적 정신을 기조로 빈천계급의 계급운동을 고양한다"는 강령 아래 단천흑우회를 창립하였다.

사회주의 연구회社會主義研究會

1939년 한하연, 이시우, 하기락, 하경상, 최낙종 등의 동경대학생과 와세다대학생을 중심으로 조직한 연구회이다.

삼문사三文社

1929년 동경 동흥노동동맹 천주부 책임자였던 최낙종이 1933년 2월 설립한 인쇄소이다. 한글자판의 인쇄설비를 구입하여 동경의 한인 아나키스트 인쇄물을 전담하였다.

상애회사건相愛會事件

1927년 친일성향의 상애회 회원들이 아나키스트 자유노동조합원의 공사장에 진입하여 방해하자 이를 저지하는 오우영, 변영우, 한하연 등이 부상당한 사건이다. 상애회의 하고봉河古奉이 경찰을 인솔하여 흑우회, 흑우연맹 사무실, 계림장 등을 급습하여 충돌하였고 다수가 체포되었다. 이후 정당방위로 판명되어 전원이 석방되었다.

상해노동대학上海勞動大學

1927년 4월 국민당정부가 노조운동의 지도자양성을 목표로 추진한 대학이다. 한국과 중국 아나키스트들은 노동운동은 상해노동대학이, 농민운동은 복건성 천주민단편련처가 맡기로 합의하였다. 장개석의 남경정부와 오치휘, 이석증, 채원배 등은 4월 중순 남경, 상해, 항주, 소주 등에서 숙청을 시작하여 상해총공회上海總工會 산하 각급 노동조직 및 친공계親共系를 궤멸시켰다. 이렇게 파괴한 노동조직을 재건하고 인재를 양성하기 위해 상해노동대학을 설립하였다. 아나키스트 심중구와 오극강이 실무를 맡아 이정규 등의 한인, 암좌작태랑 등의 일인, 르큐르 등의 프랑스인이 참여하였다. 1927년 9월 19일 개교하여 400여 명의 학생과 30여 명의 선생은 모두 무정부주의자들이었다. 대학은 아나키스트의 국제주의를 보여주었고 다음해 상해에서 조직된 동방무정부주의자연맹은 그 이념의 실천이었다.

상해노동운동上海勞動運動

1924년 가을 이을규, 이정규, 백정기, 정현섭 등이 상해의 영국인 경영 주물공장에 취직하여 노검파, 진위기, 범본량范本梁, 장홍수 등의 중국인 화남華南아나키스트 연맹원과 협력하여 투쟁한 운동이다.

이들은 이입삼李立三의 적색 노동운동의 저지를 위해 노동자의 사상 계몽과 상해공단총연합회上海工團總聯合會의 확대에 주력하였다. 상해의 5·30제너럴 스트라이커에도 참여하였다.

서간단鋤奸團

상해사변 시 상해에서 불자약창佛慈藥廠을 운영하던 삼덕양행三德洋行 주인 옥관빈玉觀彬을 김구의 애국단과 합작하여 동생 옥승빈玉勝彬의 집에서 엄형순이 저격해 암살하였다. 김구, 안공근, 정화암 3인이 주도한 후 성명을 발표한 단체이다.

선구독서회先驅讀書會

1938년 양희석, 고인찬, 이희종 등이 조직한 단체로 1943년 양희석, 김상철, 고의종, 고은호 등이 참여하여 다시 2차 선구독서회를 조직하였다. 선구독서회는 1923년 서울 의주통義州通에서 이강하가 조직한 흑노회에서 유래하였다. 흑노회는 국내 최초의 아나키즘 조직이다.

『선구자先驅者』

함흥의 아나키즘 운동의 선구자인 김신원과 고순욱이 1920년대 후반부에 비밀리에 발간한 잡지이다.

선덕진흥청년회宣德振興靑年會

1929년 4월 조중복趙重福, 임중학, 김낙구, 강창기 등이 결성한 단천 흑우회 산하 선덕지방의 청년들을 규합해 만든 대중조직이다. 산하에 단천신흥청년연맹, 광덕소작인조합 등과 같이 조직한 대중조직이다.

수문사修文社

흑기연맹을 조직하기 위해 사용하였던 토의장소였다. 1924년 12월부터 서천순, 신영우, 곽철 등이 연맹을 조직하기 위해 서울 낙원동의 수문사에 모여 선언과 강령을 기초하였다.

신농천사건信濃川事件

재일한인 최초의 사상단체인 흑도회의 첫 번째 사업으로 신사현新潟縣의 신농천信濃川 댐 공사장에서 발생한 조선인노동자 집단학살사건의 규명을 위한 투쟁이었다. 1922년 9월 7일 동경 YMCA강당에서 일본 사회주의자의 지원 하에 조일합동규탄대회朝日合同糾彈大會를 개최하여 진상규명과 피해자보상을 요구하였다.

신문배달인조합新聞配達人組合

박열의 사업을 계승하려는 불령사가 1927년 흑풍회로 개칭하고 동년 6월 신문배달인조합을 설립했으며 같은 이름의 조합이 1931년 승흑룡에 의해 잡사곡雜司谷 대구보大久保 143번지에 설립되었으며 회원은 50명이었다.

신진회新進會(조선신진회朝鮮新進會)

오사카에서 1926년 김돌파, 이춘식 등에 의해 조직된 단체이다.

신채호학사申采浩學舍

일본항복 후 정화암, 이하유 등이 중국의 이석증, 오치휘, 양가락, 주세 등의 협조로 설립하였다. 먼저 조선학전관을 세워 중국에서 조선학연구의 중심지로 만들고 부설기관으로 신채호학사를 설치하였다. 조선학전관과 신채호학사는 위혜림韋惠林의 사저를 사용하였다.

신현상사건申鉉商事件 → 호서은행사거湖西銀行事件

아나-보르 논쟁(문학계의 아나키즘과 볼쉐비즘 논쟁)

1925년 조직된 조선프롤레타리아예술가동맹KAPF : Korea Ploletria Artista Federatio 소속 문인과 아나키스트 김화산, 이향, 권구현 등과의 이론투쟁이다. 아나키즘은 권위를 배제하고 개성의 자유를 추구하는 특성으로 예술가에게 호감을 주고 특히 문학계에서 그 현상이 두드러졌다. 예술은 그 속성상 독창성이 생명으로 이 독창성은 종래의 모든 것을 부정하는 것에서 출발하고, 특히 전위예술은 자연스럽게 아나키즘적이 된다. 문학자들의 아나키즘적 경향은 자연스런 현상으로 일종의 유토피아 사상으로 인식되고 유토피아란 단어의 '소박한 매력'과 '다소 막연한 사상' 때문에 예술가에 쉽게 결부되었다. 문예란 본질적으로 아나키스틱한 것으로 강제나 명령에 의해 왜곡되지 않고 강권을 부정하고 자유를 강조하기 때문에 적합하였다.

1927년 봄부터 가을에 걸쳐 '아나-보르 논쟁'을 펼쳤다. 김화산은 볼쉐비키가 주도하는 카프의 문예론에 대하여 반기를 들었다. 프롤레타리아 문예론을 지지하나 조선에서 프롤레타리아 문예가 마르크스주의로 인식되는 현실을 비판하며 예술은 사람의 예술적 요구에 의해 발생하는 것으로 이 예술적 요구를 충족시키는 것이 아니면 예술이라고 할 수 없다고 주장하였다. 카프는 이에 대해 좌익문예가의 가면을 쓰고 대중들에게 부르주아 이데올로기를 주입하는 소시민근성이라고 비판하며 프로예술은 계급해방의 무기로 사용해야 한다고 주장하였다. 1930년 권구현과 이향 등은 카프를 탈퇴하고 자유예술연맹을 조직하였다. 한편 미술계에서도 아나키즘의 영향으로 진보적인 화가를 중심으로 활동이 시작되었다. 미술계의 주류는 수묵채색화가들로 소수의 유화가油畫家가 있었으며 이들은 서화협회를 중심으로 일제와 타협적인 태도로 인해 진보미술과 창작성과를 기대하기가 어려웠다. 이에 김복진, 안석주 등이 1923년부터 진보적 관점의 미술비평을 발표하였다. 김복진은 조선 최초로 프로미술론을 체계화하고 1927년 5월 김복진과 김용준 등이 프로미술론을 발표하여 논쟁이 전개되었다. 이외에도 연극의 유치진柳致眞, 시의 유치환柳致環, 이경순李敬純, 홍두표, 홍원洪原, 이향 등의 아나키스트적 문화예술인들이 있었다.

아나연맹聯盟

1928년 10월 정래동, 유기석, 오남기, 국순엽, 김용현, 이용진 등이 조직한 단체로 기관지 『이튿날』을 발행하였다.

아나키스트중학생사건

1939년 1월 천엽현千葉縣 좌창정佐倉町 명륜 중학교 5학년 손원식, 박원우, 최문환 등은 동경 마포구麻布區 삼본관森本館에 거주한 김동규의 영향으로 아나키즘을 연구하다 체포되었다.

아나키스트 청년연맹靑年聯盟

1930년 5월 오사카에서 김연수, 김걸희 등이 창립한 단체로 1931년 7월 오사카 일본아연도금공장에서 발생한 조선인 해고에 반대투쟁을 벌였다. 회원은 60여 명이었다.

아나키즘 그룹

대구 진우연맹원들이 투옥된 후 1930년부터 최해청, 송명근, 이상길, 차태원, 손덕, 배영암, 송기창 등이 그룹을 조직하여 진우연맹의 정신을 계승한 연구회이다.

아나키즘 연구회(안의安義)

대구 진우연맹 사건 후 손명표, 최태호, 최륜崔崙 등이 주도하여 1926년 조직한 안의청년회 산하에 만든 독서회이다. 안의에는 최태호, 하종진, 김재현 등이 대구고등보통학교 학생으로 일찍부터 새로운 사상을 수용하였다. 대구노동친목회의 신재모申宰模, 후일 대구 진우연맹의 방한상, 마산흑우회를 주도한 조병기, 영동의 강성도, 진주의 유영락, 박인구 등이 교류하며 아나키즘 사상에 공감하고 크로포트킨의 「청년에 호소함」에 영향을 받았다. 이후 김재현, 이진언, 이시우, 하경상, 최영준, 우한용 등이 조직하였으며 원산청년회의 한하연도 참여하였다. 일본에서 귀국한 하종현이 아나키즘 서적을 갖고 합류하여 활성화되었다. 이후 이시우, 하경상, 우한용은 도일하여 이시우와 하경상은 흑우연맹에, 우한용은 노동운동에서 활동하였다.

안의청년회安義青年會

대구 진우연맹 사건 후 손명표, 최태호, 최륜崔崙 등이 주도하여 조직한 안의의 청년회로 청년회 안에 아나키즘 연구회를 결성하였다. 안의에는 최태호, 하종진, 김재현 등이 대구고등보통학교 학생으로 일찍부터 새로운 사상을 수용하였다. 이들이 운영한 협동조합은 최영준, 최태호, 김순종 등이 광복 때까지 운영하였다. 광복 후 1946년 4월 안의에서 전국무정부주의자총연맹全國無政府主義者總聯盟 창립대회가 개최되었다.

안주흑우회安州黑友會

『동아일보』 안주지국의 총무 겸 기자였던 김일대가 안주의 사상운동을 주도하며 무정부주의를 연구하던 중 1929년 4월 안봉연, 김한수, 이순창, 박도위 4인이 조직하였다. 이후 김노태, 한명룡, 김용호, 이혁, 안영근, 이덕길 등이 합류하였다.

양도촌건설洋濤村建設

1923년 9월 이정규가 북경대 동창인 중국인 아나키스트 진위기와 구상한 농촌자치운동이다. 호남성湖南省 한수현漢水縣 동정호洞庭湖에 농지를 소유한 아나키스트 주모周某가 제안하여 이상적인 농촌을 건설하기 위한 사업에 협력하였다. 이 사업에 만주에서 농지개척경험이 있는 이회영의 도움을 구하고 경자유전의 원칙에 의해 공동소유, 공동경작, 공동소비의 협동조직을 구상하였다. 진위기는 한국의 인삼경작농민을 이주시켜 사업을 추진할 계획이었고 이회영도 관심을 갖고 추진하였으나 중국정치의 혼란으로 무산되었다.

여명중학교黎明中學校

복건성福建省 진강晉江 출신의 아나키스트 진망산이 1929년 천주泉州에 세운 학교이다. 국민당 원로인 채원배에 건의하여 해외 화교에게 기부금을 모집해 세운 학교로 한인 아나키스트들이 교사로 일하였다.

왕정위저격사건王精衛狙擊事件

항일구국연맹 행동부行動部의 화균실, 전화민, 천리방千里傍 등이 친일성향의 왕정위王精衛를 상해 북군참北軍站에서 저격한 사건으로 왕정위 대신 그의 부관이 피살되어 실패하였다.

원동遠東아나키스트연맹

상해에서 구상되었던 조직으로 추정되는 단체이다. 고백성이 방한상에 보낸 편지에 원동아나키스트연맹이 결성되면 한국이 가맹할 것을 권유한 내용이 있다.

원산일반노동조합元山一般勞動組合

원산청년회가 공산계열의 노조에 대항하기 위해 설립한 조직이다. 해안가의 가건물을 3원에 구입하여 사무실로 이용하며 활동하였지만 당국이 1931년 1월 김대관, 남상옥南相沃, 노호범 등과 조합원 60여 명을 체포하여 무력화시켰다. 이후 유림柳林이 남상옥을 원산으로 보내 김정희, 노호범 등과 함께 원산청년회를 재건했으며 원산일반노동조합을 설립했다. 유림은 노동운동과 노동조합을 통해 아나키즘 운동의 활성화를 도모했다. 1931년 9월 29일 유림은 원산일반노동조합과 관제노조인 함남노동회 간의 충돌과중에서 봉천에서 원산으로 압송됐다.

원산청년회元山靑年會

1921년 민족주의자 조종구가 조직한 단체로 그의 아들 조시원과 이향이 청년회를 이끌었다. 이후 1926년 이향, 조시원, 김연창, 유우석, 한하연 등이 아나키스트 비밀결사인 본능아연맹을 결성하여 청년회를 활용하였다. 청년회는『동아일보』원산지국을 공산계열과 공동으로 운영하였지만 분쟁이 자주 일어났다. 유림은 1930년 남상옥을 원산으로 보내 김정희, 노호범 등과 함께 '원산청년회'를 재건했으며 '원산일반노동조합'을 설립했다.

원창공사습격사건元昌公司襲擊事件

1933년 6월 남화한인청년연맹의 이용준이 정화암, 이달, 박기성 등과 운동자금마련을 위해 습격한 회사였다.

유길공사암살미수사건有吉公使暗殺未遂事件

주상해駐上海 유길명有吉明 일본공사를 암살시도 한 사건이다. 남화한인청년연맹은 1933년 3월 17일 상해진주 일본군사령관과 유길명이 중국요인매수를 위해 상해공동조계 문로文路 6·3정에서의 회식정보를 입수하였다. 백정기, 정화암, 엄형순, 양여주, 이달, 이용준, 정동오, 김성수, 박기성, 원심창, 이강훈 등이 제비를 뽑아 백정기가 실행자로 선정되고 백정기가 지명한 이강훈이 저격자로 결정되었다. 6·3정에서 200m거리의 중국인운영 무창로武昌路 217호 송강춘松江春에서 대기 중 정보누설로 실패하였다. 이 사건으로 체포된 백정기는 옥사하였다.

육삼정사건六三亭事件 → 유길공사암살미수사건有吉公使暗殺未遂事件

이십세기서방二十世紀書房

현영섭, 김용찬, 이석규 등이 설립한 경성의 사상운동의 중심지이다. 1928년 이후 서울에 온 승흑룡과 이혁이 견지동堅志洞 60번지에서 운영하였으며 부설 근대사상연구소를 운영하고 에스페란토 강습회를 개최하였다. 또한 『자유연합신문』 경성지국 등을 겸하며 아나키스트 연락사무소 역할을 하였다. 『신동방新東方』 1호를 간행하고 유현태와 경성흑색청년연맹京城黑色靑年聯盟과 그 기관지인 『흑선풍』을 계획 중에 체포되어 무산되었다.

『이십세기二十世紀』

1927년 2월 창립한 아나키스트 단체 조선자유노동자조합의 사무소에서 1929년 12월 극동노동조합極東勞動組合을 창립하고 오우영, 진관원 등이 1932년 아나키스트 선전물 발행을 계획한 잡지이다.

이천자유회伊川自由會

1927년 강원도 이천伊川의 이은송 등 100여 명이 준비한 무정부주의 비밀결사이다. 1927년 8월 8일 이천군伊川郡 이천면伊川面 배리培里 김영金堂의 집에서 국가존재와 사유재산을 부인하고 공산주의적 무정부주의 사회건설을 목적으로 준비 중 체포되었다. 논리 정연한 이론으로 재판부를 놀라게 했다. 이은송을 비롯해 이인하, 윤용화, 김순희 등 4명이 실형을 선고받았다.

『이튿날』

1928년 10월 유기석, 정래동, 오남기, 국순엽, 김용현, 이용진 등의 아나연맹이 발행한 기관지이다.

일본무정부공산당日本無政府共産黨

일본무정부공산주의자연맹이 1934년 1월 개칭한 이름이다. 한인을 위한 조선부에서는 동흥노동동맹, 일반노동조합, 합동노동조합 등의 3개 단체의 통합을 시도하였다. 동흥노동동맹의 한국동, 이동순 등과 흑우연맹의 연맹원이 공산당에 가입하였다. 1933년 4월 4일 동경에서 개최된 일본전국자련대회에 동흥노동동맹, 자유노동자조합, 흑우연맹 등 조선아나키즘 단체가 참가하였으며 이윤희가 서기로 활동하였다.

일본한인아나키즘 단체(1929, 1931, 1933년)

연도	지역	단체명	주소	창립일	대표자	기관지	회원수
1929년	동경 (505명)	흑우연맹					원심창 등 10명
		자유청년연맹					호영우 등 10명
		동흥노동동맹					이정규 등 250명
		동흥노동동맹 고전부					마승연 등 30명

연도	지역	단체명	주소	창립일	대표자	기관지	회원수
		동흥노동동맹 천주부					곽한정 등 30명
		동흥노동동맹 지부					최낙종 등 50명
		조선자유노동자조합					오종영 등 50명
		극동노동조합					김제원 등 25명
		흑기노동자연맹					정찬진 등 40명
		청년무지배연맹					송영운 등 10명
	대판 (60명)	계림청년동맹					고재수 등 20명
		교화운동사					이윤조 등 20명
		흑색조선인사					20명
1931년	동경	흑우연맹	고전정 고전高田	1928.1.15	원심창 오치섭 이시우		20명
		자유청년연맹	고전정 고전	1928.1.15	초대회장 홍영우 1933년 후 한하연, 최복선		20명
		동흥노동동맹	우입구牛込區 오헌정五軒町	1926.9.10	이정규 최낙종		250명
		동흥노동동맹 고전부			마승연		30명
		동흥노동동맹 천주부			최낙종		50명
		조선자유노동조합	본소本所 녹정綠町 5-17번지	1927.2.3	오우영 김제원 변영우		25명
		극동노동자연맹		1929.1.30	진철		25명
		흑기노동자연맹	중야中野 계림장		정찬진		34명
		신문배달인조합	잡사곡雜司谷 대구보大久保 143번지		승흑룡		50명
		청년무지배자연맹			송영운		
		계림청년동맹			고재수		20명
		교화운동사			이윤희		20명

연도	지역	단체명	주소	창립일	대표자	기관지	회원수
		흑색조선인사			이윤희		20명
	대판	조선무산자사회연맹		1924.6.2	고순흠 설명선 김태화		
		조선여공보호연맹		1924.6.2	고순흠 설명선 김태화		
		조선계자유노동자조합		1925			
		신진회		1924			
		아나키스트 청년연맹		1931			60명
		동방노동동맹					
	병고	병고조선인동우회					12명
1933년	동경	흑우연맹		1928.1.15	홍성환 하경상 한하연	『흑색신문』	30명
		자유청년연맹		1928.1.15	한하연 이승식	『自由코뮨』	20명
		동흥노동동맹		1926.9.10	양일동 민흥규 박춘실		350명
		동흥노동동맹 지부		1929.11.17	최낙종 최종관		50명
		동흥노동동맹 북부		1931.5.25	김학준 임학재		20명
		동흥노동동맹 고전부		1927.2.9	박철 김춘섭	『土民』	30명
		흑색노동자연맹		1930.6.14	정찬진 이성훈		30명
		동경일반노동연맹 (조선자유노동조합)		1933.1.23	오우영		50명
	대판	아나키스트 청년연맹		1930.11	김연수		18명
		동방노동동맹		1930.11	이미학		29명
	병고	신호조선동우회		1931.6.21	장성현		25명
	애지	중부흑색일반노동조합		1931.5.1	박애조		10명

일본 아나키즘 운동의 여명黎明

19세기 말부터 유럽의 자유민권사상과 러시아의 나로드니키가 영향을 주었다. 1882년 동양사회당東洋社會黨이 창당되었고 같은 해 서천통철西川通徹이 「노국허무당사정露國虛無黨事情」에서 아나키즘을 소개하였다. 1902년 연산전태랑烟山專太郎이 『근대무정부주의近代無政府主義』를 동경전문학교 출판부(현 와세다대학)에서 출판하여 한자문화권에 아나키즘을 무정부주의로 통용되게 만들었다. 이후 아나키즘은 출판물을 통하여 지식층 사이에 확산되었으며 행덕추수, 편산잠片山潛 등은 사회주의 연구회를 조직하여 서양급진사조를 연구하였다. 1901년 사회민주당을 발기하였으나 당국의 탄압으로 좌절되었다. 초기 범사회주의 시기 후 행덕추수의 1903년 『평민신문』 발간을 계기로 볼쉐비즘과 아나키즘이 구분되었다. 행덕추수는 크로포트킨의 『빵의 탈환』을 번역하며 아나키스트가 되어 1908년 「내 사상의 변화」에서 직접행동을 주장하였다. 대삼영大杉榮은 1914년 같은 이름의 『평민신문』을 창간하고 '노동자에 의한 노동자의 해방'과 '계급해방'을 주장하였다. 「구주사회당운동의 대세」는 대삼영의 아나키스트로서의 최초의 논문이다. 일본 아나키즘은 실질적으로 행덕추수와 대삼영이 이끌고 주도하였다. 1910년의 행덕추수의 피살과 이후의 진보적 사상에 대한 탄압은 1922년 일부 급진주의자들에 의해 테러단체를 조직하게 만들었다. 이들은 기로틴사를 결성하고 '행동에 의한 선전'을 시작하였다. 1923년 관동지진에 대삼영이 군부에 희생되고 한국인 박열도 희생양이 되었다. 이후 일본 아나키즘은 순정純正

아나키즘과 아나르코 생디칼리즘으로 분열하여 1926년 전국노동조합자유연합회(자협)에서 순정아나키스트를 주장하는 암좌작태랑岩佐作太郎과 팔태주삼 등에 반발한 석천삼사랑 등의 아나르코생디칼리스트들은 자협을 탈퇴하여 1930년 일본노동조합자유연합협의회(자련)를 결성하였다. 팔태주삼은 노동운동사는 실패의 역사라 결론짓고 ① 지배자와 타협을 배우는 참정운동이 되거나, ② 자본가와 타협을 배우는 경제적 직접행동론이 되거나, ③ 독재정치로 연결되는 (강권적) 혁명운동이 된다고 결론지었다. 노동운동의 생디칼리즘도 부정하였다. 석천삼사랑은 가능한 각종노동조합에 참여하여 개량적조합을 혁명적으로 또 아나키즘적으로 개혁하여야 한다고 주장하였다. 운동의 침체를 반성하여 1933년 12월 자협이 자련으로 복귀하기로 결정하고 1934년 3월 동경에서 개최된 제4회 대회에서 정식으로 통합되었다. 같은 해 12월 전국을 통제할 아나키즘의 중앙집권 조직으로 일본 무정부공산주의자연맹을 결성하고 1934년 1월 일본무정부공산당으로 개칭하였다. 이러한 일본운동의 순정아나키즘 대 아나르코 생디칼리즘의 분열은 한인들의 아나키즘 운동에도 영향을 주었다.

일성단 聲團 → 흑전사黑戰社

입달학원立達學園

중국 아나키스트 광호생이 1925년 입달학회立達學會를 조직한 후 상해에 설립한 학교이다. 광호생은 1931년 유자명을 입달학원의 농촌교육과에 초빙하였고 이후 입달학원은 유자명을 중심으로 상해 한인 아나키스트의 중심역할을 하였다. 인근의 남상南翔은 상해 한인 아나키스트가 자주 이용한 암살장소이다.

『자아성自我聲』

1926년 1월 일본 동경에서 김태화金泰華, 이춘식李春植 등이 자아성사自我聲社를 조직하고 발간한 잡지이다.

자아인사自我人社

1926년 동경에서 김남수, 김묵, 차동석, 율원일남 등이 조직한 단체이다.

자유노동자협의회自由勞動者協議會

1933년 6월 자유노동조합自由勞動組合의 오우영, 이윤희 등이 동경 내 한인 아나키스트 노동단체를 자유노동자협의회로 통합시키려고 시도한 단체명이다. 동흥노동동맹 지부芝部와 극동노동조합極東勞動組合 등이 찬성했으나 동흥노동동맹 본부의 최학주, 민흥규 등이 반대해 무산되었다.

『자유논전自由論戰』

1931년 5월 장상중이 개인적으로 발간한 아나키즘 선전지이다.

『자유사회自由社會』

최낙종, 최상열 등이 1926년 9월 10일 조직한 관동동흥노동동맹이 『흑우』를 개명하여 발행한 잡지이다. 원심창, 이홍근, 장상중 등이 선전대를 조직하여 조선노동자의 합숙소를 순방하며 배부하였다.

『자유연합신문自由聯合新聞』

지포노동자자유연합의 기관지이다. 동경 동흥노동동맹 지부의 최낙종, 김승팔金承八, 최종관, 이동순李東淳 등은 공산계열의 노조에 대항하기 위해 일본측 흑색노동자연맹과 노동자자유연맹勞動者自由聯盟과 연합하였으며 이들 3개 한일노동단체가 조직한 동 연합이 발행하였다.

자유예술동맹自由藝術同盟

1928년 1월 이향, 김화산, 권구현 등이 조직한 아나키즘 문예단체로 1928년 3월 『문예광』을 발행하였다.

『자유청년自由靑年』

이시우가 1927년 도일하여 흑우연맹에 처 이금순과 가담한 후

1929년 1월 발행한 흑우연맹의 잡지이다.

자유청년연맹自由靑年聯盟

1933년 이승식, 한하연 등이 동경에서 조직한 단체이다.

자유코뮨사

1932년 홍성환, 한하연 등이 조직한 단체로 『自由코뮨』을 발간하였다. 편집은 일본대학 사회과에 재학 중인 홍형의가 담당했으며 매호 1,500부를 각지에 밀송하였다. 전세촌이 번역한 크로포트킨의 『법률과 강권』을 비롯한 팜플렛도 발송하였다.

재만조선무정부주의자연맹在滿朝鮮無政府主義者聯盟

1929년 7월 북만주 해림소학교海林小學校에서 김종진의 주도로 창설한 만주 최초의 한인 아나키스트 단체이다. 김야봉, 이달, 이덕재, 이붕해, 엄형순, 이준근, 이강훈, 김야운 등 17명이 참여하였다. 연맹의 강령은 다음과 같다.

> 1. 우리는 인간의 존엄과 개인의 자유를 완전 보장하는 무지배사회의 구현을 기한다.
> 2. 사회적으로 모든 사람은 평등하므로 각인은 자주창의로 또는 상호부조적 자유합작으로써 각인의 자유발전을 기한다.

3. 각인은 능력껏 생산에 근로를 바치며 각인의 수요에 응하여 소비하는 경제질서의 확립을 기한다.

당면강령當面綱領은 다음과 같다.

1. 우리는 재만동포들의 항일, 반공사상의 계몽 및 생활개혁의 계몽에 헌신한다.
2. 우리는 재만동포들의 경제적, 문화적 향상발전을 촉성키 위하여 동포들의 자치합작적 협동조직으로서 동포들의 조직회에 헌신한다.
3. 우리는 항일전력의 증강을 위하여 또는 청소년들의 문화적 계발을 위하여 청소년교육에 전력을 바친다.
4. 우리는 한 농민으로서 농민대중과 같이 공동노작하여 자력으로 자기생활을 영위하는 동시에 농민들의 생활개선과 영농방법의 개선 및 사상의 계몽에 주력한다.
5. 우리는 자기사업에 대한 연구와 자기비판을 정기적으로 보고할 책임을 진다.
6. 우리는 항일독립전선에서 민족주의자들과 우군적인 협조와 협동작전적 의무를 갖는다

이를 위한 실행계획으로

1) 교포들의 집단정착 사업, 교포의 유랑방지, 집단부락 촉성

2) 영농지도와 개량, 공동판매, 공동구입, 경제적 상조금 고설치 등을 목적으로 하는 협동조합사업

3) 교육 문화사업, 즉 소학 중학의 설립운영, 각지조직의 연락 및 교포들의 소식, 교포들의 생활개선, 농업기술지도 등을 위한 정기간행물간행, 순회강좌, 순회문고 설치, 성인교육과 장학제도

4) 청장년에 대한 농한기의 단기군사훈련

5) 중학출신자로서 군사간부양성을 위한 군사교육기관의 설립운영

6) 항일 게릴라부대의 교육훈련, 계획, 지휘를 맡으며 지방치안을 위한 지방조직체의 치안대 편성지도 등을 위한 통솔부 설치

등을 수립하였다. 김종진은 이후 이을규, 유림柳林 등과 김좌진을 설득하여 신민부新民府를 한족총연합회로 개편하고 아나키즘원리에 기초한 농민자치조직을 조직하였다.

전시공작대戰時工作隊

중국한인 아나키스트의 유격대이다. 1937년 만주사변과 2차 상해사변 후 남화한인청년연맹은 1937년 11월 안휘성安徽省 상요上饒

로 이전하여 한중유격대 활동을 하였다. 1938년 중국군과 연합군에 협력하기 위해 전시공작대를 편성하고 1대는 나월환, 이하유, 박기성 등의 한국청년전지공작대와 2대는 정화암, 유서, 유자명, 이강 등의 전시공작대로 편성하였다. 1대는 서안의 호종남과 협력하여 유격활동을 벌였고 2대는 유자명의 제자인 입달학원 출신의 중국인 악국화岳國華와 김언의 도움으로 한간漢奸제거와 연합군공군사령관 쇼우와 협조하며 미군포로구출에 협력하였다. 또한 일본군에 징병당한 학도병의 귀순공작에도 노력하였다.

전조선흑색사회운동자대회全朝鮮黑色社會運動者大會

관서흑우회가 국내의 아나키스트와 운동방침을 협의하고 연락과 단결을 도모하기 위해 준비한 대회이다. 1929년 8월 8일 관서흑우회 임시총회에서 전조선흑색사회운동자대회를 평양에서 1929년 11월 10~11일 이틀간 개최하기로 결의하고 준비위원에 이홍근, 최갑룡, 채은국蔡隱國 등 9명을 선정하였다. 함남에서 조중복, 임중학, 충남에서 장재욱, 신현상, 함남 정평 차고동, 홍원 홍성환, 강원 양양 김한, 원산 김경진 등이 도착했으나 대부분 체포되어 무산되었다. 남은 아나키스트들이 조선공산무정부주의자연맹을 조직하였다.

전지공작대戰地工作隊 (한국청년전지공작대韓國靑年戰地工作隊)

남경과 상해의 한인청년아나키스트들이 조직하였다. 정식 명칭은 한국청년전지공작대로 중일전쟁에 참여하였다. 대장은 나월환이 맡았으며 서안西安에서 서북지역을 담당한 호종남胡宗南 장군의 호의로 실현되었다. 호종남의 스승은 중국 아나키스트 엽정수이고 호종남의 비서이자 의형제인 '후보이'도 아나키스트였다. 대장 나월환, 부대장 김동수(김강), 정치조장 이하유, 군사조장 박기성, 선전조장 이해평(이재현)이었고 최초 11명, 1년 후 100여 명이 되었다.

정실은호사건正實銀號事件

북경의 재중조선무정부주의자연맹이 운동자금의 조달을 위해 은행을 강탈한 사건이다. 신현상의 호서은행자금을 압수당하자 정화암, 김지강, 양여주, 장기준, 김동우 등이 일본조계日本租界 욱로旭路 중일합작의 정실은호正實銀號에서 3,000원을 확보하였다.

『정의공보正義公報』

1924년 4월 북경에서 조직한 재중국한인무정부주의자연맹의 기관지이다. 이회영이 주관하여 석판石版 순간旬刊으로 간행하였으나 자금난으로 9호를 끝으로 종간되었다. 아나키즘 이론으로 민족주의와 공산주의를 비판하였다. 1928년 상해에서 『탈환』이라 개명하여 속간하였다.

제일루사건第一樓事件

1934년 10월 이정규, 채은국蔡殷國, 이을규, 오남기, 최학주, 장완국, 김현국金顯國, 이영진李英鎭, 유남수柳南洙 등의 아나키스트가 제일루第一樓에서 회합을 준비하던 중 체포된 사건이다. 종로경찰서에 장완국, 김현국(김남해), 이정규, 이을규, 이영진, 유남수, 오남기가 체포되고 평양의 김자강과 호남의 이모李謀도 체포되었다. 피의자는 이정규, 채은국, 이을규, 오남기, 최학주 5인이었지만 증거불충분으로 이정규, 채은국 두 사람만 각 3년이 구형되었다. 국내 아나키스트 탄압을 위한 사건이다.

제주도 우리계濟州道 宇利契

고병희는 1927년 3월 조대수, 강기찬, 김형수 등을 방문하여 제주에는 공산사회보다 무정부사회가 적합하다고 판단하고 4월 9일 김형수의 집에서 아나키즘을 토론하고 월 1회 회합하기로 결정하였다. 5월 5일 운동자금의 조달방법으로 계를 조직하여 월 300원을 출자하기로 결정하였으나 체포되었다. 제주 해안가 12포浦 마을의 진보적 지식인인 은행, 금융조합, 학교 등의 공무원 등과 실업가, 유지를 망라한 조직이다.

조도전대학 동창회사건早稻田大學 同窓會事件

동경 조선인 유학생학우회는 1935년 2월 일제에 의해 해산되나 각 대학의 동창회는 유지되어 1939년 12월 조도전대학 연례동창회에서 일제를 성토한 발언으로 하기락, 김정수, 홍종한, 이말봉, 유봉찬, 김신자, 최문환 등이 체포된 사건이다.

조선공산무정부주의자연맹朝鮮共産無政府主義者聯盟

　관서흑우회가 조직한 단체이다. 1929년 8월 8일 임시총회에서 전조선흑색사회운동자대회를 평양에서 동년 11월 10~11일 양일간 개최하기로 결정하였다. 대회는 대동군大同郡 기림리箕林里에서 개최하기로 결정하고 준비위원으로 최갑룡, 이홍근, 채은국蔡殷國, 조중복 등 9명을 선정하였으며 취지는 각 지방에 직접 방문하여 설명하기로 결정하였다. 조중복, 임중학, 장재욱, 신현상, 차고동, 홍성환, 김한, 김경진 등이 도착 즉시 체포되었다. 유화영(유림)은 만주에서 도착했으나 채은국이 평양으로 대피시키고 일부는 진남포鎭南浦와 한천漢川으로 피신하였다. 대회는 무산되었으나 남은 회원들이 예정된 날짜에 평양 기림리 공설운동장 인근 소나무 숲에서 조선공산무정부주의자연맹을 결성하고 관서부關西部, 일본부日本部, 만주부滿洲部를 설치하였다. 사무소는 시내 관후리館後里로 이전하고 최갑룡과 조중복이 상주하였다. 1930년 8월 연맹의 사업을 위해 최갑룡, 조중복이 숙천肅川의 박희춘(김건金健의 처), 안주安州의 이혁, 한천漢川의 전창섭을 순방하였다.

조선노동자합동조합朝鮮勞動者合同組合

　1931년 조직된 동흥노동동맹 북부지부의 중심인물인 김학준이 1933년 11월 동 지부의 제2회 대회에서 개명한 이름으로 1935년 3월 사무소를 황천구荒川區 남천주南川住로 이전하고 『조선노동자합동조합뉴스』를 발행하였다.

『조선노동자합동조합뉴스』

동흥노동동맹 북부지부의 김학준이 1935년 3월 사무소를 황천구 남천주로 이전하고 발행한 잡지이다.

『조선동흥노동朝鮮東興勞動뉴우스』

양일동이 1935년 3월 2일 발행한 재일한인노동자들을 위한 소식지이다.

조선무산자사회연맹朝鮮無産者社會聯盟

1924년 6월 12일 오사키에서 김대회金泰華, 최선명, 고순흠 등이 조선인의 실력을 향상시키고 신문화를 건설할 목적으로 결성한 단체이다. 산하에 오사카 조선인 여공의 권익향상과 친목도모를 위해 여공보호회(조선여공보호연맹)를 설치하였다.

조선무정부주의자 북경회의朝鮮無政府主義者 北京會議

신채호가 주관한 아나키스트 회의이다.

조선에스페란트문화사

홍형의가 1937년 에스페란토어를 보급하기 위해 설립한 단체이다. 에스페란토어 잡지 *Korea Esperantista*를 발행하였으나 1939년 3월 폐간되었다.

조선여공보호연맹朝鮮女工保護聯盟(여공보호회女工保護會)

고순흠, 설명선, 김태화, 최선명 등이 1924년 6월 12일 조직한 조선무산자사회연맹 산하에 오사카거주 한인 여성노동자들의 권익보호와 복리증진을 위해 만든 것으로 여공보호회로도 알려졌다.

조선여자구락부朝鮮女子俱樂部

1931년 11월 16일 방남희方南熙가 발기하여 상호부조와 부인참정권을 획득할 목적으로 오사카 한인여성을 규합하여 조직하였다.

조선인동우회朝鮮人同友會

관서흑우회 사건 이후 일본으로 도피한 장선수 등의 평양양화직공 조합원 10여 명이 병고현兵庫縣에서 1931년 6월 21일 신호神戸거주 조선인의 친목과 사상계몽을 목적으로 조직하였다.

조선일반노동조합朝鮮一般勞動組合

동경의 강동교직업소개소 등록단체인 강동교소개소 등록노동자협의회는 아나키즘계와 공산계가 연합한 단체였으나 사상적으로 대립하자 아나키스트 오우영 등이 협의회를 탈퇴하여 동경일반노동자조합주비회를 결성하였다. 1935년 1월 21일 오후 7시 동경 본소구本所區 녹정綠町 4-21번지에 오우영, 이윤희, 이규욱 등 15명이 참석하여 주비회를 개최하였다. 사회에 이규욱, 경과보고 이윤희가 진행하여 선언, 강령, 규약 등을 통과시킨 후 동년 10월 30일 순수 아나키즘 단체인 조선일반노동조합을 결성하였다.

『조선일보朝鮮日報』 습격사건襲擊事件

1930년 6월 『조선일보』의 아나키즘 운동에 대한 편파보도에 이혁과 유현태가 정정과 사과를 요구했으나 응하지 않자 이광래, 승흑룡, 김지홍 등과 함께 신문사 윤전기에 모래를 뿌려 신문을 마비시킨 사건이다.

조선자유노동자조합朝鮮自由勞動者組合

1927년 동경에서 설립된 아나키스트 조직이다. 박열의 의지를 계승하려는 장상중, 원심창 등은 1923년 지진을 기회로 천황음모사건으로 와해된 불령사를 1926년 11월 12일 재건하고 『흑우』 2호를 발행하였고 1927년 2월 다시 흑풍회로 개칭하였다. 아나보르의 대립이 격화되자 장상중, 이홍근 등은 팔태주삼, 신거격, 망월계 등과 협력하여 1927년 2월 흑풍회 사무소에 조선자유노동자조합을 조직하고 동흥자유노동조합을 산하에 두었다. 1933년 3월 15일 자유노동자조합은 조합의 활성화를 위해 임시대회를 개최하고 조직변경을 결정하였다. 조직을 3개로 나누고 회계, 쟁의, 선전, 문화, 정보부를 설치하였다.

조선자유노동조합朝鮮自由勞動組合

1927년 2월 불령사를 흑풍회로 개명한 후 이홍근, 장상중, 오우영,

김제원, 변영우 등이 동년 2월 3일 흑풍회 산하에 설립한 조합으로 회원 수 100여 명으로 사무소는 본소本所 록정綠町 5-17번지에 있었다.

조선학전관朝鮮學典館

일본 항복 후 정화암, 이하유 등이 중국의 이석증, 오치휘, 양가락, 주세 등의 협조로 설립한 중국내 조선연구소이다. 부설기관으로 신채호학사를 설치해 신채호 연구를 지원하였다. 조선학전관과 신채호학사는 위혜림韋惠林의 사저를 사용하였다.

「조선혁명선언朝鮮革命宣言」

신채호가 집필한 일제하 대표적인 항일선언이다. 의열단선언義烈團宣言으로도 알려져 있고 유자명이 의열단 단장인 김원봉金元鳳을 신채호에게 소개하여 집필하였다. 민족주의 단체인 의열단을 위한 대일항쟁 선언이었지만 신채호가 아나키즘에 공감하던 시기였기 때문에 아나키즘의 '파괴건설론破壞建設論'과 '민중직접혁명론民衆直接革命論'이 함축되어 있다.

중국 아나키즘 운동의 여명

1907년 파리에 유학한 이석증, 장정강, 오치휘, 제민의 등 아나키즘에 영향 받은 파리그룹은 『신세기新世紀』를 창간하고 3년간 아나키즘을 선전하였다. 『신세기』는 찬반贊反을 중국에 적용하여 아나키즘 이론을 중국에 침투시켰다. 반종교, 반전통, 반유교, 반가족, 반방종,

반엘리트, 반통치, 반군국, 반국가를 표방하여 기존 질서의 파괴를 주장하였다. 파괴한 이후에 찬자유, 찬과학, 찬인도, 찬폭력, 찬혁명, 찬코뮨, 찬국제를 역설하였다. 파리그룹은 중국의 전근대적인 사회를 개혁하기 위해 아나키즘이 필요하다고 인식하고 젊은 청년을 파리에 초청하여 노학운동勞學運動을 장려하였다. 인쇄소와 두부공장 등을 설립하여 노동하면서 학업을 계속할 수 있게 도와주고 리용Lyon에 중국인 전용 대학을 설립하였다. 오치휘는 중국에서 아나키즘을 실현하기 위해 1단계로 손문孫文의 삼민주의三民主義에 참여하고 2단계로 동맹회同盟會를 우군友軍으로 만든다는 계획을 세웠다. 일본 동경에서도 장계張繼, 유사배 등이 유학생들이 햅더추수, 대산영 등과 교류하며 아나키스트 그룹을 형성하였다. 이들은 1907년 사회주의 연구회를 조직하고 『천의보天義報』를 간행하여 아나키즘을 선전하였다. 국내에서는 파리 『신세기』의 신봉자인 유사복劉思復이 광동廣東에서 회명학사晦鳴學舍를 설립하고 활동하였다. 회명학사의 기관지 『회명록晦鳴錄』과 『민성民聲』은 푸르동, 바쿠닌, 크로포트킨의 아나키즘을 쉽게 해설하였다. 강항호江亢虎의 중국사회당中國社會黨도 무정부, 무가족, 무종교를 주장하여 아나키즘의 이론을 일부 수용하였다. 이러한 중국의 초기아나키즘은 대도시를 중심으로 점차 확산되어 이후 등장하는 볼쉐비즘과 중국사상계에 영향을 준다. 중국에 망명한 한인들은 북경을 중심으로 파리그룹과의 교류를 통해 아나키즘을 수용한다.

중부흑색일반노동조합中部黑色一般勞動組合

1932년 애지현의 박경조 등 5명이 가입하여 활동한 조합이다.

중한청년연합회中韓靑年聯合會

남화한인청년연맹이 중일전쟁이 발발하자 중국인무정부주의자와 연합하여 1937년 9월 중순 조직한 한중연합투쟁기관이다. 연합회는 10월 5일 『항전시보』 1호, 10월 15일 2호를 발행하였다.

지포노동자자유연합芝浦勞動者自由聯合

1932년 7월 동경 동흥노동동맹 지부의 최낙종, 김승팔金承八, 최종관, 이동순李東淳 등이 공산계열의 노조에 대항하기 위해 일본측 소촌진청小村眞淸의 흑색노동자연맹과 식촌진植村眞의 노동자자유연맹勞動者自由聯盟 등과 연합하여 3개 한일노동단체가 조직한 조합이다. 동 조합은 『자유연합신문』을 발행하였다.

진우연맹眞友聯盟

1925년 9월 대구에서 조직한 아나키스트 비밀결사이다. 서동성, 신재모申宰模, 방한상, 서학이(서흑파), 정명준(정흑도鄭黑濤), 하종진, 김소성 등이 창립한 후 마명, 우한용, 안달득 등 10여 명이 추후 가입하였다. 이들은 무정부주의에 기초한 신 사회 건설을 목표로 국체를 변혁하여 사유재산을 철폐하고 만인이 정치, 경제적으로 평등한 사회를 만들기 위해 조직하였다. 김동석은 대구 신정新町의 신재모申

宰模의 집에서 1. 일본흑색청년연맹과 제휴하여 2. 부호에게 자금을 조달하고 3. 2년 안에 대구의 주요 관공서의 파괴와 요인암살을 위한 파괴단破壞團을 조직하기로 계획하고 선언과 강령을 기초하였다. 파괴단의 폭탄은 상해 민중사民衆社의 고백성(유림柳林)을 통해 구입할 계획이었다. 진우연맹의 김정근(김묵)은 박열의 유지를 계승하기 위해 노력 중이었으며 율원일남과 서동성도 동경에서 박열의 운동에 참여하였다. 일본흑색청년연맹의 창립선언도 직접행동을 주장하여 진우연맹에 영향을 주었다. 유림은 방한상에게 아나키즘 조직을 다수 조직할 것을 권유하고 상해에서 추진 중인 원동遠東아나키스트 연맹에 가맹할 것을 권유하였다.

진주농업학교 비밀결사사건晉州農業學校秘密結社事件 → 동모회同僚會

진주아나키스트사건

1928년 박열사건에 연루된 단천출신 정태성이 친구인 진주의 이경순을 방문하여 홍두표와 진주군 금산면 청곡사靑谷寺에 머물며 '아나키즘서적'을 탐독한 혐의로 체포된 사건이다.

창원흑우연맹昌原黑友聯盟

창원공립보통학교 교사 조병기가 손조동, 박창오, 박순오, 김두봉金斗奉, 김상대, 김태석 등과 독서회로 출발하여 조직한 비밀결사이다. 1929년 2월 상해의 이석규가 창원을 방문한 것이 계기로 정명복의 편지 내용이 빌미가 되어 인근지역의 아나키스트가 검거되었다. 김형윤과 김산金山을 중심으로 한 마산馬山아나키스트 그룹과 협력하였다.

천영이속민단편련처泉永二屬民團編練處(민단편련처民團編練處)

중국측의 부탁으로 이을규, 이정규 형제와 정화암 등 한인 아나키스트들이 중국 아나키스트와 협력하여 복건성 천주泉州에서 활동한 농민자위운동이다. 정정불안으로 10개월 후 1928년 5월 초 상해로 귀환하였다.

천진동방연맹天津東方聯盟

남경동방연맹이 개최되기 한 달 전 신채호, 임병문 등이 천진에서 개최한 연맹으로 정식 명칭은 동방무정부주의자연맹이다. 4월 대회를 개최하여 기관지발행을 결의하고 발행자금을 위해 위체위조에 참여하다 체포되었다.

천진폭파미수사건天津爆破未遂事件

항일구국연맹 행동부行動部인 흑색공포단의 유기석, 유기문柳基文 형제와 천리방千里芳 등이 북경아나그룹의 정래동, 오남기, 국순엽 등과 협의한 후 1932년 12월 16일 오후 6시 30분 천진시내에 동시에 폭탄을 투척한 사건이다. 유기문이 천진일청기부두天津日淸汽埠頭에서 11,000톤의 기선에 폭탄을 투척하나 폭탄이 바다에 빠져 미수로 그쳤고 같은 시각에 천리방千里芳은 천진일본영사관에, 유기석은 일본병영에, 이용준은 일본영사관저에 동시에 폭탄을 투척하였다.

철산흑우회鐵山黑友會

안주흑우회의 안봉연, 김용호, 한명용 등과 연락하여 1930년 정철, 홍형의, 김리원金利元 등이 비밀결사로 조직하였다. 이후 경찰에 조직이 노출되어 100여 명이 검거되어 20여 명이 옥고를 치렀다.

청년무지배자연맹靑年無支配者聯盟

1929년 송영운 등이 동경에서 조직하였다.

충주문예운동사忠州文藝運動社

1929년 충주에서 조직한 아나키즘 문예운동이다. 동년 2월 18일 권오돈權五惇, 안병기安秉琦, 김학원, 정진복, 서상경, 서정만, 김현국金顯國 등은 충주군 충주면 읍내리邑內里 정운자鄭雲慈가 운영하는 금성여관金城旅館에서 무정부주의 실현을 목적으로 충주문예운동사란 비밀결사를 조직하고 선전을 고취하기 위하여『문예운동文藝運動』을 발간하기로 합의하였다. 이 사건의 서상경은 박열사건과 서울 흑기연맹에 참여한 경력이 있으며 서정만도 흑기연맹에 참여하였다. 이들은 동년 5월에 체포되어 대부분 2년에서 5년의 실형을 선고받았다.

크로포트킨 연구회

1926년 9월 심용해, 유기석, 정래동, 오남기 등의 북경국민대학 학생들이 만든 독서클럽이다. 이들은 방미애方未艾란 익명으로 북경 중앙우체국의 사서함을 통해 각국 아나키스트와 교류하였다.

Korea Esperantista

홍형의가 1937년 설립한 조선 에스페란트 문화사가 간행한 에스페란트 잡지로 1939년 3월 폐간되었다.

ㅌ

『탈환奪還』

재중조선무정부주의자연맹이 1928년 상해에서 『정의공보』에 이어 발간한 기관지이다. 창간호는 1928년 6월 1일 발행했으며 6월 15일 창간호 증간호를 발행하였다. 6호는 1929년 6월, 7호는 1930년 1월 1일, 9호는 1930년 4월 20일 발행하였다. 창간호의 목차는 '탈환의 주장', '무정부공단주의로 가는 길', '혁명원리와 탈환', '무정부주의자이 본바 조선독립운동', '재중국 조선 무정부주의지 연맹 발기문', '탈환의 첫소리' 등이다. 7호의 목차는 '탈환을 다시 발간하면서', '북만한인청년연맹선언', '광주사건에 대해서', '내지 학생제군에게 고함', '아등의 요구', '우리는 어찌하여 무정부주의자가 되었나', '근하신년' 등이다.

『토민土民』

1927년 2월 9일 박철, 김춘섭 등이 조직한 동경 동흥노동동맹 고전부高田部의 김춘섭이 1933년 9월 1일 창립한 아나키스트 문예잡지사가 발간한 잡지이다.

토민사土民社

1933년 9월 1일 동흥노동동맹 고전부의 김춘섭이 창립하였다.

『토민』을 3호까지 발간하나 발매금지되었다.

TK단團

1930년 진주농업학교晉州農業學校의 박봉찬, 조용기, 하충현, 김대기, 이덕기李德基 등이 조직한 비밀결사 동모회의 별칭이다.『반역』이란 자체 유인물로 학습을 하고 1931년 2월 동교의 동맹휴학을 주도하였다.

ㅍ

평양농촌운동사平壤農村運動社

1928년 평양에서 최갑룡, 오치섭 등이 조직한 단체이다.

평양목공조합平壤木工組合

평양 관서흑우회의 산하단체로 최복선, 박도성朴道成 형제가 조직한 조합이다. 관서흑우회는 1927년 12월 평양 창전리倉田里 천도교 강당에서 관서지방 아나키스트연합체로 관서동우회 창립대회를 개최하고 1년 후 개칭하였다.

평양양화직공조합平壤洋靴職工組合

양화직공洋靴職工 이효묵, 박래훈, 김찬오, 한명암 등이 평양에서
관서흑우회 산하단체로 조직한 조합이다.

풍뇌회風雷會 → 흑노회黑勞會

학생연맹學生聯盟

1926년 동경 유학생학우회 총회에서 무정부계와 공산계가 상충
한 후 서로 별개의 단체로 분리할 때 아나키즘 계열이 만든 조직이다.
안종호, 최학주, 유치진 등은 정교구淀橋區 상락회上落會 1-299번지
에 사무소를 두었으나 1935년 잠시 동흥노동동맹 본부에 있다 동년
8월 10일 우입구牛込區 하전정河田町 17번지로 이사하였다.

학생운동－1930년대 아나키스트 그룹

1929년 광주학생운동 전후로 경성제대京城帝大의 정영섭鄭永燮, 정
인태鄭麟澤, 이종준李鐘駿, 조규선曹圭宣, 중동고보中東高普의 양일동, 이
하유, 휘문고보徽文高普의 장홍염張洪琰, 보성고보普成高普의 조한응, 고
신균, 제이고보第二高普의 하공현, 하기락, 진주농교晉州農校의 김주태

金周泰, 대구고보大邱高普의 차태원, 대구교남학교大邱橋南學校의 송명근
宋明根 등이 아나키스트 학생운동을 주도하였다. 하공현, 이하유, 장
홍염 등은 주동자로 서대문형무소에 투옥되었고 나머지는 퇴학이나
무기정학을 받았다. 양일동은 퇴학 후 1930년 3월 오재덕吳在德, 이
영욱李永昱과 북경으로 갔고, 장홍담도 석방 후 북경으로 갔다. 이들
은 북경에서 백정기, 정래동, 오남기, 국순엽 등과 교류했다. 양일동
은 만보산 사건 후 1931년 가을 동경에서 동흥노동동맹과 『흑색신
문』에서 활동 중 1935년 체포되었다. 이하유도 석방 후 동경에서 아
나키즘 운동에 가담했다. 이석규는 동래고보東萊高普 퇴학 후 상해 동
방무정부주의자연맹에 국내대표로 참석했으며 이정규와 같이 체포
된 후 국내로 추방되어 보성고보에 편입했다. 하기락도 중앙고보中央
高普에 편입했다. 보성고보의 조한응, 남상옥南相沃, 고신균, 이석규,
구자익, 중앙고보의 하기락, 장현직, 중동고보의 고순욱 등은 교내 아
나키스트 서클을 만들고 동경과 연락하며 출소한 이정규의 지도를
받았다. 조한응은 연희전문延禧專門에 진학하여 장현직, 고순욱 등과
운동을 계속했다. 송명근과 차태원은 1931년 부산에서 반전유인물
을 살포하였다.

학우회사건學友會事件

1928년 신간회新幹會 동경지부사무실을 아나키스트 학생들이 습
격한 사건이다. 동년 6월 7일 민족계열과 공산계열이 합동으로 동경
조선유학생 학우회 춘계운동회 개최 건을 협의하던 중 아나키스트

학생들이 기습하여 권상근이 사망하고 다수가 부상하였다. 본국의 재해에 관심을 두지 않고 체육대회를 개최하는데 분개한 아나키스트의 소행이었다.

한국 아나키즘 운동의 성격

한국 역사에서 아나키즘적 요소를 찾아볼 수 있으나 근대적 의미의 한국 아나키즘 운동은 1921년 일본에서 조직된 흑도회로부터 시작되었다. 일본에 유학한 다수의 학생과 생계를 위해 도일한 노동자들 사이에 사회주의사상이 확산되면서 이후 일본의 아나르코-생디칼리즘이 영향으로 노동운동이 주류를 이루었다. 박열의 친황암살 음모와 건달회 등의 일부 직접행동파가 있었으나 각종 노동단체를 중심으로 합법적 노동운동이 주류를 이루었다. 한편 중국에서는 일본에 비해 교민이 소수이고 대부분이 망명 혁명자로 일본통치가 미치지 못하여 혁명적 직접투쟁에 주력하였지만 한계에 부딪쳤다. 국내의 운동은 이강하가 1923년 조직한 흑노회가 시초로 이후 일본에서 귀국한 학생들에 의해 확산되었다. 1920년대 초의 사상계의 분위기는 아나키즘이 확산될 토양이 마련되어 있었다. 최초의 근대적 노동단체인 조선노동공제회의 『공제』와 대표적인 사회주의 잡지인 『신생활』에 볼쉐비즘보다 아나키즘 관련기사가 많이 소개되었다는 사실은 이를 보여준다. 이후 조직된 1920년대의 아나키즘 운동은 일제의 탄압에도 불구하고 전국규모의 연락망을 구축할 정도로 활발하였지만 식민지 치하의 특성상 대부분 지하조직으로 장기적이 될

수 없었다. 1930년대의 운동은 사실상 개인적인 투쟁이나 연구회 수
준 이상의 활동은 기대하기 어려웠다.

한국청년전지공작대韓國靑年戰地工作隊 → 전지공작대戰地工作隊

한족총연합회韓族總聯合會

1929년 7월 북만주 해림소학교海林小學校에서 김종진의 주도로 김
야봉, 이달, 이덕재, 이붕해, 엄형순, 이준근, 이강훈, 김야운, 이을규,
유림柳林 등이 참여하여 조직한 재만조선무정부주의자연맹이 김좌
진을 설득하여 신민부新民府를 개편한 단체이다. 조직과 임원은 다음
과 같다.

> 총연합회 위원장 김좌진 부위원장 권화산
> 농무위원장 겸 조직선전위원장 김종진 부위원장 한청암, 정신
> 교육위원장 전명원 부위원장 박경천
> 군사위원장 이붕해 부위원장 강석천
> 각부차장 이달, 김야봉, 김야운, 이덕재, 엄형순

조직선전부의 관할구역은 제1대 해림이서海林以西부터 일면파一面
波까지, 제2대 해림이동海林以東부터 오참五站까지, 제3대 길림吉林부
터 돈화敦化까지 연선일대沿線一帶이었다.

한중합동유격대韓中合同遊擊隊

만주사변 후 1937년 11월 남화한인청년연맹이 안휘성安徽省 상요 上饒로 근거지를 이동한 후 중국인과 연합하여 조직한 부대로 안휘성 安徽省, 강서성江西省, 복건성福健省, 호북성湖北省 등에서 활동하였다.

한천자유노동조합漢川自由勞動組合

평원군平原郡 한천漢川의 박종하朴宗夏와 전창섭 등이 조직한 아나 키스트 노동조합이다.

한천청년회漢川靑年會

평원군 한천의 박종하와 전창섭 등이 조직한 아나키스트 청년회 이다.

함흥소년회咸興少年會

1928년 김신원, 주찬화, 강석율, 권상점, 고신균, 주낙찬, 고순욱, 한상국, 노병용, 이상락, 신현송, 장현직, 박헌진, 김순덕 등 함흥의 청년 30여 명이 함흥 동명극장東明劇場에서 조직하였으며 사무소는 중하리中荷里 마을회관에 설치하였다. 김신원과 고순욱은 『선구자』 를 비밀리에 출판하였다.

함흥자연과학연구회咸興自然科學研究會

1925년 5월 함흥 주길정注吉町 신성여관新城旅館에서 김신원, 고탑,

안종호, 김경식, 한희하, 이병문, 한국하, 주낙찬, 고신균, 고순욱, 이응수, 홍일하, 김병순, 김호진, 박용덕 등이 조직하였다.

함흥정진청년회咸興正進靑年會

1925년 7월 함흥 중리中里 천도교당 교구당에서 김신원, 고탑, 고순욱, 고신균, 안호필, 주길찬, 한낙영, 조영성, 김경식, 안증현 외 70여 명이 조직한 단체로 평양의 이홍근이 사회를 보았다. 이들 대다수는 함흥고등보통학교 출신으로 1928년 9월 함흥고보 맹휴를 주도하였다. 1931년 3월과 1933년 5월 학교에서 공산계열의 학생과 충돌하여 다수의 사상자를 내었다.

항일구국연맹抗日救國聯盟

1931년 11월 중순 상해 프랑스조계에서 이회영, 정화암, 백정기白貞基, 김지강 등 한국인 7명, 왕화王華 등 중국인 7명, 전화민, 오세민 등 일본인이 결성한 한중일 3국 국제투쟁조직이다. 목적은 폭력 수단으로 일체의 권력을 배제한 공산주의 사회를 건설하는 것이었다. 중국인 아나키스트 왕아초와 화균실이 이회영과 정화암에게 항일공동전선을 제의하여 선전, 연락, 행동, 기획, 재정 5부를 설치하고 이회영은 기획위원, 왕아초는 재정위원과 무기조달을 겸임하였다. 기획부는 프랑스조계와 조계인근의 중국인거리에 인쇄공장과 미곡상을 운영하며 ① 적 주요기관의 조사와 파괴, 적 요인의 암살, 중국 친일분자의 숙청, ② 배일선전을 위한 문화기관의 동원과 선전망의 조직 등을 기획하였다. 행동부인 흑색공포단은 프랑스조계 소배덕로疎輩德路에서 결성한 후 조선, 일본, 중국순서로 지부를 조직하기로 결정하였다. 다른 자료에는 경제부에 왕아초, 선전부에 전화민(좌야일랑佐野一浪), 인사부 조선인부에 백정기, 일본인부에 좌야일랑, 중국인부에 화균실과 왕아초가 임명되었고 이후 대만인부에 임성재林成材, 미국인부에 존슨이 임명되었다. 백정기는 이수현, 김지강, 이달, 엄형순, 양여주, 이강훈 등을 입단시켰다.

『해방운동解放運動』

동경 조선동흥노동동맹이 1929년 3월 간행한 한글기관지로 이정규李政圭 등이 참여하였다.

『항전시보抗戰時報』

남화한인청년연맹이 중일전쟁이 발발하자 중국인무정부주의자와 1937년 9월 중순 중한청년연합회를 조직하고 발행한 잡지이다. 동년 10월 5일 1호, 10월 15일 2호를 발행하였다.

「허무당선언虛無黨宣言」

대구의 윤우열이 집필한 아나키스트선언이다. 윤우열은 중동학교, 기독교청년회 영어과, 동경 정칙正則영어학교에서 수학하였으며 대구의 청년회와 철성단에 참가하였다. 1923년 이래 아나키즘에 심취하여 직접행동을 주장하였다. 1925년 흑기연맹사건 후 전남 출신 박흥곤朴興坤과 혁명 실천을 결심하고 1925년 11월 대구 자택에서 선언서를 작성하였다. '혁명을 앞에 둔 조선은 불안과 공포로 신음하고 있는 이때를 당하여 폭파, 방화, 총살의 직접행동을 주장하는 허무당은 분기하였다'로 시작한 선언은 폭파, 방화, 총살로 복수를 주장하였다. 1926년 1월 서울 견지동 조선청년총동맹 사무소와 서대문 이정목二丁目 한성강습원 등사판을 이용하여 하은수와 안병희의 도움으로 인쇄한 후 계동 전일全一의 방에서 전국에 발송하였다. 양명, 강정희姜貞嬉, 이윤재李允宰 등의 집에서 피신하다 팔판동에서 체포되었다.

『현사회現社會』

흑우회의 기관지『불령선인』이 일제의 간섭으로 개명한 잡지 이름이다. 4호에 박열의 「조선의 민중과 정치운동」, 육홍근의 「소위 다수의 정체」, 한현상의 「욕구欲求」 등이 게재되었다.

혈맹단血盟團

오면식이 상해에서 조직한 직접투쟁 기관이다. 평남 32세 한도원, 평남 22세 김승온, 경성 34세 김정근 등이 오면식과 체포되었다. 1933년 3월 이종홍李鍾洪을 암살하고 동년 6월 상해로 귀환하여 정화암, 이용준, 이달, 박기성 등과 원창공사元昌公司를 습격하였다.

호서은행사건湖西銀行事件

아나키스트 신현상이 자금을 탈취한 사건이다. 친척인 최석영이 미곡상米穀商으로 거래은행인 호서은행湖西銀行에 신용이 있음을 이용하여 호서은행에 근무하던 신현상이 1930년 2월 15회에 걸쳐 58,000엔을 인출한 후 일부를 함남咸南 정평定平의 차고동과 아나키스트 운동에 사용할 목적으로 북경으로 가져왔다. 이 자금을 아나키즘 운동에 사용하기 위해 재중조선무정부부주의자연맹 북경회의가 소집되었으나 회의 중 전원이 체포되고 자금도 압수되어 무산되었다.

『호조운동互助運動』

한하연이 1928년 2월 도일 후 흑우연맹에서 활동 중에 원심창, 정태성 등과 발행한 잡지이다.

홍원독서회洪原讀書會

1938년 홍원에서 조직한 독서회이다.

화광병원華光病院

사천성四川省 출신의 중국인 아나키스트 등몽선이 1912년 일본에 유학한 후 귀국하여 상해에 개업한 병원으로 아나키스트들의 연락장소 역할을 하였다. 한인 아나키스트에 도움을 준 중국인 아나키스트 진광국이 운영한 서점도 있다.

흑기(흑색)노동자연맹黑旗(黑色)勞動者聯盟

동경 재일한인 아나키스트들이 계림장을 한애요汗愛寮로 개칭하고

고학생중심으로 개혁을 시도하자 이에 맞서 1929년 계림장측에서
는 조선노동공조회朝鮮勞動共助會를 조직하여 통제를 시도하였다. 이
에 정찬진, 이성훈 등을 중심으로 1930년 10월 14일 조직한 단체이
다. 1938년 1월 31일 연맹의 해체 시까지 일본 내 한인 아나키즘 운
동의 일익을 담당하였다.

흑기연맹黑旗聯盟

1925년 서울에서 조직한 아나키스트 단체이다. 동년 12월부터
이복원, 한병희, 이창식, 서상강徐相康, 홍진유, 서정만, 서천순, 곽철,
신영우 등은 아나키스트 조직을 구상하고 서울과 충주를 중심으로
동지를 규합하여 1925년 3월부터 서울 낙원동 수문사에서 취지서
와 강령을 작성하였다. 선언서를 최초 신영우가 기초하여 이복원이
완성한 후 『동아일보』, 『조선일보』, 『시대일보』 등에 전달하였다.
동년 5월 초 창립대회를 예정하였으나 체포되어 무산되었다. 선언
서는 인류는 절대적 자유와 평등의 권리가 있으며 정치경제적으로
이에 반하면 파괴해야 된다고 주장하였다. 강령에는 자아확대를 저
해하고 만인의 행복을 유린하는 제도의 파괴와 권력조직을 배척하
는 내용이 포함되었다. 이들은 모두 실형을 선고받고 복역하였으며
한병희, 곽철, 이창식 등은 출소 후 감옥에서 얻은 정신질환으로 자
살하였다.

흑기연맹黑旗聯盟

1924년 북경국민대학에서 한국인과 중국인이 조직한 한중연합 아나키스트 조직으로 유기석, 심용해가 연맹의 핵심인물이었다.

흑노회黑勞會(동경)

흑도회에서 공산계열과 분리된 후 박열 등이 조직한 순수아나키즘 단체이다. 1921년 11월 29일 민족주의, 공산주의, 무정부주의가 참여한 재일조선인 최초의 사상단체인 흑도회가 1922년 12월 공산주의계와 무정부주의계로 분열하여 전자는 북성회北星會, 후자는 흑노회(풍뇌회)가 된다. 이후 흑우회로 개칭하였다.

흑노회黑勞會(서울)

1923년 2월 21일 서울에서 이강하가 조직하였다. 1921년 동경에서 조직된 흑도회가 1922년 박열의 흑노회와 김약수의 북성회로 분열된 후 이강하가 서울에 들어와 아나키스트 조직을 만들었다. 이후 양희석 등이 선구독서회로 그 맥을 이어갔다.

『흑도黑濤』

1921년 11월 29일 창립된 흑도회의 기관지이다. 1921년 7월과 8월에 박열이 1호와 2호를 발간하였다.

흑도회黑濤會

1921년 10월 원종린은 신인연맹新人聯盟이란 사상단체의 조직을 기도하여 그 창립취지서를 발표하고 약 10명의 동지를 획득하는 한편 임택용도 별도로 흑양회를 계획하였으나 김약수, 백부, 박준식 등이 준비 중이라 암좌작태랑의 지도를 받아 1921년 11월 29일 20여 명이 회합하여 흑도회를 결성하였다. 김판권, 권희국, 원종린, 김두전(김약수), 박준식(박열), 임택용, 장귀수, 김사국, 정태성, 소봉암과 기타 약 10여 명이 참여하였다. 민족주의, 공산주의, 무정부주의가 참여한 재일조선인 최초의 사상단체이다. 1922년 12월 공산주의계와 무정부주의계가 분열하여 전자는 북성회北星會, 후자는 흑노회(풍뢰회)로 분열되었다. 흑노회는 흑풍회로 개칭하고『후도이 센진』과『현사회』등을 발간하였다. 1922년 4월 박열, 김자문자, 육홍균, 최규종 등이 비밀결사인 불령사를 조직하고 직접행동을 시도하다 박열 등 19명이 체포되어 불령사가 해체되었다.

흑색공포단黑色恐怖團

1931년 10월 상해 프랑스조계에서 조직한 한중일 3국 합동 아나키스트 조직인 항일구국연맹의 산하조직이다. 이회영, 정화암, 백정기 등 한국인 7명과 왕아초와 화균실 등 중국인 7명 그리고 전화민, 오세민 등의 일본인이 조직하였다. 동 연맹의 행동부인 흑색공포단은 왕정위汪精衛 저격 등 많은 테러를 감행하였다.

『흑색신문黑色新聞』

흑우연맹의 기관지로 1930년 8월부터 1936년 5월까지 매호 2면에 3,000부를 인쇄하여 총 37호를 간행하였다. 흑우연맹이 동흥노동동맹과 자유청년연맹과 협력하여 간행하였다. 1930년 5월부터 기관지발간을 준비하여 이문열을 책임자로 지명하고 홍승우洪承祐와 협력하여 동년 8월 1일 창간호를 발간하였다. 1931년 4월 회의에서 재정은 재일조선인 아나키즘 단체 및 노동조합에서 출연하고 편집위원은 최학주, 오우영, 진철, 한하연, 양일동, 오치섭, 최낙종, 민노봉, 정찬진으로 지명하였다. 편집은 매 25일 편집위원회가 결정하고 실무사는 내용을 안배하고 인쇄는 최낙종이 밑기로 결정했다. 1932년 최학주가 담당했으나 발간이 중단되었고 1932년 10월 하순 신전구神田區 서소천정西小川町 2-6번지로 이사후 9호, 11월 15일 10호를 발간하였다. 1935년 이동순李東純이 담당하고 홍성환이 35호와 36호를 발간하였으나 정찬진이 1935년 5월 6일 폐간하였다.

『흑색신문』 주요기사

1932년 18호는 국치특집호國恥特輯號였다. 24호 「1934년의 투쟁혈로鬪爭血路에 선 만천하 동지에게 고한다」, 26호 「3·1행동에 사상이 있게」, 29호 「재중국 조선 아나키스트 운동 개황」, 30호 「구파鷗波 백정기동지白貞基同志 추도문」, 32호 「인간의 욕구에는 지도이론指導理論이 불필요」, 35호 「해방운동을 압살하는 본영本營 파쇼의회를 분쇄하라」, 36호 「3월의 3대사건」, 「상해BTP흑색공포단2주년」,

37호 「폭악무도한 식민정책고등교육폐지론을 일격하에 분쇄하라」 등이 있었다. 1931년 8월 30일 『흑색신문』은 관동지진조선인학살 기념호를 발행하였고 '회상하라! 9년 전 9월 1일을! 항거하라! 지배계급의 폭거에!'라는 한글 인쇄물을 배포하였다.

흑색운동사黑色運動社

1926년 5월 장상중, 육홍균, 김정근, 정태성, 한현상, 최규종, 원심창, 이홍근, 최규동, 이원세 등이 동경부하東京府下 잡사곡雜司谷에서 조직한 단체이다.

『흑색운동사黑色運動社』

충남 예산읍禮山邑 성진호가 1932년 발간을 준비하던 잡지명이다. 이 때문에 구속되었고 이와 관련하여 경성, 평양, 당진 등지에서 150여 명이 체포되었다.

흑색전선연맹黑色戰線聯盟

1926년 11월 육홍균, 원심창 등이 조직한 단체로 일본 흑색청년연맹에 가입하여 공동투쟁을 하였다.

흑색조선인사黑色朝鮮人社

이윤조李允照 등 20여 명이 동경에서 조직한 노동운동단체이다.

흑색청년자유연합회黑色靑年自由聯合會

1933년 경북지방의 청년들이 조직한 단체이다. 봉화군奉化郡 내 성면乃城面과 물야면物野面의 사방공사인부砂防工事人夫를 선동한 혐의로 봉화군의 21세 김중문, 28세 김창신, 20세 김덕기, 20세 김중헌金重憲, 19세 김동열金東烈 외 7명이 봉화경찰에 체포되었다. 김창신은 칠곡군漆谷郡 지천보통학교枝川普通學校 선생이었다.

『흑선풍黑旋風』

이혁이 견지동堅志洞 60번지 이십세기서방에서 유현태와 준비하던 경성흑색청년연맹京城黑色靑年聯盟의 기관지이다.

『흑우黑友』

1926년 12월 12일 장상중 등이 박열의 사업을 계승하기 위해 조직한 불령사가 발간한 기관지로 1927년 2월 불령사는 흑풍회로 개명되었다.

흑우사黑友社 → 흑우회黑友會

흑우연맹黑友聯盟

원심창, 장상중, 이시우, 한하연 등이 1927년 2월 조선인단체협의회를 탈퇴하고 독자적인 운동을 전개하며 1928년 1월 15일 조직을 강화하기 위하여 흑풍회를 흑우연맹으로 명칭을 변경하였다. 3

·1운동, 5·1노동절, 8월 국치일, 9월 관동지진일을 4대 투쟁일로 정하고 일본 아나키스트와 연대하였다. 기관지 『호조운동互助運動』을 발행하고 재일한인노동자의 실업과 생활고의 해결을 위해 일자리를 주선하였다. 1928년 5월 원심창, 이혁 등이 동경노동조합을 습격했으며, 1929년 5월 1일 메이데이시위에 참여하고, 동흥노동동맹과 연합하여 '흑기아래 참가하라!'라는 소책자를 인쇄하여 살포하였다. 1930년 국치일 20주년 행사에 '백의白衣노동자는 게으르지도 못나지도 않다. 일본제국주의에 빈털터리가 되도록 착취당한 것이다'라는 현수막을 게시하였다. 동흥노동동맹과 자유청년연맹과 협력하여 『흑색신문』을 간행하였다. 전선의 강화를 위해 산하에 동흥자유노동조합을 결성하였다. 일부 아나키스트는 직접행동을 주장하였다.

흑우회黑友會

박열의 아나키즘 단체이다. 흑노회(풍뇌회)에서 흑우회로 개칭하였다. 1921년 민족주의, 공산주의, 무정부주의가 참여한 흑도회가 1922년 북성회北星會와 흑노회(풍뇌회)로 분열된 후 1923년 2월 개명한 이름이다. 흑우회 사무소간판은 최규종 주소에 걸려 있으나 활동이 없어 재건문제를 이홍근, 김정근(김묵), 원심창(원훈) 등이 협의 후 장상중이 고전高田 잡사곡雜司谷에 방을 얻고 1년 후 호총원戶塚源 병위兵衛 141번지로 옮겼다. 김정근, 이홍근, 원훈, 장상중 부부가 거주하며 수년간 흑우회의 본부가 되었다. 암좌작태랑, 석천삼서랑, 팔태주삼, 율원일부, 망월계 등을 초빙하여 연구회를 개최하고 국한

문혼용의『흑우』를 1회 발행 후 일문『자유사회』로 개명하여 수차
례 발간하였다. 일본흑색청년연맹에 가입하고 일본잡지『흑색청년』,
『소작』,『노동운동』등을 구독하여 이론을 연구하고 출판물배포와
우편왕래를 통해 국내 각지와 만주, 중국에 통신망을 구축하였다.
흑우회는 흑우사로 개칭하였다.

흑우회 계열의 아나키즘 단체

흑우회에서 분리한 최낙종, 최상렬 등은 1926년 9월 동경 소석천
구 위생인부를 권유하여 관동동흥노동동맹을 조직하였다. 원심창,
육홍균 등은 1926년 11월 흑색전선연맹(동맹)을 조직하고 일본흑색
전선청년연맹에 가맹하였다. 박열의 의지를 계승하려는 장상중, 원
심창 등은 1926년 11월 12일 불령사를 개칭하고『흑우』2호를 발행
하였으나 1927년 2월 흑풍회로 개칭하였다. 아나보르의 대립이 격
화되자 박열파의 장상중, 이홍근 등은 팔태주삼, 신거격, 망월계 등
과 협력하여 1927년 2월 흑풍회 사무소에 조선자유노동자조합을 조
직하고 동흥자유노동조합을 산하에 두었다. 또 1927년 6월 신문배
달인조합을 결성하여 학생층에 세력 확대를 시도하였다.

『흑전黑戰』

김호구, 이학의 등이 1928년 3월 동경에서 조직한 비밀결사인 흑
전사의 선전지이다.

흑전사黑戰社

1927년 3월 김호구, 이학의가 동경부하東京府下 중야구中野區 소대沼袋에서 자취하며 자동사自働社라는 인력거업을 하며 신거격을 초청하여 좌담회를 통해 사상연구를 한 후 동료들과 조직한 비밀결사이다. 1928년 3월 정찬진, 김호구, 오병헌, 장명학, 이학의, 김양복, 송주식 등은 일성단을 조직하고 천황암살과 중요기관의 파괴를 결정하였다. 선전지『흑전』을 5호까지 만들어 각지에 배포하고 김호구와 오병헌이 1928년 6월 11일 평남 용강군龍岡郡 다미면多美面 오화리五花里 씨름대회에 '농민에 고한다'는 유인물을 살포하여 조직이 노출되었다.

흑치단黑幟團

재중국 조선 무정부주의자 연맹 세포단체로 1929년 12월 25일 광주학생운동을 계기로 자치권획득 및 합법운동자 박멸 선언을 발표하였다. 볼쉐비키는 학생운동을 강간하고 있다고 주장하며 민족 공산 양파를 공격하였다.

흑풍회黑風會

1927년 2월 불령사가 개명한 이름이다. 장상중, 오우영 등은 1927년 2월 산하에 조선자유노동자조합을 결성하고 정치를 배격하고, 자유연합주의를 옹호하는 아나키즘노선을 지향하는 4개항의 선언을 채택하고 강동부江東部와 산수부山手部를 설치하였다. 동년 4월 연합대회에서 조일공동투쟁朝日共同鬪爭을 결의하였다.

4

한국 아나키스트의 사상

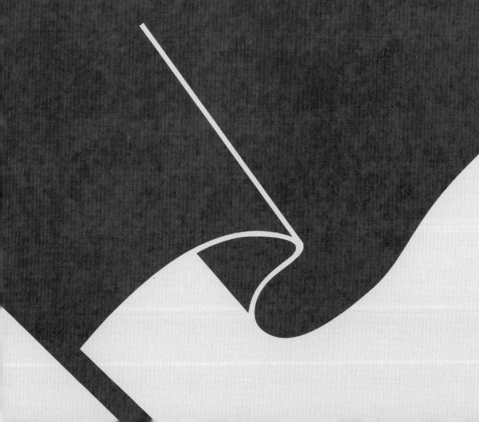

일러두기 수록한 내용은 한국 아나키즘 사상의 이해에 중요하다고 판단되는 대표적인 사료의 원문이다. 가능한 쉬운 한글 현대어로 윤문하고 문맥의 이해를 돕기 위해 필요한 단어는 한자를 사용하였다. 수록 순서는 선언문, 일반논문, 기타의 순이다.

1. 선언

1)「조선혁명선언」

의열단선언이라고도 한다. 의열단 김원봉의 폭력투쟁을 일부 민족주의 진영에서 비판하자 김원봉이 자신들의 투쟁을 합리화하기 위하여 유자명과 상의한 후 신채호에게 집필을 의뢰하였다. 신채호는 아나키즘의 폭력적 투쟁방법을 차용하여 아나키즘의 직접행동으로 파괴와 건설론, 민중직접혁명론을 주장하였다.

Ⅰ.

강도 일본이 우리의 국호를 없이하며, 우리의 정권을 빼앗으며, 우리 생존에 필요한 조건을 모두 박탈하였다. 경제의 생명인 산림, 하천, 철도, 광산, 어장부터 공업원료까지 모두 빼앗아 모든 생산기능을 칼로 베고 도끼로 끊어 토지세, 가옥세, 인구세, 가축세, 百一稅, 지방세, 酒草稅, 비료세, 종자세, 영업세, 청결세, 소득세 등의 각종 잡세가 날로 증가하여 혈액은 있는 대로 모두 빨아가고, 웬만한 사업가들은 일본의 제조품을 조선인에게 매개하는 중간상이 되어 점차 자본집중의 원칙하에 멸망할 뿐이요, 대다수 민중 곧 일반 농민들은 피땀흘려 토지를 갈아 일년 내 소득으로 一身과 처자의 호구거리도 남기지 못하고, 우리를 잡아먹으려는 일본 강도에게 바쳐 살을 찌워주는 영원한 牛馬가 될 뿐이오, 끝내 우마의 생활도 못하게 일본 이민의 유입이 해마다 높은 비율로 증가하여 딸각발이 등쌀에 우리 민족은 발 디딜 땅이 없어 산으로 물로, 서간도로 북간도로, 시베리아의 황야로 내쫓겨 배고픈 귀신이 아니면 정처없이 떠돌아다니는 귀신이 될 뿐이며, 강도 일본이 헌병정치, 경찰정치를 행하여 우리 민족이 한발자국의 행동도 임의로 못하고, 언론, 출판, 결사, 집회의 일체의 자유가 없어 고통의 울분과 원한이 있어도 벙어리 냉가슴이나 만질 뿐이오, 행복과 자유세계에는 눈 뜬 소경이 되고, 자녀가 나면, "일어를 국어라, 일문을 국문이라"하는 노예양성소인 학교로 보내고, 조선사람으로 혹 朝鮮史를 읽으면 단군을 속여 서로 형제라 하며, 삼한시대 한강 이남을 일본영지라 한 일본놈들 적은대로 읽게 되며, 신문이나 잡지를 보면 강도정치를 찬미하는 半日本化한 노예적 문자뿐이며, 똑똑한 자제가 난다 하면 환경의 압박에서 염세절망의 타락자가 되거나 그렇지 않으면 음모사건의 명칭하에 감옥에 구류되어, 주리를 틀고 목에 칼을 씌우고 발에 쇠사슬을 채워, 단근질, 채찍질, 전기질, 바늘로 손톱 밑과 발톱 밑을 쑤시고, 수족을 달아 매고, 콧구멍에 물을 붓고, 생식기에 심지를 박는 등의 모든 악형, 곧 야만제국의 형률사전에도 없는 모든 악형을 다 당하여 죽거나, 요행히 살아 옥문에서 나와도 종신 불구가 될 뿐이다. 그렇지 않을지라도 발명 창작의 본능은 생활의 곤란에서 단절되고, 진취 활발의 기상은 境遇의 압박에서 소멸되어 찍도 쩍도 못하게 각 방면의 속박, 채찍질, 구박, 압제를 받아 삼천리가 대감옥이 되어, 우리 민족은 완전히 인류의 자각을 잃을 뿐 아니라, 곧 자동적 본능까지 잃어 노예로부터 기계가 되어 강도의 사용품이 되고 말 뿐이며, 강도 일본이 우리의 생명을 草芥로 보아, 을사이후 13도의 의병이 거병한 각 지방에서 일본군대의 폭행은 이루 다 적을 수 없거니와, 최근 3·1운동 이후 수원, 선천 등의 국내 각지부터 북간도, 서간도, 노령, 연해주 각처까지 도처에 거민을 도륙한다, 촌락을 불지른다, 재산을 약탈한다, 부녀를 욕보인다, 목을 끊는다, 산 채로 묻는다, 불에 사른다, 일신을 두 동가리, 세 동가리로 내어 죽인다, 아동을 악형한다, 부녀의 생식기를 파괴한다 하여 할 수 있는 데까지 참혹한 수단으로 공포와 전율로 우리 민족을 압박하여 인간을 산송장을 만들려 하는 도다. 이상의 사실에 의거하여 우리는 일본 강도정치 곧 이족통치가 우리 조선민족 생존의 적임을 선언하는 동시에, 우리는 혁명수단으로 우리 생존의 적인 강도 일본을 살벌함이 곧 우리의 정당한 수단임을 선언하노라.

Ⅱ.

　내정독립이니 참정권이니 자치를 운동하는 자가 누구이냐? 너희들이 동양평화, 한국독립보존 등을 담보한 맹약이 먹도 마르지 아니하여 삼천리 강토를 집어 먹던 역사를 잊었느냐? 조선인민의 생명, 재산, 자유의 보호와 조선인민의 행복증진 등을 거듭 밝힌 선언이 땅에 떨어지지도 않았는데 2천만의 생명이 지옥에 빠진 실제를 못 보느냐? 3·1운동 이후에 강도 일본이 또 우리의 독립운동을 완화시키려고 송병준, 민원식 등 한 두 매국노를 시키어 이따위 광론을 외침이니, 이에 부화뇌동하는 자가 맹인이 아니면 어찌 간사한 무리가 아니냐? 설혹 강도 일본이 과연 관대한 도량이 있어 개연히 이러한 요구를 허락한다 하자. 소위 내정독립을 찾고 각종 이권을 찾지 못하면 조선민족은 일반의 배고픈 귀신이 될 뿐이 아니냐? 참정권을 획득한다 하자. 자국의 무산계급의 혈액까지 착취하는 자본주의 강도국의 식민지 인민이 되어 몇 개 노예 代議士의 선출로 어찌 아사의 화를 면하겠는가? 자치를 얻는다 하자. 그 어떤 종류의 자치임을 묻지 않고 일본이 그 강도적 침략주의의 간판인 제국이란 명칭이 존재하는 이상에는, 그 지배하에 있는 조선인민이 어찌 구구한 자치의 헛된 이름으로써 민족적 생존을 유지하겠는가? 설혹 강도 일본이 佛菩薩이 되어 하루아침에 총독부를 철폐하고 각종 이권을 다 우리에게 돌려주며, 내정 외교를 다 우리의 자유에 맡기고, 일본의 군대와 경찰을 일시에 철수하며, 일본의 이주민을 일시에 소환하고 다만 헛된 이름의 종주권만 가진다 할지라도, 우리가 만일 과거의 기억이 전멸하지 아니하였다면, 일본을 종주국으로 봉대한다 함이 치욕이란 명사를 아는 인류로는 못할지니라. 일본 강도 정치하에서 문화운동을 부르짖는 자가 누구이냐? 문화는 산업과 문물이 발달한 總積을 가리키는 명사이니, 경제약탈의 제도하에서 생존권이 박탈된 민족은 그 종족의 보존도 의문이거든 하물며 문화발전의 가능성이 있으랴? 패망한 인도족과 유태족도 문화가 있다 하지만 하나는 금전의 힘으로 그 조상의 종교적 유업을 계속함이며, 하나는 그 토지의 넓음과 인구의 많음으로 上古에 자유롭게 발달한 문명의 남은 혜택을 지킴이니, 어디 모기같이 승냥이와 이리같이 사람의 피를 빨다가 골수까지 깨무는 강도 일본의 입에 물린 조선 같은 데서 문화를 발전시켰던 전례가 있더냐? 검열과 압수를 하면서 몇몇 신문과 잡지를 가지고 문화운동의 목탁으로 스스로 떠들어 대며 강도의 비위에 거스르지 아니할 만한 언론이나 주창하여 이것을 문화 발전의 과정으로 본다 하면, 그 문화 발전이 도리어 조선의 불행인가 하노라. 이상의 이유에 의거하여 우리는 우리의 생존의 적인 강도 일본과 타협하려는 자나 강도 정치하에서 기생하려는 주의를 가진 자나 다 우리의 적임을 선언하노라.

Ⅲ.

　강도 일본의 驅逐을 주장하는 가운데 또 다음과 같은 논자들이 있으니 제1은 외교론이니, 이조 5백년 文弱政治가 외교로써 나라의 계책으로 삼더니 말세에 대단히 심하여 甲申年 이래 維新黨, 守舊黨의 성쇠가 거의 외국의 도움의 유무에서 판결되며, 위정자의 정책은 오직 갑국을 끌어당겨 을국을 제압함에 불과하였고, 그 믿고 의지하는 습성이 일반 정치사회에 전염되어 즉 갑오, 갑신 양 전역에 일본이 수십만 명의 생명과 수억만의 재산을 희생하여 청, 노 양국을 물리치고, 조선에 대하여 강도적 침략주의를 관철하려 하는데 우리 조선의 조국을 사랑한다, 민족을 건지려 한다하는 이들은 일검일탄을 어리석고 용렬하며 탐욕스런 관리나 국적에게 던지지 못하고, 탄원서나 列國公館에 던지며, 청원서나 일본정부에 보내어 國勢의 외롭고 약함을 哀訴하여 국가존망, 민족사활의 대문제를 외국인 심지어 적국인의 처분으로 결정하기만 기다리었도다. 그래서 을사조약, 경술합병, 곧 조선이란 이름이 생긴 뒤 몇 천 년 만에 처음 당하던 치욕에 대한 조선민족의 분노적 표시가 겨우 하얼빈의 총, 종로의 칼, 산림유생의 의병이 되고 말았도다. 아! 과거 수십 년 역사야말로 용기 있는 자로 보면 침을 뱉고 욕할 역사가 될 뿐이며, 어진 자로 보면 상심할 역사가 될 뿐이다. 그러고도 국망 이후 해외로 나가는 모모 지사들의 사상이 무엇보다도 먼저 외교가 그 제

1장 제1조가 되며, 국내 인민의 독립운동을 선동하는 방법도 미래의 日美戰爭, 일로전쟁 등의 기회가 거의 천편일률의 문장이었고, 최근 3·1운동의 일반 인사의 평화회의, 국제연맹에 대한 과신의 선전이 도리어 2천만 민중이 용기있게 힘써 앞으로 나아가는 의지를 없애는 매개가 될 뿐이었도다. 제2는 준비론이니, 을사조약 당시에 열국공관에 빗발치듯 하던 종이쪽지로 넘어가는 국권을 붙잡지 못하며, 정미년의 헤이그밀사도 독립회복의 복음을 안고 오지 못하며, 이에 차차 외교에 대하여 의문이 되고 전쟁이 아니면 안되겠다는 판단이 생기었다. 그러니 군인도 없고 무기도 없이 무엇으로써 전쟁을 하겠느냐? 산림유생들은 춘추대의를 위해 성패를 생각지 않고 의병을 모집하여 아관대의로 지휘의 대장이 되며, 사냥 포수의 총든 무리를 몰아가지고 朝日戰爭의 전투에 나섰지만 신문쪽이나 읽은 이들, 곧 시세를 짐작한다는 이들은 그리할 용기가 아니 난다. 이에 금일 금시로 곧 일본과 전쟁한다는 것은 망발이다. 총도 장만하고, 돈도 장만하고, 대포도 장만하고, 장군이나 병사감까지라도 다 장만한 뒤에야 일본과 전쟁한다 함이니, 이것이 이른바 준비론 곧 독립전쟁을 준비하자 함이다. 외세의 침입이 더할수록 우리의 부족한 것이 자꾸 감각되어, 그 준비론의 범위가 전쟁 이외까지 확장되어 교육도 진흥해야 겠다, 상공업도 발전해야겠다, 기타 무엇 무엇 일체가 모두 준비론의 부분이 되었다. 경술 이후 각

지사들이 혹 서, 북간도의 삼림을 더듬으며, 혹 시베리아의
찬바람에 배부르며, 혹 남경, 북경으로 돌아다니며, 혹 미주
나 하와이로 돌아다니며, 혹 京鄕에 출몰하여 십여 년 내외
각지에서 목이 터질만치 준비! 준비!를 불렀지만 그 소득은
몇 개 불완전한 학교와 실력 없는 단체뿐이었다. 그러나 그
들의 성의의 부족이 아니라 실은 그 주장의 착오이다. 강도
일본이 정치, 경제 양 방면으로 압박하여 경제가 날로 곤란
하고 생산기관이 전부 박탈되어 입고 먹을 방책도 단절되는
때에, 무엇으로 어떻게 실업을 발전하며, 교육을 확장하며,
더구나 어디서 얼마나 군인을 양성하며, 양성한들 일본전투
력의 백분의 일이라도 할 수 있느냐? 실로 한바탕의 잠꼬대
일 뿐이로다. 이상의 이유에 의하여 우리는 외교, 준비 등의
미몽을 버리고 민중 직접혁명의 수단을 취함을 선언하노라.

IV.

조선민족의 생존을 유지하자면 강도 일본을 쫓아 내어야
할 것이며, 강도 일본을 쫓아내려면 오직 혁명으로써 할 뿐
이니, 혁명이 아니고는 강도 일본을 쫓아낼 방법이 없는 바
이다. 그러나 우리가 혁명에 종사하려면 어느 방면부터 착수
하겠는가? 구시대의 혁명으로 말하면, 인민은 국가의 노예
가 되고 그 위에 인민을 지배하는 상전 곧 특수세력이 있어
그 소위 혁명이란 것은 특수 세력의 명칭을 변경함에 불과하

였다. 다시 말하면 곧 을의 특수세력으로 갑의 특수세력을 변경함에 불과하였다. 그러므로 인민은 혁명에 대하여 다만 갑을 양세력 곧 신구 양 상전중 누가 더 어질며, 누가 더 포악하며, 누가 더 선하며, 누가 더 악한가를 보아 그 향배를 정할 뿐이요, 직접의 관계가 없었다. 그리하여 임금의 목을 베어 백성을 위로함이 혁명의 유일한 취지가 되고 한 도시락의 밥과 한 종지의 장으로써 임금의 군대를 환영함이 革命史의 유일한 미담이 되었거니와, 금일 혁명으로 말하면 민중이 곧 민중 자기를 위하여 하는 혁명인 고로 民衆革命이라 直接革命이리 칭함이며, 민중 직접의 혁명인 고로 그 비등과 팽창의 열도가 숫자상 강약 비교의 관념을 타파하며, 그 결과의 성패가 매양 전쟁학상의 정해진 판단에서 이탈하여 돈 없고 군대 없는 민중으로 백만의 군대와 억만의 富力을 가진 제왕도 타도하며 외국의 도적들도 쫓아내니 그러므로 우리 혁명의 제일보는 민중각오의 요구니라. 민중이 어떻게 각오하는가? 민중은 神人이나 성인이나 어떤 영웅호걸이 있어 민중을 각오하도록 지도하는 데서 각오하는 것도 아니요, 민중아, 각오하자, 민중이여 각오하여라 라는 그런 열렬한 부르짖음의 소리에서 각오하는 것도 아니다. 오직 민중이 민중을 위하여 일체의 불평, 부자연, 불합리한 민중향상의 장애부터 먼저 타파함이 곧 민중을 각오하게 하는 유일한 방법이니, 다시 말하자면 곧 먼저 깨달은 민중이 민중전체를 위하여 혁명적 선구가 됨이 민중 각오의 첫 번째 길이다. 일반 민중이 배고픔, 추위, 피곤, 고통, 처의 울부짖음, 어린애의 울음, 납세의 독촉, 사채의 재촉, 행동의 부자유, 모든 압박에 졸리어 살려니 살 수가 없고 죽으려 하여도 죽을 바를 모르는 판에, 만일 그 압박의 주인이 되는 강도정치의 당사자인 강도들을 때려 누이고, 강도의 일체 시설을 파괴하고, 복음이 四海에 전해져 뭇 민중이 동정의 눈물을 뿌리어, 이에 사람마다 그 餓死이외에 오히려 혁명이란 길이 남아 있음을 깨달아, 용기 있는 자는 그 의분에 못 이기어, 약자는 그 고통에 못 견디어, 모두 이 길로 모여들어 계속적으로 진행하며 보편적으로 전염되어 거국일치의 대혁명이 되면, 흉포한 강도 일본이 필경 쫓겨 나가는 날이리라. 그러므로 우리의 민중을 깨우쳐 강도의 통치를 타도하고 우리 민족의 신생명을 개척하자면 10만을 양성하는 것보다 폭탄을 한번 던지는 것만 못하며 수억 장의 신문 잡지가 일회 폭동만 못할지니라. 민중의 폭력적 혁명이 발생치 아니하면 그만이거니와, 이미 발생한 이상에는 마치 낭떠러지에서 굴러가는 돌과 같아서 목적지에 도달하지 아니하면 정지하지 않는 것이다. 우리의 경험으로 말하면 갑신정변은 특수세력이 특수세력과 싸우던 궁궐 안 한 때의 활극일 뿐이며, 경술 전후의 의병들은 충군애국의 대의로 분격하여 일어난 독서계급의 사상이며, 안중근, 이재명 등 열사의 폭력적 행동이 열렬하였지만 그 후

면에 민중적 역량의 기초가 없었으며, 3·1운동의 만세소리
에 민중적 일치의 의기가 언뜻 보였지만 또한 폭력적 중심을
가지지 못하였도다. 민중과 폭력 양자의 어느 것이라도 그
하나만 빠지면 비록 천지를 뒤흔드는 소리를 내며 장열한 거
동이라도 또한 번개같이 수그러지는 도다. 조선 안에 강도
일본이 부식한 혁명 원인이 산같이 쌓여 있다. 언제든지 민
중의 폭력적 혁명이 개시되어 독립을 못하면 살지 않으리라,
일본을 쫓아내지 못하면 물러서지 않으리라는 구호를 가지
고 계속 전진하면 목적을 관철하고야 말지니, 이는 경찰의
칼이나 군대의 총이나 간활한 정치가의 수단으로도 마지 못
하리라. 혁명의 기록은 자연히 처절하고 씩씩한 기록이 되리
라. 그러나 물러서면 그 후면에는 어두운 함정이요, 나아가
면 그 전면에는 광명한 활기이니, 우리 조선민족은 그 처절
하고 씩씩한 기록을 그리면서 나아갈 뿐이니라. 이제 폭력 즉
암살, 파괴, 폭동의 목표를 열거하면

    1. 조선총독 및 각 관공리
    2. 일본천황 및 각 관공리
    3. 정탐꾼 및 매국노
    4. 적의 일체 시설물

이외에 각 지방의 신사나 부호 중 비록 현저히 혁명운동을

방해한 죄가 없을지라도 만일 언어 혹 행동으로 우리의 운동을 지연시키고 중상하는 자는 우리의 폭력으로써 마주 할지니라. 일본인 이주민은 일본 강도정치의 기계가 되어 조선민족의 생존을 위협하는 선봉이 되어 있은즉 또한 우리의 폭력으로 쫓아낼지니라.

V.

혁명의 길은 파괴로부터 개척할지니라. 그러나 파괴만 하려고 파괴하는 것이 아니라 건설하려고 파괴하는 것이니, 만일 건설할 줄을 모르면 파괴할 줄도 모를지며, 파괴할 줄을 모르면 건설할 줄도 모를지니라. 건설과 파괴가 다만 형식상에서 보아 구별될 뿐이요, 정신상에서는 파괴가 곧 건설이니 이를테면 우리가 일본 세력을 파괴하려는 것이 제1은 이족통치를 파괴하자 함이다. 조선위에 일본이란 이민족이 專制하여 있어 이족의 통치하에 있는 조선은 고유적 조선이 아니니, 고유적 조선을 발견하기 위하여 이족통치를 파괴함이니라. 제2는 특권계급을 파괴하자 함이다. 조선민중위에 총독이니 무엇이니 하는 강도단의 특권계급이 압박하고 있으니, 특권계급의 압박 밑에 있는 조선민중은 자유적 조선민중이 아니니, 자유적 조선민중을 발견하기 위하여 특권계급을 타파함이니라. 제3은 경제약탈제도를 파괴하자 함이다. 약탈제도 밑에 있는 경제는 민중이 생활하기 위하여 조직한 경제가 아니니, 민중생활을 발전시키기 위하여 경제 약탈제도를 파괴함이니라. 제4는 사회적 불평균을 파괴하자 함이다. 약자 위에 강자가 있고 천한자 위에 귀한자가 있어 모든 불평등을 가진 사회는 서로 약탈, 박탈, 질투, 원수하는 사회가 되어, 처음에는 소수의 행복을 위하여 다수의 민중을 해치다가 말경에는 또 소수끼리 서로 해치어 민중 전체의 행복이 필경 숫자상의 空이 되고 말 뿐이니, 민중 전체의 행복을 증진하기 위하여 사회적 불평등을 파괴함이니라. 제5는 노예적 문화사상을 파괴하자 함이다. 전통적 문화사상의 종교, 윤리, 문학, 미술, 풍속, 습관 그 어느 무엇이든지 강자가 제조하여 강자를 옹호하던 것이 아니더냐? 강자의 오락에 이바지하던 도구가 아니더냐? 일반 민중을 노예화하게 했던 마취제가 아니더냐? 소수 계급은 강자가 되고 다수 민중은 도리어 약자가 되어 불의의 압제를 반항치 못함은 전혀 노예적 문화사상의 속박을 받은 까닭이니, 만일 민중적 문화를 제창하여 그 속박의 철쇄를 끊지 아니하면, 일반 민중은 권리 사상이 박약하며 자유 향상의 흥미가 결핍되어 노예의 운명 속에서 윤회할 뿐이다. 그러므로 민중문화를 제창하기 위하여 노예적 문화사상을 파괴함이니라. 다시 말하자면 고유적 조선의, 자유적 조선민중의, 민중적 경제의, 민중적 사회의, 민중적 문화의 조선을 건설하기 위하여 이족통치, 약탈제도, 사회적 불평등, 노예적 문화사상의 현상을 타파함이니라. 그런즉 파괴적 정신이 곧 건설적 주장이라. 나아가면 파괴의 칼이 되고 들어오면 건설의 깃발이 될지니, 파괴할 기백은 없고 건설하고자 하는 어리석은 생각만 있다 하면 5백년을 경과하여도 혁명의 꿈도 꾸어보지 못할지니라. 이제 파괴와 건설이 하나요 둘이 아닌 줄 알진대, 민중적 파괴 앞에는 반드시 민중적 건설이 있는 줄 알진대, 현재 조선민중은 오직 민중적 폭력으로 新朝鮮건설의 장애인 강도 일본 세력을 파괴할 것뿐인 줄을 알진대, 조선민중이 한 편이 되고 일본강도가 한 편이 되어, 네가 망하지 아니하면 내가 망하게 된 외나무다리 위에 있는 상황으로 알고, 우리 2천만 민중은 일치로 폭력 파괴의 길로 나아갈지니라.

민중은 우리 혁명의 大本營이다!
폭력은 우리 혁명의 유일 무기이다!
우리는 민중 속에 가서 민중과 손을 잡고 끊임없는 폭력 즉 암살, 파괴, 폭동으로써 강도 일본의 통치를 타도하고, 우리 생활에 불합리한 일체 제도를 개조하여, 인류로써 인류를 압박치 못하며, 사회로써 사회를 수탈하지 못하는 이상적 조선을 건설할지니라.

1923년 1월

2) 「동방무정부주의자연맹 북경선언」

신채호가 연맹의 북경특별회의에서 발표한 문서이다. 1928년 7월 남경南京에서 한국, 중국, 일본, 대만, 안남, 필리핀(사료에 따라 인도 포함) 등의 아시아식민지 각국 대표가 조직한 단체이다.

세계의 무산대중 그리고 동방 각 무산민중의 피와 가죽과 살과 뼈를 짜 먹어온 자본주의 강도제국의 야수들은 지금 그 창자와 배가 터지려고 한다. 민중은 죽음보다 더 음산한 생존 아닌 생존에 몸부림치고 있다. 최대다수의 민중이 최소수의 짐승 같은 강도들에게 피를 빨리고 살을 찢기는 것은 무슨 까닭인가? 그들의 군대나 경찰 때문일까? 그들의 흉측한 무기 때문일까? 아니다. 이는 그 결과이지 원인은 아니다. 그들은 역사적으로 발달하고 성장해 온 수천 년 묵은 괴물들이다. 이 괴물들은 그 약탈행위를 조직적으로 白晝에 행하려는 소위 정치를 만들고 약탈의 소득을 분배하려는 소위 정부를 만들어 영원히 그 지위를 누리고자 반항하는 민중을 제재하는 소위 법률과 형법을 만들어 민중의 노예적 복종을 강요하는 소위 명분과 윤리 등의 도덕을 조작한다. 민중이 왕왕 그 약탈에 못이겨 반항적 혁명을 일으키기도 하지만 결국은 교활한 그들에게 속아 다시 강도적 지배자의 위치를 허용하여 '以暴易暴'의 역사를 반복하고 있다. 이것이 곧 다수가 소수의 야수들에게 유린된 이유이다. 우리 민족은 참고 견디다 못해 재래의 정치, 법률, 도덕, 윤리 등 기타 일체를 부인하고자 한다. 군대, 경찰, 황실, 정부, 은행, 회사 등 모든 세력을 파괴하고자 하는 분노의 절규인 '혁명'이 大地 위에 구석구석 울려 퍼지고 있다. 이 울림이 고조됨에 따라 이들 짐승의 무리도 신경을 곤두세워 극도로 전율하는 눈빛으로 우리 민중의 태도를 주시하고 있다. 우리 민중은 알았다. 깨달았다. 그들 짐승의 무리가 아무리 악을 쓴다고 해도, 아무리 요망을 쓴다고 해도, 이미 모든 것을 부인하고 파괴하려는 세계에 울리는 혁명의 북소리가 어찌 갑자기 까닭 없이 멈출소냐. 벌써 구석구석 사방에서 우리 민중과 저들 소수의 짐승 무리가 陣形을 대치하며 포문을 열었다. 알았다. 우리의 생존은 우리의 생존을 빼앗은 우리의 적을 섬멸하는 데 있다. 일체의 정치는 곧 우리의 생존을 빼앗은 적이므로 투쟁의 제일보는 정치를 부인하는 것이다. 그들의 세력은 우리 대다수 민중이 그들의 존재를 부인하고 파괴하는 날이 곧 그들이 생존을 잃는 날이며, 그들이 존재를 잃는 날이 곧 우리 민중이 열망하는 자유평등의 생존을 얻어 무산계급의 진정한 해방을 이루는 날이자 개선의 날이니 우리 민중의 생존의 길은 혁명에 있을 뿐이다. 우리 무산민중의 최후승리는 확실하고 필연적인 사실이지만 다만 동방 각 식민지, 반식민지의 무산대중은 자래로 석가, 공자 등이 제창한 곰팡내 나는 도덕의

'독'에 빠져 제왕과 촌장 등이 만든 비린내 나는 정치의 '그물'에 걸려 수천 년이나 헤매다가 하루아침에 영국, 프랑스, 일본 등 자본제국의 경제적 야수들의 경제적 착취와 정치적 압력이 전속력으로 전진하여 우리 민중을 맷돌의 한 돌림에다 갈아 죽이려는 판인즉 우리 동방민중의 혁명이 만일 급속도로 진행되지 않으면 동방민중은 그 존재를 잃어버릴 것이다. 그래도 존재한다면 이는 墳墓속에서나 존재할 것이다. 우리가 철저히 이를 부인하고 파괴하는 날이 곧 그들이 존재를 잃어버리는 날이다.

1928.4.

3) 「허무당선언」

윤우열이 집필한 선언으로 1923년 이후 아나키즘에 경도되어 아나키즘의 직접행동을 주장하였다. 1925년 4월 서울의 흑기연맹사건 직후 전남 출신 박흥곤과 혁명을 실천하기 위해 동년 11월 대구의 자택에서 작성하였다.

혁명을 앞에 둔 조선은 불안과 공포로 신음하고 있는 이때를 당하여 폭파, 방화, 총살의 직접행동을 주장하는 허무당은 분기하였다. 목하 조선은 이중 삼중으로 포악한 적의 박해를 받고 일보 전진하기도 불능한 최후의 비참한 절정에 서있다. 이천만 생령은 위기일발의 무서운 난경에서 방황하고 죽음에 직면한 민중의 현 사회에 대한 저주는 충천한다. 현세의 우리들은 희망도, 이상도, 장래도 아무것도 없고 포악한 적의 착취와 학대와 살륙과 조소와 모욕이 있을뿐인 암흑의 수라장에서 야망으로 혈안이 된 적의 난무가 있을 뿐이다. 이런 전율할 현상을 타파하지 못하면 조선은 영원히 멸망할 것이다. 우리들의 이상으로 하는 최대다수의 최대행복 (공동사회)도 일종의 공상일 것이며 포악한 적은 정치, 법률, 군대, 감옥, 경찰 등으로 멸망한 조선의 명맥을 각일각으로 침해하고 있다. 이 전율할 광경을 그저 묵과할 수는 없다. 혁명의 봉화를 점하자! 파괴의 의검을 빼자! 의분이 있고 혈기가 있는 자는 분기할 시기가 왔다! 아무런 의의도 가치도 없는 이 참혹한 삶보다는 대중을 위하여 행하는 반역의 순사가 얼마나 통쾌할 것인가. 우리를 박해하는 포악한 적에게 선전을 포고하자! 우리가 부인하는 현세의 이 흉포악독하기가 사갈과 같은 정치, 법률 및 일체의 권력을 근본으로부터 파괴하자! 이 전율할 광경을 파괴하는 방법은 직접행동이 있을 뿐 혁명은 결코 언어와 문자만으로 되는 것이 아니다. 유혈과 전사의 각오가 없이는 안 된다. 합법적으로 현질서 내에서 혁명의 가능성을 믿는 자가 있다면 그는 저능아다. 우리는 죽음으로서 맹약하고 폭력으로서 조선혁명의 완수를 기하고자 허무당을 조직하고자 한다. 혁명당시의 러시아 허무당의 행동을 본받지 않으면 안 된다. 우리의 오랜 저주와 원한과 의분은 폭발했다. 우리를 착취하고 학대하고 살륙하는 포악한 적에 대해 복수의 투쟁을 개시하자! 조선인이 받는 학대와 비애를 절실히 감지하는 자라면 누구라도 허무당의 주장과 일치할 것을 확신할 것이다. 허무당의 주장을 반대하는 자는 민중의 적이다. 민중의 적은 폭파, 방화, 총살의 최후의 수단에 호소할 뿐이다. 포악한 적의 학대에 신음하는 민중들이여 허무당의 깃발 아래로 모이자! 저 잔인 포악한 적을 일거에 격파하자! 최후의 승리는 우리들의 것이다! 허무당만세! 조선혁명만세!

4) 「남화한인청년연맹선언」

1931년 이회영, 정화암, 백정기, 유자명, 유기석 등이 조직한 단체로 1930년대 중국 내 한인 아나키스트의 대표적인 적극적 투쟁단체이다. 자료는 고등법원검사국, 「재상해남화한인청년연맹의 강령, 규약 및 선언」, 『사상휘보』 5호, 고려서림영인본, 112~115쪽을 인용하였다.

친애하는 조선민중제군! 아 조선은 일본제국주의의 강압과 약탈을 받아온 이래 아등 2천 3백만의 자유는 모두 소멸되고 기아와 모욕과 억압이 날로 증가하여 멸망의 구렁텅이에 빠지고 있다. 아등의 부모는 비운에 울고 아등의 어린 시절은 기아로 절규하였다. 그러나 아등의 자유는 영원히 소멸하지 않는다! 제국주의 옹호자인 무릇 근대적 무기를 소유한 저들 일본군대와 맨손으로 싸우고 또 싸우고 있는 우리들의 선봉도 있다. 전조선의 학생은 어린 학생까지도 분기하여 그들과 선전 분투하고 있지 않은가? 자유의 외침은 전원으로, 도시로 소리높이 옮아가고 있으며 학교로, 공장으로 진동하고 있으니 전조선민중은 아직 자유를 잊지 않았다. 제군! 아등을 모욕하고 압박하는 저 제국주의는 자국 내에서는 자본주의의 형태로 농민과 노동자를 착취하고 기아의 황야에 방축하여 피등의 압박을 받는 민중이 반항하려고 하면 지금 아등에게 총구를 겨누고 있는 저들 군대가 동시에 피등을 타살한다. 제국주의의 근본은 자본주의이다. 그리고 자본주의의 원천은 사유재산이다. 사유재산제도는 소수의 유산계급이 생활을 하는 것이 가능하다. 마음대로 착취하기 위하여 법률과 감옥과 군대를 갖춘 중앙집권정부를 수립하고 피등의 대리자로 만들어 일반민중이 참을 수 없어서 분기 반항하는 것을 강압하고 그 제도를 영원히 유지하려 노력하고 동시에 피등은 교육기관을 독점하여 사유재산제도가 정당하다는 것을 어려서부터 가르친다. 아 조선민중이 조선에 건설하려는 사회는 이런 사회적 병폐, 사유재산, 국가정부조직, 도덕을 완전히 파괴한 후에 비로서 건설할 수 있는 것이다. 만물은 어느 누구도 내 것이라 주장할 권리가 없다. '각 개인이 자기 필요에 의해 취하고 자기 능력에 따라 일하는' 절대적인 공산사회를 만들지 않으면 안된다. 그리되면 무엇보다 금전이 필요없게 된다. 농업과 공업을 과학적으로 종합하여 가장 유리하게 생산하는 것이 가능한 것이다. 농촌형식의 도시가 있고 또한 도시같이 편리한 농촌이 각각 자유롭게 연합하는 것이 가능한 지구상의 예술적 도시가 되지 않을 수가 없는 것이다. 각인이 자유의사로서 선택된 사회를 만들고 자유로 일하고 얻는 사회인 것이다. 아등은 전민중의 진실한 자유를 요구하는 것을 잊어서는 안된다. 진실한 자유를 요구한다고 하는 아등은 진실의 평등과 우애를 잊는다는 것은 있을 수 없다. 혈전으로 탈환한 아 조선에 일찌기 아 민중을 마음대로 착취하고 압박해서 마침내 일본제국에 토지를 빼앗긴 제왕을 다시 만들 것인가? 전민중의 백분의 일도 안되는 자본가계급에 권력을 위임하고 전민중을 다시 기아에 빠트려 일본제국주의로부터 아등의 자유를 탈환할 것인가? 영국의 압박을 벗어나 독립한 소수자본가가 대대수 농민과 노동자를 착취하고 아등이 지금 제국주의아래 받고 있는 데모크라시 미국을 건설하고 아등의 어린애를 임금의 철쇄로 결박하여 그 육혼을 소수자에게 헌상하려 아등은 제국주의군대와 싸우고 있는가? 노동자만의 당이 있기 때문에 안심하는 게 가능하다면서 당의 독재를 실행하여 소수위원 또는 간부의 권력투쟁에 당황하는 노동자를 노예로서 제국주의이상의 강압과 절대 부자유를 전민중에 강요함으로써 공산러시아와 같이 암담한 국가를 건설하고자 함인가? 하루라도 빨리 일본제국주의를 조선땅으로 부터 격퇴하자. 이는 신 사회를 건설하는 것이다. 아 전민중의 불굴의 직접행동에 의해 전체적인 봉기에 의해 일거에 피등을 축출하자! 무장은 원칙상 불필요하다. 그러나 자유평등의 공산농촌을 파괴하려고 구성된 군대가 세계에 존재하는 한 아등도 무장을 버릴 수 없다. 세계가 완전히 아등과 같은 정신과 조직을 갖출 때까지 어느 정도의 무장이 필요하다. 그러나 아 농촌의 무장은 결코 현재 아등을 박해하고 학살하고 소수자의 이익만을 수호하는 상비군이 아니라 자유공산농촌의 무장은 남녀노소를 막론하고 전민중의 봉기를 의미하는 것이다.

선언과 함께 발표한 강령은 다음과 같다.

강령
1. 아등의 일절 조직은 자유연합의 원칙에 기초한다.
1. 일절의 정치적 운동과 노동조합 지상운동을 부인한다.

1. 사유재산제도를 부인한다.

1. 僞도덕적 종교와 가족제도를 부인한다.

1. 아등은 절대적으로 자유평등한 이상적 신사회를 건설
   한다.

5) 「『자아성』 창간호 선언」

1926년 1월 일본 동경에서 김태화, 이춘식 등이 자아성사自我聲社
를 조직하고 발간한 잡지의 창간호 선언이다.

우리는 이른바 독립운동자들에 의해 혹은 사회운동자, 노
동조합운동자들의 외침과 같은 주제하에서 우리의 사회운
동에로의 출발을 선언하려고 하는 것은 아니다. 소위 독립운
동자들은 입을 열었다 하면 조선독립을 설득하고 조선의 일
본으로부터의 해방을 외치고 아울러 조선인의 단결과 그 전
투적 행동을 강요한다. 그들은 그 단결을 이용하여 그들의
야심과 작은 권력적 만족을 충족시키려고 동분서주한다. 그
들은 우리 조선인의 참된 친구가 아니다. 그들은 우리를 이
용하여 그들의 뱃속을 채우려는 놈이며 우리 조선인 민중을
적의 함정에 집어넣으려는 적이다. 또한 사회주의자나 노동
조합운동자도 동일한 그들의 소권력적 야심을 충족시키기

위하여 우리의 결속을 방해하고 그들은 우리 민중으로 하여 금 한구덩이 속으로 하나의 이론하에 형식화시켜서 그들 탐욕의 희생물로 삼으려는 자들이다. 우리는 여기에서 그들과 같은 권력과 야심을 채우려고 운동하는 사람들과 단연코 헤어져서 우리는 우리의 독자적인 입장과 주장하에 우리의 새로운 운동을 진행하려는 자들이다. 그들이 이상과 같은 운동형식과 태도를 우리에게 강요할 경우엔 그것은 우리 편이 아니고 오히려 자본가에 속하여 우리를 노예화하려는 벌레인 것이다. 자본주의적 국가주의로 바꾸기에 급급하여 형식상으로 변화된 전술과 전략을 우리에게 강요하는데 불과한 자라고 인정하는 고로 우리는 여기에서 그들이 우리 편이 아니고 적이라고 까지 강조하는 것이다. 자본가가 그들의 탐욕을 충족시키기 위하여 우리를 착취하고 학대 노예화하며 모든 수단과 방법으로 우리의 생존을 탄압하려는 행위도 그들에게 있어서는 오직 그들 자신의 영화와 사치에 취하게 할뿐만 아니라 나아가서는 그들은 자신의 멸망과 파괴를 의미한다는 것을 알지 못하는 가련한 자들이라는 것을 생각할 때 우리는 그들의 의식과 행위를 규탄하기 전에 그들의 잘못을 바로 잡아줄 수 있는 아량을 갖는 것이 옳다고 생각한다. 그들의 잘못을 바로 잡는 것 이것이 또한 우리의 해야 할 하나의 목적이 되어야만 한다. 일찌기 우리의 많은 동포들은 그들의 무의미한 욕심 때문에 매장되었다. 만주의 땅은 우리 동포의

살과 피로서 이룩되고 미화된 ○○○○○은 그들에 의하여 모두 정의와 국가라는 이름하에 영원히 땅속에 묻혀서 사라지고 말았다. 우리의 동포가 기아와 빈곤으로 온가족이 거리를 헤매든 병에 신음하던 우리의 영광된 국가는 번영하고 소리높어 환성을 올린 것이다. 그러나 그 번영은 그들에겐 멸망의 시작이고 그들을 궁지로 몰아간 것이다. 우리는 이와같이 생각한다. 자본가, 특권계급, 국가, 주의자 등은 그들 자신이 하고자 하는 일을 뜻대로 투쟁하게 놔두는 것이 좋다. 그것은 그들 자신에게 있어서는 정의이고 국가를 위한 봉사이며 인도에의 싸움인 것이다. 그러나 그것이 언제까지 지속될 것인지는 우리도 알 수 없다. 그들도 모를 것이다. ○○○ ○○○○○ 그것은 그들의 무덤으로의 출발일 것이다. 그러나 우리도 언제까지나 그들의 이기심의 노예가 되어 있어서는 안된다. 자진하여 그들의 최후를 빛내려고 하는 그들에게 손을 뻗혀 그들을 올바른 길로 개척해 주어야 한다. ○○○ ○○○○○ 그러나 우리들은 이 투쟁도상에 있어서 이 투쟁에 따라 우리들의 전투방법과 수단상에서 다양한 형태와 양식을 취하여야 한다. 우리들의 이 당당한 모습과 양식 중 어떤 것으로서 우리들의 상징으로 하여 무기로 할 것인가. 보라! 우리 준비는 갖추어졌다. 우리들은 용감하게 여기에 섰다. ○○○○○○○○○○ 그것이 우리들의 할일이며 그것이 인간성에의 도전이며 우리의 길인 것이다.

6) 「『흑도黑濤』 창간호 선언」

1921년 11월 29일 김판권, 권희국, 원종린, 김두전(김약수), 박준식(박열), 임택용, 장귀수, 김사국, 정태성, 조봉암 등 20여 명이 조직한 흑도회 기관지의 창간호 선언이다. 민족주의, 공산주의, 무정부주의가 참여한 재일조선인 최초의 사상단체이다.

1. 우리는 어디까지나 철저하게 자아에 산다. 나날의 일거, 일동이라도 출발을 모두 자아에서 구하지 않으면 안된다. 우리는 철저한 자아주의자로서 인간은 서로 헐뜯는 것이 아니고 상부상조하지 않으면 안된다. 친하게 지내며 서로 도울 수 있다는 것을 발견하였다.

2. 우리는 각인의 자아의 자유를 무시하고 개성의 완전한 발전을 방해하는 그 어떤 불합리한 인위적인 통일에는 끝까지 반대하며 또 그것을 파괴하는데 전력을 다한다.

3. 우리는 어떠한 고정된 주의는 없다. 인간은 일정한 형의 틀에 박혔을 때 타락하고 사멸하게 된다.

4. 우리는 스스로 해야 할 것과 그렇지 않은 것을 우리들 자신이 스스로 다룰 것이다. 외부의 어떤 강한 권력도

우리 행동을 제어하는 것은 불가능하다.

5. 여기에서 우리들은 우리들 자신의 입장을 분명하게 선언하였다. 자아의 강한 욕구에서 발생한 것이라면 그것이 우리들 자신에게 진이고 선이고 미인 것이다.

6. 우리에게는 소위 절대진리나 대법칙은 없다. 그런 것은 모두 우리 자신의 내면적 요구의 진화발전과 함께 변화해 간다.

7) 기타

「북만한인청년연맹선언」

북만주 해림에서 조직된 재만한인무정부주의자연맹이 1929년 11월 중순 발표한 것으로 추측된다. 선언은 1930년 1월 1일 발행한 『탈환』 7호에 수록되었다. 자료는 외무성경찰국, 『조선민족운동사』 6, 고려서림영인본, 561~563쪽에서 인용하였다.

강도 일본은 조선에서 무장한 군대와 경찰을 선두로 하여 경제적으로 야전적 약탈을 계획 실행하고 정치적으로 절대 전제적 폭압을 가하고 있다. 그리하여 또 다시 만몽을 적극

침략하려는 야망을 가지고 있는 수단을 다하여 그 정책실현에 분주하다. 차 현실에 당면한 조선민중의 결정적 진로는 적과 최후 결전을 시도하는 길 뿐이다.

「조선일반노동조합선언」

동경의 한인 무정부주의자와 공산주의자가 연합하여 조직한 강동교소개소등록노동자협력회에서 오우영 등이 동 협력회를 탈퇴하고 1935년 10월 조직한 순수 아나키즘 노동조합의 선언이다. 특고월보, 『아나계 선인일반노동조합의 창립』에서 인용하였다.

이미 몰락위기의 자본주의는 노동자 농민 전무산대중의 투쟁력으로 (…중략…) 구사일생으로 얻은 생을 연기할 뿐이고 (…중략…) 자본주의는 배타적 애국심을 고창하여 노동자 농민을 영구히 기근과 노예의 철쇄로 속박한다. 감옥과 총검으로서 노동자 농민을 지배하고 착취하고 이에 대항하는 항쟁을 압살하고 내일의 제국주의 침략전쟁준비에 광분하고 있다. 전협부터 총동맹까지 자본주의경제조직의 폭력적 (…중략…) 노동자의 일상생활은 사회적 불안과 생활의 비참함은 자본주의제도의 근간부터 (…중략…) 자본주의제도가 존속하는 한 그 불안과 비참은 결코 제거되지 않을 것이다. 노동자 농민의 진정한 해방은 강권주의나 정치로 되는 것이 아니고 (…중략…) 유일한 길은 노동자 농민자신의 힘으로 투쟁을 쟁취하지 않으면 안 된다. 우리들은 민족별로 노동자의 연대와 동일한 입장에서 노동자 농민의 자주적 단결로서 타도 자본주의, 타도 강권주의로 돌진할 것을 맹세한다.

선언과 함께 발표한 강령과 규약은 다음과 같다.

강령

1. 아등은 자주적 단결로 일상투쟁을 통하여 노동자 농민의 해방에 매진한다.

2. 아등은 중앙집권조직을 배격하고 자유연합조직을 강력히 주장한다.

3. 아등은 연대, 우애, 협동을 사회생활의 정신으로 한다.

규약

4. 본 조합은 다음과 같은 부서를 둔다. 자유노동부, 공장노동부, 잡업노동부, 借家人夫

5. 사무집행을 위해 서기, 회계, 교육부를 설치한다.

「재중국조선무정부공산주의자연맹발기문」

『탈환』창간호에 게재되었다. 발기문의 앞부분은 일제와 타협하려는 일부 국내외 세력에 대한 준엄한 비판의 내용이다. 본 자료는 마지막 부분만을 소개한다.

참된 혁명적 생명은 量에 있지 않고 質에 있음을 우리는 잘 안다. 그러므로 조선의 혁명적 생명이 우리의 양 어깨에 있음을 우리는 知覺한다. 자본주의사회의 미봉적 개량으로 우리의 행복을 실현시키는 것은 너무도 夢想임을 우리는 날 낱이 경험하였고 또 사기적인 가짜 혁명주의인 자칭 마르크스주의의 추악한 정체를 우리 민중은 도처에서 여실히 보아 왔다. 따라서 전조선의 혁명 총역량이 우리의 기치하에 모일 것과 우리의 자유연합주의, 즉 무정부공산주의가 전조선민중에게 완전한 행복을 가져다 줄것을 확신한다. 동지들아! 우리 민중의 함성은 우리의 비약을 촉구한다. 추악한 가면을 쓴 반동들의 행동은 우리를 분기시킨다. 우리는 모든 장애를 돌파하며 곤란을 무릅쓰고 과거의 무기력한 침체로부터 분기하여 대오를 정돈하고 피일절 반동분자들과 결전을 하자! 일로서 중국 각지에 산재한 동지들에게 격하여 분산된 우리의 힘을 모으고 모인 힘을 더 굳게 하여 적의 진영을 파괴하고자 '재중국조선무정부공산주의자연맹'을 발기한다.

1927.10. 연맹주비회

이 발기문은 작년 10월에 지방의 몇몇 동지들에게 송부한 것이다. 지금 우리는 이 글을 공개하여 일반 독자와 지방의 동지들이 읽기를 바란다.

2. 논문

1) 이정규, 「탈환奪還의 주장」

우리는 사람이기 때문에 우리를 驅使하며 우리를 壓迫하는 정부, 법률, 도덕 등 현재의 사람의 자유의지의 발전을 저해하는 제반 장애물을 撲滅하고자 한다. 현 사회의 모든 생산물은 노동자의 공동노력으로 생산된 것이며 현대의 문명은 과거 무수한 대중의 피와 땀으로 조성된 것이다. 그리하여 어떤 개인이나 정부를 막론하고 이를 독점할 권리를 갖지 못한다. 그러나 自來로부터 정부와 竝進하는 자본주의는 모든 것을 농단하여 특권계급의 전유물로 만들었다. 우리가 살기 위해서는 인류소유물의 탈환을 실행하지 않으면 안될 것이다. 다시 말하면 소유물의 '公有'를 완성하자는 것이다. 노동 대 자본의 투쟁은 자본주의와 그 조직상태에 의하여 각지마다 다를 것이나 투쟁의 원리에 있어서는 각지의 무산계급은 동일선상에서 연합해야 할 것이다. 그들의 유일한 목적은 자본계급의 문명을 탈환하여 민중 전체에 돌려주는 것이다. 그리하여 생산자 자치를 위주로 자유평등원리에 기초한 신사회로 자본주의사회를 대신하는 것이다. 우리는 어떠한 종류의 정부든지 그 존재를 절대로 不許한다. 自來로 사람의 역사를 펼쳐보자. 봉건시대의 군주정부는 왕족과 귀족계급의 이익을 위하여 농노제도를 실행하였으며 자본주의시대의 민주정부는 중산계급의 이익을 옹호하기 위하여 정치를 특권계급을 조성하는 代議制度를 사용하였으며 경제제도는 임금노예제를 사용하여 무수한 노동자의 피와 땀으로 위대하고 교묘한 기계를 만들어 오히려 사람을 기계의 노예로 만들었다. 그리고 현재 붕괴되어 가는 소위 勞農政府를 보자! 공산당(?)이란 소자본계급의 정권, 전제와 독재정치를 유지하기 위하여 자본을 정부로 집중하는 개인자본주의의 확대인 국가자본주의를 실행한다. 그리고 신경제정책이라는 활극을 연출하여 개인자본의 소유와 자유상업을 三民主義의 자본절제식으로 시인하는 동시에 러시아의 평민은 개인 및 국가자본주의의 이중압박을 받게 되었다. 이상 자고이래의 정부의 역사를 고찰하건대 그것은 확실히 소수계급의 정권이나 이익을 위한 보험회사와 같은 물건이다. 그러므로 어떤 종류의 정부든지 소수 강자가 절대 다수의 민중을 압박하는 공구이며 인간의 互相友愛를 방해하는 장애물이다. 그러므로 우리는 그의 존재를 불허하는 것이다. 우리는 어떠한 종류의 자본주의던지 그 존재를 불허한다. 근시안인 마르크스는 자본주의는 다만 현대의 산물이라고 하였으나 사실은 자본주의는 옛날부터 있어왔다. 베니스가 번창했을 때 도시에는 거지, 창녀, 도박이 충만했었다는 사실을 어떻게 부인할 것이냐? 과거의 자본주의는 과거의 봉건정부와 협동하였고 현대의 자본주의는 자산계급정부와 협동하였다. 그래서 정부는 자본주의를 떠나 생존할 수 없고 자본주의는 정부를 떠나 생존할 수 없는 상관관계를 갖고 있다. 그리고 자본은 본래 강자의 힘을 빌려서 강탈한 장물이다. 그는 벌써 이론적으로 또는 실제적으로 모든 가치를 잃어버린 것이다. 그것은 사람으로 하여금 자기의 同類를 침해하여 타인의 수요품을 결핍하게 하는 것이다. 그러므로 자본은 모든 죄악의 源泉이다. 그리하여 우리는 개인자본주의나 국가자본주의를 막론하고 모두 민중의 소유를 강탈하는 강도라고 인정한다. 우리는 어떠한 형태의 권력이든지 권력이라는 것은 절대로 반대한다. 우리는 타인이 권력을 장악하는 것을 불허하는 동시에 우리도 권력을 요구하지 않는다. 실제상에서 권력이라는 물건은 사유재산의 보호자요 사람을 흉폭하게 만드는 기구이다. 우리는 현재의 유산계급과 자본주의사회를 박멸코자 하는 동시에 사회조직을 버리고 살겠다는 것이 아니라 오직 비교적 가장 진보한 문명이 互相融合된 사회를 요구하는 것이다. 우리의 주요 원리는 이러한 사회에서 각 개인이 그의 수요에 따라 소비하며 그의 능력에 따라 생산하자는 것이다. 우리가 믿는 바로는 물론 어떠한 사회든지 사유재산을 폐지한 다음에는 부득불 공산당으로 무정부의 방면에 의해 나가지 않을 수 없다고 한다. 오직 무정부라야 공산제를 실행할 수 있을 것이며 공산제라야 무정부를 실시할 수 있다고 본다. 여기서 우리가 주장하는 공산제는 자본을 정부로 집중하는 集産主義마르크스의 간판적 공산주의, 정부 어용의 공산주의, 강권적 공산주의가 아니라 정부가 없는 생산단체자치의 자유공산주의, 무정부공산주의이다. 우리는 이러한 원리를 갖고 朝鮮이라는 일본자본제국주의의 식민지를 피자본주의 일본정부의 수중으로 부터 탈환하여 조선피압박계급의 민중에게 돌려야 한다. 우리는 일본과 ○○한다는 민족적 통일전선이라는 위험한 배경하에서 본토 자본계급과의 타협을 영원히 거절하려 한다. 아무리 식민지의 특수한 상황이라도 그 이해상 관계에서 결국엔 정복자인 자본계급과 타협하여 그 목숨을 유지하려 한다. 이것은 우리가 조선 내지에서 흔히 보는 현상이다. 자기의 약간의 재산을 보전하기 위하여 심지어 독립군을 적에게 밀고하여 단두대의 이슬이 되게 한다. 우리는 강권하에 들어간 민중과 그들의 소유를 탈환하기 위하여, 우리는 진정한 사람의 생활을 복원하기 위하여, 민중의 자발적 행동을 일으키기 위하여 '탈환'을 간행하는 것이다. 이것이 곧 탈환의 사명이다.

―『탈환』 창간호

2) 이정규, 「탈환의 첫소리」

　우리는 사활의 기로에 선 사람들이다. 곧 사멸이 닥칠 줄을 알면서도 생의 애착이 굳은 우리는 오히려 살려고 발버둥을 친다. 그러면 혹 살 방도가 있을까? 있다면 확실한 것이라야 한다. 어름어름하는 수작에는 너무 속아서 진저리가 난다. 그러나 속어에 하늘이 무너져도 솟아날 구멍이 있다고 하더니 이와 같이 사멸의 開頭에 선 우리에게도 살 방도가 있다. 즉 오직 탈환의 한 길이 있다. 되빼앗기의 한길뿐이다. 이것은 복수적 행동이니 이론이 아니고 인간성의 발휘이며 생의 원리이다. 이와 같이 뿌리깊은 인간성과 생물적 본능에서 탈환의 함성은 소리쳐 나온다. 갖은 철쇄―정치적, 경제적, 종교적, 사회적―에다 목을 매여 갖은 고통, 혹사, 학대를 당하며 사멸의 구렁으로 들어가는 우리 조선사람에게 이 본능, 이 인간성은 특히 탈환을 부르짖게 한다.

　갈아 먹을 전토가 없다. 들어 있을 집이 없다. 뿐만 아니라 말 한마디 발걸음을 마음대로 떠들고 내디딜 자유가 없다. 이런 것이 없이 살 수 있다면 그것은 서유기같은 옛이야기에서나 할 소리이다. 이것도 원래 조선사람에게는 그 모든 조건 즉 생존적 조건이 있었지만 전체적으로 왜놈에게, 부분적으로 조선놈에게 빼았겼기 때문이다. 빼앗긴 것은 찾아야 한다. 찾아야 산다. 그러나 애걸은 찾는 방법이 아니다. 찾는 유일의 방법은 되빼앗아오는 것이다, 탈환이다. 모든 것을 다 빼앗긴 우리 전민중은 단결하여 철저히 탈환을 실행하자. 자유와 의식주 등 모든 생존조건을 탈환하자!

독립운동은 온 국민이 다 같이 잘 살기 위해서이다. 일제에 빼앗긴 민족적 자주권과 개인의 정치적 경제적 자유인권을 되찾아서 억울함과 착취가 없는 사회를 만들자는 운동이다. 그런 까닭에 우리가 민족으로서의 자주권과 개인이 가져야 할 자유인권의 침해는 누구한테도 즉 이족에게는 물론 동족 상호간에도 용인할 수 없는 생명적 침해라고 우리 독립운동자들은 생각하여야 할 것이다. 그러니까 독립운동자가 목적하는 사회나 국가는 특권과 차별이 인정되지 않는 만민평등한 사회가 되어야 한다. 전 국민이 완전한 모든 자유를 향유하고 자유로 발전할 수 있는 국가가 되어야 할 것이다. 우리는 어떠한 종류의 정부든지 그 존재를 절대로 불허한다.

모든 빼앗긴 것을 되찾자!
왜놈에게 빼앗긴 것은 왜놈에게서!
조선놈에게 빼앗긴 것은 조선놈에게서!
빼앗아 온 모든 것은 영원히 내가 그 주인이다!
탈환후의 사회는 자유의 무정부공산사회다!

—『탈환』 창간호

3) 박열, 「조선의 민중과 정치운동」

작년 5월 일본에서 볼쉐비키의 원로라고 말하는 山川선생이 무산계급의 방향전환을 외친이래 일본볼쉐비키의 사기적 권력광들은 급히 방향전환의 호령에 맞추어 왕성하게 프롤레타리아의 정치운동, 무산계급적 정당, 정치적 전권력의 수탈을 강력하게 주장하기 시작했다. 그러자 최근에 와서는 동경의 일부 조선의 사회운동자나 노동운동자들에게 까지 이러한 지배적 권력광을 보게된것 같다. 그러나 정치나 권력은 그 자체의 본질에 있어 소수의 사람들이 자신의 지배적 지위를 옹호하고 다수의 정직한 사람들을 착취하고 압박하기 위한 무기인 이상 또 옛날의 미개민족의 부락회의와 같은 사회의 전원이 정치에 참여하는 것이 불가능한 이상 대중의 정치권력이 (…중략…) 그런데 일부 볼쉐비키의 지배적 권력광들이 맹렬히 "대중이 해방전쟁에 승리를 얻기 위해서는 무산계급적 정당지도하에 정치운동을 하지 않으면 도저히 불가능하다"라며 떠들고 있는 것은 거기에 무엇인가 크게 어긋난 魂膽이 있을 것이다. 그렇다. 이것이 결국 그들 볼쉐비키의 권력광적 야심가들의 그들 자신들이 현재의 부르주아를 대신하여 민중을 지배하고 착취할 새로운 특권계급이 되려고 한다. 아! 연극이냐 아니면 민중을 기만하고 현재의 자본가국가의 권력에 아부하려고 하는 것이냐. 이것은 비혁명가적 비굴한 수작에 지나지 않는다.

실제로 소위 무산계급의 독재정치하에 있는 공산러시아에 있어서의 민중은 어떤가? 공산러시아에서는 노동자가 노동자를 위한 정치를 행하면서 자본가에 대하여만 압박을 한다고 한다. 그러나 이것은 새빨간 거짓말이고 러시아의 노동자는 이전의 제정시대의 로마노프가에 그다지 심하게 하지 않는 소수인 권력광적 공산당원과 잔인하기 짝이 없는 비밀경찰(체카)의 학대와 압박하에 지금도 역시 고통당하고 있지 않은가? 그것은 러시아의 노동자들이 노동반대운동을 일으키고 맹렬하게 볼쉐비키정부에 반항하고 있는 사실에 의해서도 그들 권력광들의 속임수를 설명하기에 충분하다. 또 불국, 영국, 미국 등에 있어서 사회당이나 노동당에서 선출된 대의사와 대신 등은 어떠한가? 그들은 노동자를 위하여 도대체 무엇을 했는가? 실제로는 아무것도 하고 있지 않다. 아니 그것만이 아니다. 오히려 그들에겐 노동운동이나 사회운동의 내정을 알고 있는 만큼 그만큼 가장 비열하고 교묘한 수단을 사용하여 노동자의 운동을 邪摩하지 않았는가? 이러한 경우에 항상 더욱 가장 헛수고를 하는 것은 그 권력욕의 앞잡이로 쓰인 다수의 무산노동자이다. 우리들은 결코 이 앞잡이로 사용되어서는 안된다. 우리 운동은 그들 부르주아계급의 전통적 압박에 대하여 어디까지나 자유스럽기 위한 운동이고 또한 복수하기 위한 운동인 이상 우리는 하등 놈들의 권력광에게 속아 스스로를 속박하는 일을 할 필요는 추호도 없는 것이다. 이러한 부류는 우리들을 압박하고 착취하는 제국주의적 자본가계급과 함께 계속 없애버리지 않으면 안된다. 또 무산계급적 정치 그 자체는 괜찮다고 해도 일부 권력광들의 말과 같이 과연 함께 프로레타리아의 의회수용에서 그 결과로 권력을 장악하여 무산계급의 국가수립의 목적을 달성하는 것이 가능할 것인가? 이러한 때 현재의 프로레타리아에 비하여 모든 방면으로 지극히 유리한 기회를 부여받고 있는 부르주아들은 이것을 보고 안전하다고 과연 잠자코 있을 것인가? 아니다. 내가 생각하기에 이것은 필경 일본과 같은 경찰국가에 있어서는 제너럴 스트라이크에 의하여 단번에 자본주의를 분쇄하려는 이론 이상의 공상은 아닐런지? 또 국가가 있고 참정권이 있는 일본인이 정치운동을 하는 것은 무방하다고 해도 그것을 전연 갖지 않은 조선인은 도대체 무엇으로 정치운동을 하란 것인가? 아니면 일전에 동경에서 피습된 민원식과 기타의 친일배와 같이 일본정부에 대해 참정권운동이라도 하란 말인가? 무슨 어리석음이냐. 진짜 조선의 민중에겐 참정권 따위를 요구하는 사람은 한 사람도 없다. (…중략…) 그런데 동경의 조선인 볼쉐비키 너희들은 일본 볼쉐비키가 인분을 밥이라고 하면 즉시 그것을 기쁘고 거룩하게 뱃속에 받아먹을 것인가? 집어치워라! 집어치워라!

—『현사회』4호

4) 육흥근, 「소위 다수의 정체」

　다수는 힘이라고 한다. 질은 아무래도 좋다. 오직 머리수로 모든 것을 결정지으려는 놈들이 있다. 공산당들이 그들이다. 그렇다면 마치 다수당의 횡포로서 떠들고 있는 지금의 정우회와 하등 다를 바가 없지 않은가? 다수는 힘이다. 그것은 혹은 사실일 수도 있다. 그러나 그 다수는 반드시 민중이라고 말할 수 없다. 정우회는 돈으로 의회의 절대 다수를 점하고 전횡을 휘두르고 공산당도 자기들의 야심을 만족시키기 위하여 돈과 교언으로 ○○을 표방하면서 민중을 기만하고 있다. 도대체 다수란 무엇을 의미하는가? 그들은 '전 무산계급의 의지다'라고 말한다. 이 말은 '무산계급인 자는 나의 말에 복종하라'도 된다. 또 그들이 말하는 '협동전선에 서라'는 것은 '꾸물꾸물하지 말고 내 말대로 하기만 하면 된다'라는 의미로도 된다. 이렇게 되면 다수란 뇌수술을 당한 오로지 기계같은 인간의 집합을 뜻하며 이 뇌를 제거당한 다수가 어떤 소수 간부의 뜻에 의해 맹목적으로 움직였을때 그것이 소위 다수의 힘이 되는 것이다. 고로 다수의 힘이라고 하는 것은 결코 참된 다수 민중의 의지에서 나온 힘이 아닌 것이다. 한번 의식을 잃은 많은 목이 없는 동체의 무신경에서 나오는 힘은 가령 그것이 아무리 용감한 것일지라도 또 그것이 우연히 민중을 위한 경우가 있을 지라도 목이 없는 민중

자신에게 있어서는 확실히 비극이 아닐 수 없다. 저들 공산당은 또 남에게 지지 않고 무산계급의 해방을 입에 담고 대중운동을 말한다. 그리고 그 수단으로 방향전환을 외치고 보통선거운동과 정당조직의 필요를 주장한다. 그들은 그것도 모두 빈곤한 대중을 위하여 라고 말하고 있다. 그러나 그것은 그들 민중에 있어서는 쓸데없는 보살핌이다. 그들이 장관이 되든 국회의원이 되든 그것이 그들 가난뱅이에게는 무슨 상관이냐. 그들의 지위가 높아지면 높아질수록 그들은 점점 혹독하게 착취당하고 압박을 당할 뿐이며 조금도 도움이 되지 않을 것이다 이렇게 생각할 때 그들이 다수 운운하고 맹렬히 외치는 것은 그들 다수 민중의 힘을 이용해서 권력을 장악하고 자기들의 야심을 만족시키기 위한 구실인 것을 깨달은 우리는 결코 그러한 야심가들의 말에 넘어가서는 안된다. 우리에게는 우리 자신의 길이 있고 힘이 있는 것이다. 우리는 그 자본가계급과 함께 항상 우리를 이용하고 자신의 지위를 얻으려고 하는 일부 야심가들도 매장시키지 않으면 안된다.

—『현사회』 4호

5) 한현상, 「욕구」

　　본능적으로 살려고 하는 삶의 白熱的인 최고의 표현은 그
자신의 잠재력에 의하여 하나의 문명적(이 문명적이란 놈이 몹
시 흐리멍텅한 호인같은 느낌이 들지만 할수 없이 인용한다)타입을
만든다. 그리고 그 삶이 한번 문명적 요소로서 어떤 특별한
의의있는 세계와 질서를 창조하는 것은 생의 필연적이며 남
음이 있는 귀납적 당위의 논리전개에 지나지 않는다. 생! 이
와 같이 본연적으로 자기 본체에 의식한 생은 이 혜택받은
산다고 하는 충동에 채이어 內省의 밑바닥에서 외치지 않고
는 견딜수 없는 동적 전개에 의해서 끊임없이 어떤 귀한 ○
○의 규범적 철칙을 발탁하여 이것으로 進轉自在의 方局방
향을 지적해 준다. 멍청한 책상위의 개념으로 흘렸으나 요는
현행의 모든 운동의 제 양상이 모두 이 철칙을 향한 현실의
사회제도의 파산과 자기 본체의 진실한 실체의 파악과 종래
의 자기 역사의 도정이 어떻게 허수아비의 전통물의 희생의
제물이었던가를 발견함에 따라서 환멸과 新生과의 錯交된
반역과 의분의 폭발에 지나지 않는다. 불령선인의 발호라든
가 볼쉐비키의 항전이라든가 아나키즘의 모든 권력을 부정
하는 拒逆이라든가 조선의 형평운동이나 일본의 수평운동
의 외침이라는 것은 결국 모든 당연한 억압된 생존권의 착취
의 질곡을 잘라 버리고 보다 나은 자기 본위의 세례로의 비

약과 폭발의 리듬의 한 발로에 지나지 않는다. 그러므로 생의 봉화와 그 논리는 엄존하는 진화의 대법칙과 같이 가로놓여 있다. 그러나 생은 결코 고정적이 아니다. 어디까지나 부정하면서 진전해 나가는 투쟁인 것이다. 투쟁과 투쟁과의 神曲이 높이 울리는 곳의 영원한 보다 나은 유토피아로의 武裝王國인 것이다. 그러므로 가장 치열한 전투의식은 충분히 분명하다. 물론 그렇다고는 하나 그 투쟁과 투쟁 사이에는 어떤 평화가 있다. 그러나 이것이 완벽하지 못한 것은 물론이다. 이것은 오직 第一戰과 第二戰 사이의 휴식에 지나지 않는다. 바보같은 세상의 놈들이 平和太平樂이라며 감격의 눈물을 쏟는 것은 실은 이 휴식기를 보고 이것에 항복하고 만것이다. 그러나 이것은 생의 古戰場의 陳腐이다. 폐허와 拔穀과의 미련에 지나지 않는다. 고조된 생의 인내심은 결코 이것에 만족할 턱이 없다. 끊임없이 제이전 제삼전에로 영원한 반역이 선전된다. 인류역사의 章마다 이것을 말하고 있지 않은가. 다음엔 생이 고정적이 아닌 것과 같이 전연 권력부정의 자기본위의 개성존중의 근성에서 이 진전이 시작되는 것도 당연한 것이다. 그래서 내가 가장 화가 나는 것은 부르주아의 귀신은 별도로 하고 자유 평등 우애를 말하면서 제일로 마르크스를 우상신으로 받들고 권력장악의 반광인적 창녀 노릇을 하고있는 볼쉐비키들의 우편향적 타락을 축하할 일이다. 자유, 개성에 대하여 어찌 외람되고 무모한 탤런트인

가. 결국 나는 나다. 그래서 나 자신은 자신의 문제이며 결코 제삼자에게서 용인해야 할 권리는 없다. 따라서 나 자신의 생존권의 요구와 이 획득도 물론 나 자신의 권한 내에 있다. '자유를 달라, 아니면 죽음을 달라'라고 누군가가 말했지만 웬 어리석은 망언이냐. 자유란 결코 남에게서 가르침받고 제공되어서 획득하는 것이 아니다 (…중략…) 대삼영의 '자신의 권리와 동등하게 남의 권리도 존중하지 않으면 안된다'와 크로포트킨의 '인류사회의 각 단위에 대하여 최대 최량의 행복을 실현할 목적으로 자유, 평등, 우애의 도상에 있어 인류장래의 모두를 예견하려고 하는 시도'의 명언은 나 자신에게 어떤 암시를 부여해 준다. 그래서 불령선인인 우리들의 운동도 이용되기도 하고 선동당하기도 하는데 참을 수 있을소냐. 보통 자기 광고적 애국심이나 혹은 단순한 권력긍정적 외골수의 섞어빠진 제국주의적 도깨비같은 운동과 혼동당해서 견딜소냐. 물론 동정적인 진실한 방문은 기쁘게 악수하지만 그렇다고 하여 만족하지는 않는다. 오직 생의 본연의 良能의 밑바닥으로 자연히 유출되는 최고명령에 따라서 최선의 전술에 따라 모두 우리의 마음에 들지 않는 모든 것은 단연코 파문의 선고를 해야만 한다. 어디까지나 우리들 자신의 파악과 현실을 향하여 남자답게 싸워야 한다. (…중략…) 수평사와의 외침도 이대로의 우리 모토로서 긍정되어 진다. 임박한 우리의 최선의 진로도 바르게 이곳에 열려 있지 않은

가. 보라 동료들이여 나가자! 싸우자!

—『현사회』4호

6) 기타

「탈환奪還의 소리」

우리들의 요구하는 바는 노예가 아니며, 압제와 속박이
아니며, 궁핍과 비참이 아니다. 그렇다. 우리들의 요구하는
바는 자유이며 평등이며 행복이며 희망이다. 우애이며 상호
부조요, 상호학대, 상호살상 하는 것이 아니다. 야수는 질병
이나 기타 사고가 있을 때에 그 주인의 보호를 받지만 우리
는 다만 방축이 있을 뿐이며 참사가 있을 뿐이다. 나무가지
에서 노래하는 새도 연애하는 자유가 있으며 산야의 짐승도
먹는 자유가 있다. 인간인 우리는 법률과 질서라는 제도에
속박되어 그만한 자유도 없다. 우리는 실로 잠을 깨고 눈을
떠야 할 때이다.

—『탈환』창간호

「창간에 즈음하여」

우리들은 인간으로서 약자로서 절규할 수밖에 없는 소위

불령선인의 동정을 조선내지의 아직 경직되지 않은 인간미
가 있는 많은 일본인에게 소개하고자 흑도회의 기관지인 잡
지 "흑도"를 창간하는 바이다. 우리들의 앞에는 허다한 장애
물이 있다는 것을 알고 있다. 그러나 이들 장애물을 모두 정
복할 때, 세상의 많은 사람이 우리들을 돌아볼 때, 그 때 우
리들의 날은 오는 것이다. 그 때야말로 진정으로 일선융합
아니 만인이 갈망해 마지않는 세계융합이 실현될 것이다. 그
곳엔 하등의 국가적 편견도 없을 것이며 민족적 증오도 없을
것이다. 우리들은 그 때를 위하여 미력을 다하려고 한다. 아
무쪼록 우리들의 뜻을 양해하려는 여러분들은 정신적으로
혹은 물질적으로 크게 후원을 해주시길 기대하는 바이다.

—『흑도』 창간호

「오등의 절규」

오등의 무산계급은 세계도처에서 열혈의 절규를 하고 있
다. 자유를 얻기 위하여 평등을 얻기 위하여 빵을 얻기 위한
절규인 것이다. 우리들 무산계급은 저들 부르주아들의 압박
과 약탈때문에 참담한 피를 역사에 물들였다. 지금도 여전히
그 상태다. 현재 우리들의 눈에 비치는 그 모든 것이 그 사실
을 말하고 있지 않은가. 보라 형제들아! 우리들은 새벽부터
밤중까지 온종일 일을 하여도 한쪽의 빵조차, 한벌의 옷조
차, 한 칸의 집조차 구하지 못한다. 뿐만 아니라 굶주리고 동

사하는 지경에 달하여 비참하게 죽어간다. 마치 들개들처럼! 아! 이 얼마나 부자연스럽고 불합리한 인류사회인가? 아등은 이 부자연과 불합리를 타파하여 자유평등을 요구하는 정의의 절규이다. 우리의 형제들이여 열정으로 일어서라! 열혈로서 절규하라! 상호부조가 아등의 무기다! 이 강력한 무기로 그들 부르주아의 아성을 무너트려 버리자! 자본가들로 하여금 이러한 횡포를 휘두르게 한 것은 우리들 무산계급의 無力을 뜻한다. 지금의 사회제도가 불합리한 사실을 알면서도 따르고 있는 것도 역시 우리의 무력을 뜻한다. 자유와 평등은 우리들을 기다리고 있다. 투쟁없이 어느 곳에 평화가 있을 것인가?

—『흑도』창간호

「직접행동의 표본」

직접행동의 효과는 상당히 빠르다. 사건이 있고 4, 5일후 사법부주임이 바뀌었다. 평상시 법률, 도덕, 습관을 최고로 신성한 대법칙으로 삼고 있는 그들이다. 그것을 그들이 앞장서서 직접행동의 투쟁 앞에 얼마나 무능한 것인가를 우리들 앞에 분명하게 유감없이 들어내 보였다.

—『흑도』창간호

「친구의 집의 벽에서」

어느 날 시간이 있어 친한 동지의 집을 예고 없이 방문하였다. 경사가 심한 계단을 올라가서 방안에 들어서자 놀라지 마라! 벽 가득히 틈 사이 하나 없이 빨간 글씨가 있었는데 넘어지는 놈은 넘어지게 하라, 그때에 연민은 금물이다. 적극적으로 가세하여 죽음의 고통을 감하여 주자. 힘! 그렇다! 모든 것이 다 힘이다. 여하한 장소에서도 또 여하한 시대에도 이것은 일절의 신성화, 미화, 진선화를 시켜준다. 우리들은 모두 이 힘의 소유자가 되어야 한다. 왜냐하면 우리들의 생명을 보다 완전하게 진화 창조시킬 수 있는 것은 이 힘만이 가능한 것이다. 만인은 모두 내적으로 자기를 충실하게 하여 일절의 불합리한 인위적 통일을 배척하자. 힘을 요구하는 무수한 언변보다 한 번의 실행이 천만마디의 말보다 효과가 있다. 우리들은 절대적 진리나 대법칙은 무용하다. 우리들이 우리의 정의생활을 만족시키길 원한다면 반드시 신 진리와 신 법칙을 창조하지 않을 수 없다. 추상적인 탁상이론은 우리 운동에는 무용하다. 이것들은 학자들의 자위적인 사치품에 불과하다. 오직 강한 자기의 체험에서 우러나온 이성의 빛이 최고의 힘 있는 이론이며 가장 필요한 이론이다. 이론을 위한 이론은 집어치워라. 시기나 기회가 되면 이라고 말하는 때는 천하태평한 느긋한 시대다. 시기나 기회는 우연히 오는 것이 아니고 언제라도 우리들의 노력과 분투에 의해서 만들어지는 것이다. 또 시대에 의존하지 말고 시대가 우리들에게 의존해야만 한다 등의 글들이다. 한 장의 종이에는 힘있게 '이 지상에서 모든 권력을 매장하자' 등의 표현과 동일한 크기의 글씨로 '분투하여 자유를 탈환하라', '횡포한 금력과 권력에 대항하여 정의의 해적이 되어라' 등의 문귀가 줄지어 있는 것을 읽는 동안에 그 사람의 열정의 표현과 진면목이 나타나 있다고 생각하였다.

—『흑도』창간호

「『불령선인不逞鮮人』의 발간에 제하여」

일본사회에 심한 오해가 불령선인이 과연 무참한 암살, 파괴, 음모를 도모하고 있는 것인가 하는 것이다. 우리는 자유를 그리워하는 인간으로서 일본의 노동자 제군과 함께 후토이센진을 발간하고자 한다. 물론 본지를 후원하는 것도 자유고 공격하는 것도 역시 제군의 자유이다.

—『불령선인』창간호

3. 기타

이하에 수록한 박열과 김자문자의 사상은 포시진치 저, 강일석姜一錫 역, 『박열투쟁기朴烈闘爭記』, 조양사朝洋社, 1948년에 수록된 것으로 원제목은 『운명運命의 승리자勝利者 박열』이란 제목으로 1946년 12월 포시진치와 장상중, 정태성 3인 공저로 동경 세기서방世紀書房에서 출간된 것으로 주로 포시진치가 집필한 것이다.

1) 박열

日本權力者階級에 주는 말에서 실사회에서 격리되어 있는 점에 있어 그 정체가 명백하지 않은 것이 천황이다. 민중을 절대로 가까이 하지 않는 점에서 그 자유를 속박당한 가장 불쌍한 희생자기 천황이다. 천황의 본질에 대해 일본민중이 이를 깨달으면 이를 숭배한 것이 치욕이라고 인식할 것이다. 너희 생명을 앗아가는 무서운 적이 된다. 그리고 조선사람의 동지가 된다. 빠른 속도로 가고 있다. 일본의 사회운동과 노동운동이 왕성해지는 것이 그 증거다. 경찰의 수가 증가해도 범죄가 많아지는 것이 그 증거다. 민중이 자유로이 될때 국가는 멸

망한다. 인민의 각 개인이 계급의 종이 되지 않고 자기 생활을
할때에 너희국가는 멸망한다. 그리고 민중이 계급의 허위를
인식하면 권력계급의 국가는 멸망한다. 국가의 옹호자라고
여긴 민중이 국가 자체의 속성을 깨달으면 국가는 멸망한다.

— 「천황론」, 124~125쪽

　국가라는 것은 여하한 국가라도 힘의 국가라는 것을 생각
하지 않을 수 없다. 조직적으로 훈련된 다수의 군대와 경찰
을 갖고 군사력과 경찰력이 곧 국가 그 자체이다. 국가라는
것은 힘없는 막대기가 아니며 국가권력이란 것은 배타적인
권력이다. 국가의 권력이 배타적이라는 것은 복종하지 않는
모든 존재를 용인하지 않는다는 뜻이다. 절대로 자기아래에
예속하는자 이외의 존재를 용인하지 않는다는 것이 국가권
력의 배타적인 특색이다. 그러므로 무권력자나 무산자의 노
동자와 농민계급이 참정권을 얻어 현 권력자 유산자를 타도
하려고 치명적 타격력을 축조한다는 것은 절대 용인되지 않
는다는 것을 알아야 한다. 고로 대담하게 현 권력자 유산계
급을 부수는 새 방법을 무권력자와 무산자가 생각해 내어야
한다. 노동자와 농민이 굳게 악수하여 금일의 군대와 경관을
말살할 새로운 힘을 양성하지 않으면 안되겠다는 것이 우리
들이 마음깊이 생각하고 있는 새로운 각오이다.

— 「국가론」, 129~130쪽

국가가 무산계급에게 참정권을 준다거나 그 운동을 용인하는 것은 국가가 위험하지 않은 한도내에서 부여하고 용인한다는 것이다. 오히려 이것이 국가에 대해 유리하다고 인정할 때에 실시하는 것이다. 각국 무산계급이 정치운동으로 그 자유를 의회에 애원하고 있는 동안은 아직 천하태평이고 국가가 안전할 때이다. 서구제국에서 의회에 진출한 소수 무산자대표들은 이용만 당하고 있다. 얼마 지나 무산자정당이 정권를 잡을 수 있는가? 우리는 기다릴 수 없다. 국가에 편드는 제 정당의 의회운동에 의해 부여된 국가의 행복보다 직접 힘으로 얻는 것이 빠르다. 자유는 힘과 같이 온다. 나의 권리를 가져오게 하는 것은 오직 나의 힘이라는 것을 알아라. 권력을 미워하고 자유를 사랑하는 우리 무산자와 무권력자가 취할 행동은 당연히 직접행동이다. 폭동과 반란은 가장 유효하고 유력한 수단이다. 그러나 그것은 어느정도 민심이 동요되어 국가의 규율이나 권위가 물러서 사회적 정세가 혼란해진 시대 또는 무대를 필요로 한다. 적어도 그것은 현재의 일본과 같이 코가 막힐 정도로 압제를 심하게 하고 있는 현단계에서는 불가능한 일이다. 조금이라도 무산자의 한숨 쉴 사회적 혼란과 국가규율이 문란해 졌을 때에만 폭동 반란을 행할 수 있는 것이다. 오스기 사카에가 말한 바와 같이 경찰관과 같은 심리를 갖고 있는 국민이 많으면 불가능한 일이다.

—「혁명론」, 130~140쪽

우리는 어머니 뱃속에서 태어나는 순간부터 죽을 때까지 항상 국가의 엄중한 감시와 제재 속에서 생활하여왔다. 이것을 피하지 않으면 안 된다. 이것이 음모이다. 일본의 元祿시대 忠臣藏47사의 快擧, 명치유신의 薩長의 유지 등이 京都에서 한 활동, 프랑스혁명과 러시아혁명에서의 초기에 음모가 가장 큰 역할을 한 것은 주지의 사실이다. 일본의 권력자들이 모두 가장 무서워하는 것은 음모이다. 그들이 경계하고 증오하고 우리들의 눈을 노려가면서 원수처럼 따라다니는 것은 우리 음모를 무서워하는 까닭이다. 그 목적을 실현하는 방법은 폭탄, 총, 단두, 칼, 독약, 사람이다. 자기생명을 버려 그 목적의 실현을 기하여야 한다. 목적은 수단을 정당화한다. 항상 될 수 있는 한 가장 유효한 수단을 선택한다고 하고 싶다. 대체로 무엇이든지 가능한 한도 내에서 모든 것을 주저하지 않고 차례차례 이용하는 것이 혁명투사의 취할 방법이다. 굽은 나무가 곱냐, 곧은 나무가 곱냐는 것은 모두 틀리다. 곧은 나무는 그 나무가 곧게 서있을 장소에 있을 때 아름답고 굽은 것도 그것이 있을 장소에 있으면 아름다운 것이다. 그렇지 않으면 추하다. 음모를 도모하려면 음모를 실현할 모든 조건을 갖추는 것이 필요하다. 음모를 도모하려면 무엇보다도 교묘하게 그리고 민첩하게 가면을 쓰지 않으면 안 된다. 우리들이 음모를 기도함에 당하여 항상 염두에 두고 잊지 않는 것은 結社이다. 특히 연속적인 결사는 금물이다.

다시 말하면 비밀결사는 소용없다는 것이다. 심각한 희생이 음모가를 항상 내습하고 있다. 그렇기 때문에 비밀결사는 대단히 경계하지 않으면 아니 된다는 것을 나는 체험적으로 실감하여 음모를 하게 되었다. 비밀결사를 조직하였다 하여도 도저히 그 결사를 영속적으로 보존해 나가기가 어렵고 도리어 희생을 요구하는 손줄기를 만들게 되는 비밀결사는 소용이 없다. 그러므로 나 혼자의 힘으로 가장 효과적으로 국가의 규율을 동요시키고 전국민의 가슴을 두드려서 잠자는 영혼을 끌어내는 대역사건을 결행하기 위하여 나는 음모를 도모하였던 것이다.

— 「음모론」, 130~140쪽

모든 국가조직이 생산조직의 반영이라는 견지에서 노동조합운동은 경제적 직접행동의 전투수단으로 스트라이크, 사보타지, 보이코트와 제너럴스트라이크를 최후의 결정적인 것으로 주장하는데 국가권력으로 탄압하면 폭동화, 반란화까지 갈 수 없는 일본상황을 깨닫지 못한 偶像的 革命論이다.

— 「아나르코-생디칼리즘 비판」, 132~133쪽

2) 김자문자

   내가 문일이를 아비라고 하지 않고 기구노를 어미라고 하지 않는 것이 과연 나의 잘못입니까? 부득이한 일입니까? 그들은 부모의 사랑은 주지 않고 결과만을 훔쳐서 가지려고 하는 소유욕의 변태인 사람입니다. 소유욕의 대상인 내가 부모에게 효도를 할 수가 있읍니까? 그런 생각은 일어나지 않읍니다. 대체로 강자와 약자가 대립되어 있는 상태에서 도둑이란 것이 있을 수는 없읍니다. 그리고 그 도둑이란 것은 언제든지 강자에게 유리하게 만들어지게 되는 것입니다. 즉 강한 자는 자기 행동의 자유를 옹호하며 약자에 복종할 것을 가리칩니다. 이것을 약자측에서 말하면 강한 자한테 굴복하는 것이 곧 도덕이라고 주장합니다. 이 원한을 어디로 가져가냐면 자연으로 가져가고 사회로 가져가서 생물로 가져가서 나는 모든 것을 파괴하여 죽으려고 한것입니다. 나는 친족관계를 중심으로 허무적 사상을 갖게된 것입니다.

   나는 인간사회의 모든 현상을 다만 소유감 즉 가지려고 하는 힘으로서 설명하고자 하며 또 설명할 수도 있다고 생각한다. 인간에 있어 소유욕, 즉 가지려하는 욕구에 모든것이 걸려있다. 크리스트는 그 소유감의 전환을 꿈꾸고 노자는 이것을 부정하는데서 유토피아의 실현을 생각하였다. 스찌루내루는 이것을 만족시키는 데서 인간의 행복을 발견하려고

하였다. 1. 크리스트에 따르면 사람은 너무나 현실적으로 즉 물질적으로 넘치게 되어 있다. 2. 노자의 생각방식은 철저하다. 그것은 훌륭한 이론위에다가 유토피아를 건설한다. 그러나 이론뿐이고 실제로는 성립되지 않는다. 노자의 부정하려고한 소유감이야말로 생명욕에서 나오는 줄기이기 때문이다. 즉 인간이 살자고 하는 그 힘이 넘쳐서 맹목적이나마 '좀 더 잘살자'하고 서로 싸우는 그 모양이 지상의 모든 투쟁이다. 그러므로 노자사상을 실제로 나타나게 하고 철저하게 실행한다면 그것을 권력이나 가정 등을 부정하기 전에 먼저 살려고 하는 희망 그 자체를 부정하여야 할 것이다. 여기에서 노자의 소유욕 부정의 사상은 인간과는 성립되지 않는다. 3. 스찌루네루의 소유감 만족, 나는 이 생각에 같다. 여기에서 이 소유욕을 해석하면 소유욕이라는 것은 생명욕이 그 한계를 넘어서 인간생활에 넘치는 것의 별칭이다. 그것은 자기를 사랑하고 자기를 利하게 한다는 형식으로 나타난다. 나는 사람이라는 것은 결코 他를 사랑할 수 없다고 생각한다. 사랑하는 것은 항상 자기이다. 모든 사람은 에고이스트라고 생각한다. 그러나 그 자기라는 것은 결코 고정하여 있지 않다. 자아는 신축적이다. 때로는 국가로 인류로 확대되는 경우도 있다. 때로는 그 자기 일개의 개체중에서도 자타의 대립을 보게되는 것이다. 인간사회에 있어서 소위 사회적 결합은 다만 이 자아의 신축성 위에서만 유지되는 것이다. 그러면 善

은 무엇인가? 인류사회에 있어 선은 각 사람의 공존공영의
상태이다. 그러나 생존의 법칙은 이것을 유린한다. 우성열
패의 필연은 이것을 불허한다. 여기서 나는 부르짖는다. 반
역하라! 반역하라! 모든 힘에 반역하라! 강한 힘에 제재를
하는 것이 선이다. 즉 압제자에 반역하는 것이 피압박자에
대한 선인 동시에 그것은 전인류의 선이다. 천황은 일본에
태어난 인간에게 최대 모욕이다. 천황의 존엄성을 입증하는
것은 국민의 노예를 의미하는 것이다.

— 「반역론」, 181 · 190~192쪽

3) 신채호

파괴건설론[*]

　　혁명의 길은 파괴로부터 개척할지니라. 그러나 파괴만 하
려고 파괴하는 것이 아니라 건설하려고 파괴하는 것이니, 만
일 건설할 줄을 모르면 파괴할 줄도 모를지며, 파괴할 줄을
모르면 건설할 줄도 모를지니라. 건설과 파괴가 다만 형식상
에서 보아 구별될 뿐이요, 정신상에서는 파괴가 곧 건설이니
라. 그런즉 파괴적 정신이 곧 건실적 주장이라. 나아가면 파

---

[*]　이하 글들의 제목은 편자가 임의로 붙인 것이다.

괴의 '칼'이 되고 들어오면 건설의 '旗'가 될지니, 파괴할 기백은 없고 건설할 癡想만 있다 하면 오백년을 경과하여도 혁명의 꿈도 꾸어 보지 못할지니라. 이제 파괴와 건설이 하나요 둘이 아닌 줄을 알진대, 민중적 파괴 앞에는 반드시 민중적 건설이 있을 것이다.

민중각오론

혁명의 제일보는 민중각오의 요구니라. 민중이 어떻게 각오하느뇨? 민중은 神人이나 성인이나 어떤 영웅호걸이 민중을 각오하도록 지도하는 데서 각오하는 것도 아니오, 민중아 각오하자, 민중이여 각오하여라 라는 절규의 소리에서 각오하는 것도 아니오, 오직 민중이 민중을 위하여 일절 불평, 부자연, 불합리한 민중향상의 장애부터 먼저 타파함이 곧 민중을 각오케 하는 유일방법이다. 십만의 군대를 양성하는 것이 한 발의 폭탄만 못하며 수천 장의 신문이나 잡지가 한 번의 폭동만 못할지니라.

혁명문예론

신문예의 마취제를 먹은 후 혁명의 칼을 던지고, 문예의 붓을 잡으며, 희생유혈의 관념을 버리고 신시나 신소설의 저작에 고심하여 문예의 桃源으로 安樂國을 삼기 때문에 문예가가 많아질수록 혁명당이 적어지고 문예작품의 독자가 많아질수록 혁명운동자가 적어진다. 중국은 광대하여 어느 한 풍조가 전국을 명석말이 할 수 없지만, 조선은 좁은 국토로 고치감듯 할수 있다.

— 「낭객의 신년만필」

4) 이정규

아나키즘 사상

본능적 빌이나 개미에게는 마치 무생명한 기계동적이기 때문에 책임과 의무를 묻지 못하는 것처럼 (…중략…) 인간 생활에서는 기계적이 아니라 자유의사로서 자유판단에 의하여 모든 행위가 행해지는 까닭에 우리 자신들에게 책임이 논의되고 공죄가 논의되는 것이다. 따라서 사회적 동물이라는 것은 그 생활이 고립적이 아니라 사회적 즉 집단적으로 생활하는 동물이라는 특성때문에 (…중략…) 인간은 유구한 진화과정에서 사회성이란 본능을 얻었으며 그래서 상호의존하여야만 그 개체의 생존이 유지된다 (…중략…) 우리 행위에 책임을 추구하려면 우리 각인의 생활에 자유의사가 행할 수 있는 자유평등한 사회생활관계와 환경이 수립되어야 한다. 다시 말하면 불평등한 부자유한 생활관계는 강제와 맹종이 요구되는 관계이니 거기에는 의사의 자유가 없는 만큼 도의적 책임도 의무도 물을 수 없으며 그러한 강제와 굴종의 관계는 상호의존 상호부조의 협동관계가 아니므로 해서 사회생활의 본질에 배치되는 반사회적 관계다. 예로부터 천권 만권의 윤리니 도덕론이 모두 이 인간의 자유평등관계의 조화를 말한 학리요 교훈인 것이다.

― 「나의 인생관」, 『우관문존』

정치론

인류역사는 유구하므로 인간의 목적의식이나 생명의 목적의식도 이 역사에서 나온다. 자기를 위한 삶은 강렬하기 때문에 우리 각 유기조직이 합목적성으로 움직여 신체가 유기적으로 완전한 조화기능을 발휘하듯이 우리 생활도 그 목적을 위하여 벌이나 개미처럼 질서정연하게 충돌이나 마찰 없이 萬人同心圓적인 조화된 생활이 되지 않겠느냐고 생각할 것이다. 그러나 벌이나 개미는 자유의지적이 아니고 본능적인, 기계적 생활이기 때문에 가능하지만 인간은 본능적이 아니고 자유의지적이기 때문에 자신들이 자유의사의 판단으로 모든 행위가 이루어진다. 즉 개미와 벌과 같이 정연한 생활질서가 본능적, 기계적이 아니라 자유의사로서 도모되어야 한다.

― 「나의 인생관」, 『우관문존』

5) 이회영

아나키즘 사상

독립운동은 온 국민이 다 같이 잘 사기 위해서이다. 일제에 빼앗긴 민족적 자주권과 개인의 정치적, 경제적 자유인권을 되찾아서 억울함과 착취가 없는 사회를 만들자는 운동이다. 그런 까닭에 우리가 민족으로서의 자주권과 개인이 가져야 할 자유인권의 침해는 누구에게서도, 즉 이족에게는 물론 동족 상호간에도 용인할 수 없는 생명적 침해라고 우리 독립운동자들은 생각하여야 할 것이다. 독립운동자가 목적하는 사회나 국가는 특권과 차별이 인정되지 않는 만민평등한 사회, 전국민이 완전한 모든 자유를 향유하고 자유발전할 수 있는 국가가 되어야 한다.

— 김종진과의 대담

6) 김중한

테러의 정당성

대우주의 존재를 부인하는 것이 대자연에 대한 준응이라고 한다. 부르주아계급이 사람을 죽이는 것도 사람에 대한

자비이다. 자기 생을 부정함으로써 타인의 생을 부정하는 것도 대자연에 순응하는 것이다. 다수의 사람을 구하는 결과가 된다면 타인을 죽여도 악이 아니고 도리어 선이다. 가장 유효적절하게 가장 많은 사람에게 한 개인의 행동이 가장 크게 반향을 일으키는 방법은 가장 많은 사람이 존경하고 있는 사람을 혼자 힘으로 타도하는 것이고 또 그 타도하는 방법을 실현할 수 있는 것은 폭탄이다.

— 법정진술

|용어|

|인물|

| 저작 |